百年佛缘

06 行佛篇

星云大师 口述
佛光山书记室 记录

生活·讀書·新知 三联书店

Simplified Chinese Copyright © 2017 by SDX Joint Publishing Company
All Rights Reserved.
本作品中文简体字版权由生活·读书·新知三联书店所有。
未经许可,不得翻印。
台湾佛光山宗委会独家授权

图书在版编目(CIP)数据

百年佛缘/星云大师口述:佛光山书记室记录.—2版.—北京:生活·读书·新知三联书店,2017(2017.1重印)
ISBN 978-7-108-05839-3

Ⅰ.①百… Ⅱ.①星…②佛… Ⅲ.①星云一传记 Ⅳ.①B949.92

中国版本图书馆 CIP 数据核字(2016)第 265636 号

目录

百年佛缘 ❻ 行佛篇

001	我对佛教的宁静革命
029	我与青年的因缘
063	建立人间佛教的生活侧记
085	佛法新解
	——让真理还原
109	我推展社会运动
141	我怎样管理佛光山
163	佛光人的救苦救难

195	云水行脚走天下
235	云淡风轻的事件
	——从挫折中发展
259	风波不断的社会
	——我的排难解纷
279	和警察捉迷藏
	——我初期弘法的点滴
301	但开风气不为师
	——我对佛教有些什么创意
331	我与禅净共修
	——解在一切佛法　行在禅净共修

351	我与大陆佛教的因缘
377	我与世界佛教徒友谊会
395	我召开佛教显密会议
409	高雄佛教堂历史真相
425	我推动人间佛教

我对佛教的宁静革命

总说我这一生在佛教里,
为了让佛教跟上社会的进步,
在思想上,我无时无刻不在更新;
在实践上,我经常不断地在做调整。
虽然我知道佛教必须改革,
但往往都不是"一腔热血"地去革新,
"宁静革命",
有进有退,有行有止,
虽然不能收立竿见影之效,
然行之有恒,也会慢慢克服一切!
佛教必须走出一条复兴的道路,
人间佛教就是为了弘法而发展起来的。

人的思想说来也真奇怪,过去印光大师提出佛教需要去除"三滥",一是滥传戒法,二是滥挂海单,三是滥收徒众。我很赞成他的倡导,但是却一条都没有做到。

第一,滥传戒法。我从一九七七年起开始传戒,三十余年来,不只传了十次以上,甚至不但在台湾传戒,还传到美国、印度、澳大利亚等国家。自问:我这是滥传戒法吗?其实我是为了树立戒幢啊!

第二,滥挂海单。现在佛光山有三五千个床位供给信徒、客人住宿。自问:我这是滥挂海单吗?不是的,我只是想为人服务啊!

第三,滥收徒众。我有一千多位出家弟子,数百万个在家信众,无论是出家或在家,他们在信仰上都有所成长,在人格上都有所增进,在发心服务上也日日增长。难道我这是滥收徒众吗?

所以，说到印光大师提出的"三滥"，这三件事我是几乎都涉及到了，但是我觉得自己并不"滥"；我很慎重地在传戒，很谨慎地供人挂单，也很审慎地收徒纳众。

另外，太虚大师为了佛教的复兴，提出"三种革命"：一是教理革命，二是教制革命，三是教产革命。我也服膺，一直把它紧紧地与自己的思想结合，并且以"宁静革命"的方式，孜孜不懈地实践。

说到"革命"，一般人听了都会感到害怕，以为是要打倒别人、革人家的命，其实，我们所说的"宁静革命"，是富有建设性和增上性的，具有除陋更新的意义，是一种让大家在不自觉中欢喜接受的改革；因此，能以"宁静革命"来促进佛教的发展，不也是很有意义的吗？

那么，我是如何宁静革命的呢？以下我就依据太虚大师所提佛教"三种革命"的理想，略述自己的一些做法和看法。

教理革命

黄金是毒蛇，夫妻是冤家，儿女是讨债鬼？

过去佛教一提到金钱，就说"黄金是毒蛇"；一提到夫妻，就说"不是冤家不聚头"；一提到儿女，就说是"讨债鬼"。其实，佛教不完全是否定钱财，净财也是弘法修道的资粮；佛教并非不重视伦理，而是积极倡导人伦道德；佛教不是批评家庭爱欲，它更倡导建设和乐净化的家庭关系。所以，我觉得，如果让在家信众把黄金看成毒蛇、把夫妻视为冤家、把儿女看作讨债鬼，那么他还能拥有什么呢？这反而会让一般人吓得不敢亲近佛教。

所以，现在最重要的是，我们要改良佛教，让大家了解黄金不是毒蛇，所谓"君子爱财，取之有道"，甚至"用之有道"，能把钱财用在有用之处，也是功德善事。何况西方极乐世界不也因为黄金

佛光山传授国际万缘三坛大戒(陈碧云摄,二○一一年十一月二十八日)

铺地、七宝楼阁,人们才欣然往生的吗?为什么佛教还要说财富是丑恶的、不好的呢?

至于夫妻相亲相爱,这是人伦之间重要的事情,就是佛陀,他也重视人伦关系,不但为父担棺、为母说法,还特地开设方便法门,让姨母摩诃波阇波提夫人出家成为比丘尼。再说,佛教里有七众弟子,除了出家的比丘、比丘尼是独身,在家的优婆塞、优婆夷受持五戒、菩萨戒,是可以有居家生活的。怎么到了现在,却演变成居士们一来到佛门挂单,马上就有人把先生带到东边去,把太太引导到西边去?佛门对于恩爱的夫妻,不是应该鼓励他们"有情人相聚",为什么硬是要把人家拆散,才觉得是对的?难道夫妻人伦是丑恶的事吗?既然佛陀都允许在家信众受持五戒、菩萨戒了,为什么我们要更加严厉地对待他们,而不遵照佛陀重视家庭伦理的初衷?

甚至儿童是未来社会的栋梁,在佛经里也有许多讲述"四小不可轻"的事例,为什么我们还要将儿女说成是讨债鬼呢?难道他们将来不可能为社会担负起重大的任务吗?所以我觉得,为了佛教,应该大声疾呼的第一声是:重视家庭人伦!

人生是苦

对一般人来说,好像信仰了佛教以后的人生就是苦的,因为到处听到的都是人生是苦,这里也"人生是苦",那里也"人生是苦";其实,佛教不完全是讲苦的,它是更注重喜乐的,佛经里不是也讲极乐世界,讲欢喜的菩萨、喜乐的菩萨吗?甚至弥勒佛不也是主张"皆大欢喜"吗?为什么佛教还要一天到晚都讲苦呢?所以,我觉得佛教应该强调喜悦的生活、喜悦的心理、喜悦的人生。

四大皆空

佛教讲"四大皆空",天也空,地也空,你也空,我也空,一切皆空,这对一般初学的信徒来说,实在是太可怕的事了。在我了解,佛法讲"空",是建设"有"的。例如:茶杯空了,才能装茶;房屋有空间,才可以住人;眼耳鼻舌空了,人才能存在。

为了阐释这个道理,我曾做了一副对联:"四大皆空示现有,五蕴和合亦非真",以此说明佛教的"中道"思想。

无常

佛教里讲起"无常"来,都说世间无常、生死无常,也就让一般人如"闻虎色变"般惧怕无常。其实,无常不完全是消极的,好的固然会变坏,坏的也能变好。例如:我愚笨,多读书就会变聪明;我贫穷,多勤劳自然可以致富,只要效法《阿弥陀经》里的常精进菩萨、不休息菩萨,坏的事情也可以修正变成好的。

那么,既然"无常"具有积极的一面,可以让人生因为改变而充满希望,为什么我们还要恐惧于"无常"呢?

放生

佛教提倡"放生",诚然,放生很重要,但是现在佛教徒让"放生"沦为"放死"的习惯而不自觉,实叫人感慨。例如:某人要过寿了,他说:"你捕鱼来让我放生吧!"某人要结婚了,他说:"你捕鸟来让我放生吧!"结果,鱼在鱼篓里,还没来得及放生,就不知死了多少,这罪业该由谁来负担呢?你硬是把鸟儿捕来,拆散人家的家族,甚至让它在鸟笼里飞飞撞撞,还没放生就已经死亡,这罪业又该由谁来承担呢?

所以,我认为"放生"者,就是要重视生态,给予众生一个无有恐怖,安全无虞的环境。比方不在溪河垂钓、不虐打动物,对生命不残杀、对生态不破坏等,就是最好的"放生"。

不过,佛教以人为本,在"放生"之上,更应该提倡"放人",能够给人生路,给人因缘,能够帮助别人,让人获得幸福,才是积极的"放生"。

寺院建放生池,表示佛教重视生命、尊重生命。图为佛光山放生池(陈碧云摄)

三好

很多人一听到身口意"三业"造作贪嗔痴"三毒",就感觉非常可怕,加上对于佛教提出的对治方法戒定慧"三学",感到曲高和寡,不容易做到,因此,尽管学佛多年,贪嗔痴烦恼还是未能减少。

对此,我觉得,为什么佛教不从积极的意义上去宣扬佛法,而要在消极的意义上打转呢?与其说"三业",不如说我们来奉行"三好",身做好事、口说好话、心存好念,就不会造作恶业;没有恶业,自然也就没有贪嗔痴了。

不要让阿弥陀佛代替我们报恩

佛门里有一种现象,无论信徒做了什么善事,大家都是对他说:"菩萨会保佑你!""阿弥陀佛会保佑你!"这种说法,我认为是错误的。为什么人家护持我们,我们自己不报答,还要把责任交给菩萨、交给阿弥陀佛去回报呢?我觉得,佛教里这许多不公平的事情,都应该要革新。

因此,过去我在佛光山兴建佛光精舍时,为了报答对佛教界有贡献的长老大德,特地保留了房间给他们。曾任"中国佛教会"秘书长的冯永桢、监狱弘法二十多年的赵茂林、在教界享有"湖南才子"之誉的张剑芬、护持佛教不遗余力的孙张清扬女士等,都曾经在此居住过。甚至我在美国西来寺也备有几间房子,感谢《觉世》旬刊创办人张少齐老居士等人,接受我的供养,完成了我要回报佛教耆老的心愿。

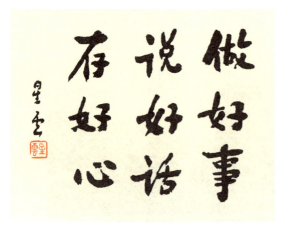

手书"做好事"、"说好话"、"存好心"

皈依三宝、受持五戒

皈依三宝是民主与平等,受持五戒是自由与尊重,意义非凡,为什么现在佛教徒要把皈依三宝变成只有拜师父呢?为什么要把受持五戒变成只有消极的不可杀生、偷盗、邪淫、妄语、饮酒吸毒呢?

其实,皈依三宝是表示我信仰了佛教,愿以佛法作为人生指南,而不是拜某人为师父;受持五戒是信仰的实践,做人的根本道德,其本质在于不侵犯而尊重别人。例如:不杀生,是不侵犯别人的生命,更要积极地护生;不偷盗,是不侵犯别人的财富,更要尊重他人的财产;不邪淫,是不侵犯别人的身体,更要尊重他人的名节;不妄语,是不侵犯别人的名誉,更要宣扬他人的美德;不饮酒、吸毒,是不损害自己的理智,从而不伤害别人,更要尊重自他身心的健康。

关于佛教的教理,历来解释是错误的、违背佛意的,还有不少。就如社会上批评人常用的一句话"胡说八道",八道,本来是指佛教的"八正道",是八种修行之道,但是佛教初传的时候,经过西域胡人驻扎的地区,或许是因为胡人语言能力不够,对"八道"了解的深度不够,无法清楚表达意义,在大家听不懂的情况下,也就姑且称之为"胡人说八道"了。只是后来变成"胡说八道"一词,就带有一点歧视的意味。

不过,现在的佛教不仅是胡人说"八道",全世界有佛缘的人也都在讲"八道",但谬解佛理的情况却不能说没有。在此我只约略先将其中合乎人间佛教性格的义理问题,列举几条说明,但还没能做深入的阐释,希望未来能有一本专书,把太虚大师的"教理革命"再发扬起来。

教制革命

佛教徒对于戒、定、慧"三学",把"戒"定位为最高位,可惜当今有些人总爱引用"佛已制戒,不可更改;佛未制戒,不可增加"这两句话,把佛法牢牢地给定死了。其实,佛陀制戒是"随遮随开",是随着时代人心、生活习惯、文化风俗而加以进化的,如果坚持一成不变,使得持戒和不持戒、反对和坚持之间,造成太多的对立和矛盾,佛教是会灭亡在戒律之下的啊!

戒律不可更改,是百千年来守旧人士的执着,综观现今各国的宪法都要经常修正,就是当初戒律的制定也都是经过几次结集而成的,为什么现在不能予以修正、重新结集呢?例如:

四众平等

四众不能平等,就是不合乎佛法。当初,佛陀在菩提树下成道的时候，发出宣言"大地众生皆有佛性"，并且提出"四姓出家，同为释子"和"是法平等，无有高下"的说法，就是在说明众生平等的道理，不但佛和佛平等，所有众生也都与佛平等。可是为什么在佛法流传开来之后，四众弟子之中却反而把比丘定于第一位，比丘尼不能与之同等？甚至凡事只有出家人优先，在家众几乎没有给予护教弘法的立场和空间呢？

想到佛陀当初在各种讲经的法会上，四众弟子、八部大众、官宦人民前呼后拥，所谓"法华会上，百万人天"，一片热闹的景象，为什么现在只有独尊比丘，其他也就如当初印度的"四姓阶级"牢不可破了？有这种思想的人，实在是辜负佛陀的慈悲、违背佛陀的平等法。再说，硬是把信众归在外护的立场，不能进入教团的骨干，就让人觉得佛教好像只是出家人的，不是信徒所应有的，而让佛教发展减少了很多力量，良深可叹！

其实，佛陀的出家弟子当中，比丘尼大阿罗汉也有数百人之多，但是在由比丘们结集的经典里，这些女众的名字却一概不提；一千二百五十位大阿罗汉中，也都没有提到一位女性罗汉。

有鉴于此，为了彰显"男女平等"的观念，我兴建佛陀纪念馆时，特地在立于菩提广场两旁的"十八罗汉"中，雕塑了三尊女罗汉像，分别是："僧团首位比丘尼"大爱道、有"神通第一比丘尼"之称的莲华色，以及"宿命第一比丘尼"妙贤，她们都是佛世时代有修有证的比丘尼。另外，为了提升比丘尼在佛教界的地位，树立比丘尼的新形象，让这许多女众人才有所发挥、表现，所以佛光山的编藏工作就由比丘尼主导。

至于几千年来，佛门里在家护法弟子虔诚信仰佛教，深入研究佛学，就算有很大的修为，也只能称作"弟子"，而不能称作"老师"的现象，我也认为有失公平，觉得今日佛教应该还给他们一个公道。

曾经有人说我太过保护在家众的结果,将会加速"末法时代"白衣上座的来临。但是综观佛光山开山以来,四众弟子相处和谐,尤其在众多的弘法事业当中,都不乏在家众的大力协助,例如:海内外的"滴水坊",就是由一群在家师姑所成立的;乃至于国际佛光会成立二十年来,建立"檀讲师"制度,信众会员帮助佛光山在世界各地弘扬人间佛教,为社会作出贡献等等,佛教又岂能忽视他们的发心呢?

六和敬

佛陀是人,不是神,他从来不标榜自己与别人不同,总是不断地重申"我是众中之一","我在众中"。当初佛陀建立"六和僧团",也就是这种"平等"精神的呈现。

所谓"六和",就是:身和同住,是团体的共住;口和无诤,是语言的赞美;意和同悦,是心意的和谐;戒和同修,是法制的平等;见和同解,是思想的统一;利和同均,是经济的均衡。

佛教里有这么好的德目,落实它,必然能增进弘法的力量,但是现在我们却把佛教分裂成师祖、师太的佛教,这不是太对不起佛陀了吗?佛陀也只不过是做众生的"导师",我们又怎么能在佛陀之上,再立个什么"师祖"、"师太"的名目呢?难道我们不觉得冒犯佛陀吗?所以,我觉得,佛教里凡是不合适的称谓,都应该要有所改良。

偏袒右肩

佛制比丘披搭袈裟要偏袒右肩,这在印度热带地区容易做到,假如换作是在中国的北方,或者俄罗斯的西伯利亚,还能生活得下去吗?所以,衣履只是一种文化,佛陀也说过,剃发染衣、三衣钵具都是为了顺应当时文化所制定的。既然如此,为什么现在我们不能让佛教的发展顺应各地的风俗、习惯、气候,给予合理的规定呢?

难道这一切都不需要改良吗？

八敬法

我有一位信徒，本来是个空军的军官，生养了五个孩子。但是早期军人的收入低，他无法养活七口之家，最后连太太都离家出走，不得办法，就将五个小孩送给佛光山育幼院，而他自己则出家去了。

既然出家，就应该好好修道，但是有一天，他来到佛光山，却向我投诉："佛光山没有规矩，慈惠法师、慈容法师见到我，都不向我礼拜，难道佛光山的比丘尼都不懂'八敬法'吗？"因为在"八敬法"里有一条规定，即使是八十岁的比丘尼，见到年轻的比丘、沙弥也要顶礼。

我一听，大为讶异，就说："你真是不知道惭愧啊！你的儿女都是慈容法师、慈惠法师代为教养的，她们在佛教里都已经奉献了数十年，论资历、道行以及对佛教的贡献，你凭什么要他们向你礼拜？"在我认为，恭敬是要让人打从心底对你尊重，自己无学无德，却要人家恭敬你，又怎么说得出口呢？

我认为，"八敬法"是比丘制定出来的，可是假佛陀的名义要比丘尼尊敬比丘的结果，也就让许多优秀女性因为戒法的不合理，而不愿意加入僧团，让佛教平白地损失了许多人才。过去佛教弘誓学院的昭慧法师虽然曾提出反对"八敬法"，不过比丘们都强烈反对，甚至还因此引起了轩然大波。其实，在佛光山，我根本就不谈这件事情，但是宁静革命反而能获得成功。如今佛光山在海内外的几百个寺院，都是由比丘尼建设而成的；世界各地一千多个佛光会，也是由比丘尼成立的；甚至还有许多学有专精的比丘尼在大学里任教。所以，关于"八敬法"的问题，教界实在不该再意气用事，应当还给比丘尼一个和比丘同等的地位。

沙弥十戒

在沙弥戒里有十条戒法，除了不杀生、不偷盗、不邪淫、不妄语、不饮酒，还有不香花鬘涂身、不歌舞观听、不睡高广大床、不非时食、不捉持金银宝物等。其中，"不睡高广大床"，沙弥年纪小，确实是应该学习生活克难一点，简朴一点，有益于修行的增上；"不香花鬘涂身"，安于淡泊，老实修行，不以奇异标榜，也是修道生活的增上缘。

但是时代走到今日，佛教需要以音乐来弘扬佛法，需要以舞蹈来接引大众，如果坚持"不歌舞观听"，有些弘法活动不得办法举办，佛教渐渐地也就要随之没落了。过去大迦叶尊者听闻琴音，心生欢喜，不自觉地就手舞足蹈起来，有人问平日严肃的大迦叶何以如此，他说："其实我早已对五欲六尘不起贪着，但是屯仑摩甄陀罗王的琴声是智慧之音，如同法音，一听就让人法喜充满，忍不住要踊跃起来。"可见得，音乐、舞蹈有时也是一种度众的方便。

另外，关于"不捉持金银宝物"一戒，过去在印度不使用钱币，但是现代的社会，例如乘坐大众交通工具，都要拿钱买票，不持金银，又该怎么办呢？有的人或许会说事先备妥车票就好，但车票不也是有价证券，等同金银宝物吗？

尤其现代的佛教经常参与政府举办的社会救济活动，若是坚持这条戒法，沙弥都不能做了，佛教的比丘大德又怎敢违犯呢？所以这许多戒法，真是会阻碍佛教进步的，佛教必须要走出一条复兴的道路；现在，"人间佛教"就是为了改善这样的情况而发展起来的。

过午不食

佛教鼓励人要苦行苦修，例如：着粪扫衣、托钵乞食、赤脚行路等，这些固然可以励志，却不一定在世界各地都能行得通。比方

佛光山一千多位出家弟子,分布于全球道场弘法,每年定期回到总本山进修讲习(二〇一〇年九月四日)

"眼观鼻,鼻观心"的修行,在车如流水的现代社会,走路不可随意东张西望,不给汽车撞上,也要给脚踏车、摩托车撞倒,怎不该加以修正呢?当然,若修行要像皇宫大院里以密教的仪式来修,这也是过火,倒可以不必。

当为一提的,一直以来,佛教提倡的"过午不食",让许多人以为只要过午不食,就会有很大的功德。所以,从中午十二点以后就不吃饭,等到第二天早上六点才吃早餐。其实,从健康上讲,肠胃经过十八个小时不得吸收营养,必然失去均衡,特别是肠胃里没有东西可以消化,最后只有摩擦胃壁,造成所谓的"胃穿孔"了。

我见过许多"过午不食"的人,他在中午时段必须要硬撑肚皮,连吃好几大碗或者一大盆的食物。其实,佛教讲究中道,饮食还是以调和、适中为宜。常有寺院的住持方丈说:"我过午不食,晚上只吃一碗面。"也有的人说:"我过午不食,晚上只喝一杯果汁、一杯牛奶就好。"这许多自豪的说辞,往往造就了自己虚假的生活而不自知。其实,正常地吃,吃得清淡一点不就好了吗?

有的寺院还因为"过午不食"的规定,本来一天只要花十块钱买菜就够的,却由于住众吃不饱,营养不足,而必须花上更多的钱买药来补助健康,造成寺院里的人众都成了药罐子,实在是得不偿失。

过去，鸠摩罗什门下四圣之一的道生大师，通权达变，不拘泥于旧制，以一句"白日丽天，天言始中，何得非中"并率先动筷进食，替宋文帝化解设斋宴僧，宴席开筵时间超过午时，应供的僧侣没人敢进食的窘境。

佛门师徒

在佛门里，经常有徒弟喊出："这是我师父的！""那是你师父的！"心里只知道有师父，却不知道要护持佛教；也有师父说："这是我的徒弟！""那是我的徒弟！"把徒弟视为个人财产，而不把人还给佛教，"教"与"徒"分了家，也就削弱了佛教推展的力量。虽然也有人喊出"三分师徒，七分道友"的口号，但佛门师徒之争仍然是佛教里为人诟病之处。

收徒纳众本是佛教正常发展所需要的，但是发展得太过，也就难怪印光大师要慨叹，而提出去除"三滥"了。

有关佛教的教制，自佛教传到中国来以后，因为气候、地理、信仰、习惯等和印度不同，要在生活中完全依靠最初佛制的戒律，确实难以适应。因此在近代太虚大师提倡"教制革命"之前，唐朝百丈禅师改革佛教的表现堪称智慧卓绝，所有印度的戒律他一概不碰，重新再为中国佛教建立丛林清规制度，也就稍稍给佛教带来了一线生机。当然，千年之后，太虚大师再提出"教制革命"，也是希望为佛教带来未来的生机，只因教界积弊太深，最后功败垂成，但其开创性的意义仍然具有不可磨灭的贡献。

教产革命

太虚大师提出的"三种革命"，最后一个是"教产革命"。

佛教初传中国时期，寺院一旦建成，信仰佛教的帝王、士大夫们都会竞相供养三宝，以至于佛教里的财富愈聚愈多。但是时日一久,往往引起社会官僚体系的嫉妒,而引发危机。就是到了现在,有些寺院因为香火鼎盛,也让一些地方官员看了眼红,而处处给予为难。事实上,出家人拥有财富,他不会挪为私用,也不会拿回俗家给家族亲眷使用,都是用在弘法利生和社会公益上,为何不能拥有正当的经济生活呢?再说,寺院没有净财,又怎么能够办成这许多佛教事业,造福人群呢?

不过,目前佛教里的确也有一些关于财产处理的问题,极需要改革,例如:

一、佛教的财产是属于教会所有?寺院所有?还是各自所有?应该有个准则。

二、佛教的财产如何用法,是教会决定?住持决定?还是会计决定?总该有个标准。

三、寺院里的"油香",应该有个管理办法。在社会上,普通的机关行号、公司团体都有会计出纳办法,那么现在的佛教跟社会一样,也有财务的收支,因此,寺院的财富也要有制度化的管理办法。

综观人世间的团体,过于富有,往往容易腐化;太过贫穷,则容易步入衰微。因此,小康时,大家要努力让这个团体有所盈余;欠缺时,大家更要懂得节省节约,量入为出。同样地,佛门里的财务承办人员也要懂得"开源节流",对于财源在哪里,是靠田产租金利润或是靠买卖来增加净财,乃至于支出的项目、金额多少,也都要清楚明白。

说到支出,经济是维系民生命脉之所需,寺院里确实也是有一些必要的支出开销,例如:

一、水电修缮:寺院里,举凡水电费用的支出,乃至地震、风灾或是年久失修造成的水电问题,都需要有修缮的预算。

二、人事费用:现代寺院为了因应时代发展,许多弘法事业都需要专业人士的参与,也就免不了要有一笔人事费的支出。

三、图书文具:文书需用以及佛学研究书籍,皆为寺院所不可少。

四、每日饮食:寺院平日除了照顾住众的饮食,对于信徒也是"普门大开",当然需要支出费用。

五、接待结缘:寺院接待来访信徒、贵宾,多会以佛教纪念品相赠结缘,也就有购买的支出。

六、旅行参访:自古以来,出家人多以行脚参学,遍访天下善知识为志,希望借以究明迷悟。于此,寺院也都会多少给予赞助,以成就他们的道业。

七、医药治疗:人吃五谷杂粮,生病在所难免,那么有病就要医治,必然也是一项支出了。

八、丧葬处理:每当佛教徒往生,寺院都会为其举行丧葬仪式,虽然不求奢华,简单隆重,但是鲜花素果、供菜供饭、线香蜡烛等都是必备品。

九、急难救济:千百年来,佛教寺院普施济苦,在慈善事业上的表现实在不亚于慈善机构;付出的背后,当然也是一笔支出。

十、杂项:如僧装僧鞋、生活用品、车马费用、各项弘法支出等等。

不过,与世俗社会所不同的,佛教一旦有了钱,就是把它用之于十方,广结善缘;因为钱用出去,没有了钱,大家才会一同想办法筹钱,钱多了,有所争执,也就会增加麻烦。像佛光山自开山以来,在经济方面,一直都是处于"日日难过日日过"的情况,经常是明年的预算在今年就把它给用了,因此,常有人以为佛光山很有钱,其实佛光山不是有钱,而是会用钱,懂得如何把钱用在弘法事业上。

我对佛教的宁静革命

百丈禅师的"一日不作,一日不食"成为千古楷模(佛陀纪念馆壁画,高尔泰、蒲小雨伉俪绘)

至于佛教的经济来源,在原始佛教时期,僧团并不重视收藏、储蓄,一切衣食用物都是建立在"供养制度"上,出家人以"空"为荣。但是这在当时,也曾引起一些争端。例如:富楼那主张今天吃不完的粮食可以留到明天,以防明天社会动乱,或者闹饥荒,或者遭遇意外,可以有点存粮,但是这样的主张却被大迦叶否决。所以,后来富楼那毅然决定出走,他说:"你们听到佛陀怎么说,就怎么去落实;我听到佛陀这么说,我就这么去实践!"可以说,这就是教团为了财务问题而分裂的开始。

那么,佛教传到中国之后,最初寺院的经济来源都是依靠皇家赏赐田地,由于一赏就是几百亩、几千亩,甚至几万亩的,丛林拥有了这些田地之后,瞬间成为大地主,渐渐地也就坐享其成,不肯劳动,而阻碍了佛教的发展。

不过,日后由于中国禅门倡导"农禅生活",寺院有了田地,不一定放租给别人种植,自己也可以植树、种茶、种菜,自耕自食,落实百丈禅师提倡的"一日不作,一日不食",寺院才又再树立了教化社会的形象。

到了近代,太虚大师也曾提倡"农禅",但是在社会从农业形态转为工业后,他又进一步提出"工禅合一"。不过,"工禅"的内容是什么、如何实践,太虚大师倒是没有特别指示,只是先把这一句口号喊出来。

那么时至现代,一般佛教寺院的经济来源又是如何呢?以下我就略举十点说明。

法会油香

向来,寺院依靠香火来维持经济生活,这是不异的原则。因此,寺院除了佛菩萨有灵感以外,殿堂也必须维持清净庄严,主持的僧侣要有道德、有学问,香火才能旺盛。例如现在浙江的普陀山,不能只靠着观世音菩萨一个人的力量,就想让大家前去朝山、添油香,出家人还要负起教化信众的责任。

至于那么多的信徒到普陀山奉献油香,寺院也应该把它供养给教会,分之于十方,不应该只有普陀山独自享受。所以,过去"中国佛教会"会长太虚大师把四大名山列为四个特殊重点,意思也就是说,它们是直属"中国佛教会"管辖,不是少数人可以把持的。

经忏佛事

佛教是宗教,当然离不开经忏佛事。照理说,一般人信仰佛教,逢上喜丧婚庆,都希望能以佛教的仪礼来规范他的人生;可是现在的佛教,面对信徒的喜丧婚庆,一向只有"度亡"特别旺盛,也

佛光山每年在云居楼举行供僧法会,僧信云集(慧延法师摄)

就让佛教蒙上了"度死不度生"的批评。

当然,功德佛事还是重要,假如能够做得很庄严、有分寸,这在今日、以后,还是佛教僧侣赖以维生的一个经济命脉。只是说,太过职业化的,所谓"贩卖如来"的佛事,就有检讨的必要。尤其现在中国佛教的佛事越做越大,打水陆要七天,拜梁皇忏要七天,少则也要三天、几天的,甚至一个人往生了,从倒头经、助念的佛事,做到入殓、出葬、头七、二七……七七、百日乃至周年纪念佛事,林林总总的功德项目,实在过于繁琐,也就让出家人没有办法做更多的事,只能为某一家财主服务;说起来是做功德佛事,实际上也只是充其面子而已。

总之,经忏佛事可以做,但是要让信徒量力而为,不能让死人死不起!尤其,人的一生也不光是人死才要和尚念经,人间的生老病死,佛教都可以给予辅导。举凡一个人从出生、弥月、周岁、起名、入学、成年、婚姻,到房舍的迁居、落成,最好都可以为他做一些

我一生不随便对外化缘,但为了办学建校,发动"百万人兴学运动"全台行脚托钵,筹募建校经费

简单的庆贺祈福仪式,如此才能让佛法和社会家庭紧紧连接在一起。

四事供养

佛教初期的僧团多以衣服、饮食、卧具、汤药等四事供养为主,是僧团重要的经济来源。当然,信徒愿意供养是好事,表示出家人的慈悲、修行、道德赢得信徒的尊敬。只不过有少部分的信徒不依"法"供养,只因为这个出家人对他很好,也就不论法师的道行如何,而全心全意给予供养。这间接地也就养成了一些出家人懒惰、攀缘的性格,甚至还可能让道场成为某些施主的家庙,而无法发挥为众生服务的功能。

所以,对于信徒的发心供僧,我常说:供僧是供养全年,不只是供养一天;供僧是供养十方,不只是供养一人;供僧是供养未来,不只是供养现在；供僧是供养学道，不只是供养热闹。这几点，希望信徒大众都能够注意。

当然，如果出家众收到信徒的供养，也应该反省自己是否堪受得起，尤其要将供养回归常住，作为弘法利生之用。

化缘为生

化缘，是一个很美的名词。在人间，我给你一些缘分，你也给我一些缘分，缘分给来给去真是很美好的事情。只是说，化缘要化善缘，不要化恶缘。有时候一些不懂事的年轻出家人，只管向信徒强行索取，硬叫人家出多少功德，这实在是化缘的缺陷。也有的出家人无所事事，只想拿个钵等在人家举行的法会门口或者活动场所，向往来的人士化缘。你若是为了公共事业，所谓"众擎易举"，当然可以要大家随喜乐捐，可是如果是为了个人的生活，每天几十块钱就可以维持饱暖，为什么一定要抛头露面，每天以化缘为生呢？也难怪有人要说"寄佛偷生"了，这真是很不雅的说辞啊！

其实，如果你能把化缘的时间拿来用功，参禅念佛，有了道行之后，不必去化缘，信徒也会主动前来护持、供养，那不是更增加你的德望吗？

房屋收租

过去的寺院都很大，但是后世的子弟不知道利用其作为禅堂、念佛堂、塔院或学院，也不知道要兴办事业，以至房屋用不了，只有出租或让售，甚至于供给人家停棺；无奇不有的名目，也就埋下了佛教衰微的祸根。

过去一个寺院就拥有一二条街的土地，但现在这许多现象已经减少，慢慢地形成"都市佛教"的形态。这种现象也不是不好，让佛教自食其力，不再靠房地来维持生活，也就免得让出家人养成

佛光山百人碑墙,为佛教界也是台湾佛教界的首座碑墙,收录中、韩、日等历代书法家所书的佛教诗偈、墨宝等,镌刻在黑花岗石上(陈碧云摄)

富家子弟的惰性,对佛教是有利的。

当然,这也不是在说财富不好,只是财富要用自己的劳力、辛苦、智慧去获取。如果说完全不靠自己,把自己生存的能力舍弃,不但是个人的悲哀,也是团体的失败。

书画艺术

过去有一些清高的出家人,不忍心向信徒化缘为生,过不劳而获的日子,便发愤创造自己在书法、绘画上的成就,以出卖字画的所得来维持自己的生活和修行。例如我在焦山定慧寺的时候,寺前几十个庵堂里的师父们,都是以书画艺术来维持常住的开销。甚至过去也有不少在书画上成就很高的出家人,例如:民初弘一大师的书法,清代四大画僧八大山人、石涛、石溪、弘仁的画作等等。

朝山会馆是佛光山早期最现代化的一栋建筑，一九七四年落成，供来山信徒食宿之用，可容纳五百人住宿（陈碧云摄）

我没有什么专长，如今能够办理公益信托教育基金，也是仰仗着"一笔字"为人所喜，信徒们在获得了我的字之后，都会捐献一些钱做公益基金，也就让我们的弘法事业得到了更多的方便。

法物流通

在寺院里一般都设有法物流通处，让佛教徒或社会人士方便获得各类佛教书籍、佛像法物以及佛教录影带、录音带等，借以带动佛教的文物流通，也使佛教文化得到弘扬。但是佛教与一般社会买卖不同，不以营利为目的，我们要赚的是佛法和人缘，因此"非佛不作"，不贩售一些与佛教无关的纪念品。

素食餐饮

台湾有许多素食餐馆都是一贯道信徒开办的，给了吃素的人很大的方便。佛教也应该想想如何经营素食，以便服务素食者。

如果寺院本身负担不来,还可以邀请信徒到寺里来做,再由寺院、教会协助募集资金。

不过,佛教的素菜至今都没有一个标准煮法,光是一道青菜,各家的煮法就不同,不若西式的汉堡、披萨,无论在世界哪一个国家都是同一个样。但是,台湾的寺庙倒是都很有供养心,不怕人家多吃,只不过除了吃素菜之外,如果能再举行座谈会,接引信徒学佛,那就更好了。

弘法事业

寺院不仅是修行办道的地方,也可以与社会的文化、教育、艺术等做结合,例如:创办电台、电视台,发行报纸,成立出版社,设立各级学校、美术馆等,以种种事业来弘扬佛法,这也多少能增加一些净财收入。

观光朝圣

现今寺院大都设有接待信徒游客的客堂、朝山会馆等,不只让来山者观光朝礼,并且提供他们吃住的服务,这也能增加寺院一点净财来源。当然,在食宿之外,如果能再给予佛法的鼓励、文教的接引,日后寺院必然会成为一个净化心灵的去处。

在佛教里,主张财富的获得应该从修善培福、广结善缘而来,一切所得都有其"因缘果报"的关系。因此,自佛光山开山之后,我最先确立的就是佛教处理净财的方法,尤其经常倡导"以智慧来代替金钱";"有权者不管钱,管钱者没有权";"不私自化缘";"不和信徒共金钱往来";"回归常住,利和同均"等等财物处理的观念。总觉得,佛教的钱财是十方来十方去,是大众所共有,寺院不但要懂得善用净财,对于财富的处理也要有健全的观念,才能让道场永续发展。

总说我这一生在佛教里,为了让佛教跟上社会的进步,在思想上，我无时无刻不在更新；在实践上，我经常不断地在做调整。虽然我知道佛教必须改革，但往往都不是"一腔热血"地去革新，"宁静革命"，有进有退，有行有止，虽然不能收立竿见影之效，然行之有恒，也会慢慢克服一切！

我与青年的因缘

年轻人有热情、有朝气,
对一个团体,对国家事业的发展,
有最大的贡献;
连过去的西谚都说,
让我先看看你们国家的青年,
我就知道你们国家的前途。
青年是国家的栋梁,
没有青年,等于没有栋梁,
这座大厦怎么树立呢?
佛教与神道教最大的不同是,
许多神明脸上留着胡须,手持武器,
但我们从佛菩萨的庄严相貌,
没有一个拿武器,也没有留胡须,
就可以知道佛教不但崇尚慈悲、和平,
而且是重视青年的宗教。

近代的佛教最为人诟病的,就是信佛教的都是中老年人,年轻人参加佛教活动的为数很少。我想到,佛陀当初十九岁出家,三十一岁悟道,就是一个青年;玄奘大师到印度取经才二十六岁,也是一个青年;佛教里面的善财童子、罗睺罗、阿难尊者等阿罗汉,都是青年。

年轻人有热情、有朝气,对一个团体,对国家事业的发展,有最大的贡献;连过去的西谚都说,让我先看看你们国家的青年,我就知道你们国家的前途。

青年是国家的栋梁,没有青年,等于没有栋梁,这座大厦怎么树立呢?佛教与神道教最大的不同是,许多神明脸上留着胡须,手持武器,但我们从佛菩萨的庄严相貌,没有一个拿武器,也没有留胡须,就可以知道佛教不但崇尚慈悲、和平,而且是重视青年的宗教。

一九四〇年代我还在大陆的时候,就注意到佛教青年的重要。只是那个时候我人微言轻,没有地位,除了自己在佛教革新声中扮演一种温和进取的角色,但也没有什么成就。

到了台湾,大约是在一九五五年,我想组织青年办一些活动,于是邀约了台湾大学的张尚德、王尚义,师范大学的吴怡等数十名青年在善导寺集会。会议上,我提倡大家要参与佛教青年活动,大家也都同意。我特别向他们介绍一些学者教授的著作,像梁启超的《佛学研究十八篇》、谭嗣同的《人学》、胡适之的《中国禅宗史》、罗家伦的《新人生观》、王小徐的《佛法与科学之比较》、尤智表的《佛教科学观》,等等。这许多科学家、哲学家、史学家,大家听了很热络,也想向他们看齐,于是就有了这样的集会。

我知道当时的年轻人,是没有办法叫他们拜佛诵经的,我只是想,让青年最感到有趣味的就是郊游。当时,台湾的交通还不是很方便,也不知道有什么旅游景点,不过那个时代,大家也接受现实的社会,就地取材,各取所用。记得隔天就是星期日,于是,大家商量好,相约可以畅游中和圆通寺,预计有五六十人参加。

但是,才开过会议,大家解散不久,悟一法师就叫住我说:"某人,以后这许多青年人,你可不准带到善导寺来。年轻人的消费最多,我们善导寺可供应不起。"

我一听相当惊讶,还气呼呼地回答他说:"难道我们只能度老公公、老太太吗?"他说不过我,只有说:"不要在此活动。"仿佛一盆冷水浇了下来,实在无可奈何。

是的,我每次从宜兰到台北,可说是"上无片瓦,下无立锥",但我总不能带着这些青年在马路上讲话啊!

正感无奈的时候,看到周宣德居士从大雄宝殿穿过,我一个快步跑上去,对他说:"周居士,刚才出去的这些青年人,我约他们明天在中和圆通寺集合郊游,但我临时有另外的事情,你能到那里领导他们吗?"

周居士当时是台糖公司的人事主任,平常与我们的思想接近,也谈得来,他一口答应:"没有问题。"就承担下来,让我感念不已,否则我就不知道如何收拾这场面了。

接着,我又羞涩地跟他说:"青年郊游,总是要有一点糖果、饼干等,增加他们郊游的气氛。"他又是说:"没有问题。"满口答应,让我真是谢天谢地。

这是我在台湾佛教青年运动的第一次失败,真可以说"壮志未酬身先死,长使英雄泪满襟"啊!

宜兰佛教青年运动

在台北没有办法发展,退而求其次,我只有到宜兰发展佛教青年运动。我组织歌咏队、弘法队,我成立青年团,我设立文艺班,这样才有一些优秀的年轻人不约而来,参与我的各种弘法活动。例如:裘德鉴、杨锡铭、周广猷、朱桥、林清志、李新桃、张优理、吴素真、张慈莲等青年;后来,又有一群县政府的员工、电信局的小姐,如:萧慧华、李素云、黄惠加、曾素月、曾韵卿、朱静花、林美森等二十余人,都一起前来参加。一时,使得我们小小简陋的雷音寺,增加了许多青年男女,也可以说,青年的佛教就在宜兰如火如荼地展开了。

一直到现在,这些青年运动还是有成果的。如:慈惠法师帮我兴建多所大学、中学、小学,替我翻译台语、日语;慈庄法师帮我在海内外兴建了多少的寺院道场;慈容法师帮我在世界上成立多少佛光会;林清志和林秀美继我之后,四十多年来,从未间断在监狱布教;萧碧霞为我在佛光山管理财政;杨梓滨、张肇替我在佛光大

与慈庄(右三)、慈华(右二)、慈惠(右一)等青年于宜兰念佛会合影(一九五三年七月二十二日)

学担任建校的义工;服务于台北荣总X光科的李武彦,几乎成为我健康的守护者;朱桥在台北编辑《幼狮》杂志;裘德鉴后来也升任将军;杨锡铭、周广犹他们在各地负责军事的要职,等等。

这许多青年朋友们替我做过环岛布教,参与各地念佛会的成立,参加歌唱弘法、灌制唱片,点燃初期佛教音乐传播的火苗。

最初青年人来我们的寺院参加活动,是称称我们的斤两,他也会看看我们有没有条件。好比交朋友,也要看对方的品德,谈爱情,也要知道对方的家世;现在他跑佛教的道场,也要知道佛教的一些内容。所以,青年人初入佛门,你必须要有一些世间的情谊来接待,但是进了门以后,你就需要用佛法来影响他们。他有了佛法,就会产生慈悲心,提高忍耐的力量,增加道德的用心,他就把佛教看作自己的家事一样,就能与佛法合流。有了信仰,他就愿意为佛教奉献,甚至为佛教牺牲。

令人欣慰的是,至今这许多青年已成为七十岁的垂垂老人,但他们依然参加歌咏队,还到台北"国父纪念馆"、中国大陆、菲律宾去演唱。青年的心,老兵不死,佛教还怕没有希望吗?

所谓青年运动,在一九五〇至一九六〇年间,物质的条件非常缺乏。例如:办青年文艺营的时候,就用板凳做桌子,人就坐在地上;说是开办文理补习班,也没有教室,在路边的树下,或就着人家屋檐下的走廊,就上起课来了。年轻人他也不嫌弃,因为他知道,这对他们的知识、前途会有所增加。

宜兰中学音乐老师杨勇溥(又名"咏谱")先生,是我最感念的人。他为人低调,沉默寡言,可说是一位谦谦君子。青年要唱歌的时候,我没有钢琴乐器,只有跟慈爱幼稚园借来风琴供给他使用。我没有歌曲给他教授,他就要我作词,他来谱曲,合作多年,他未取分文。

就是有杨勇溥老师的关系,佛教的歌曲如《西方》、《钟声》和《弘法者之歌》等,就一首一首地出来了。在最初一九五〇年代前后,佛教青年运动固然是一件新颖的创举,提倡唱歌,更是引起佛教界的议论。当然,也有的人批评:佛教,还唱什么歌?其实,我五音不全,也不会唱歌,但世间的事情都不是为了自己,是为了大家的需要。

因为我们有个佛教歌咏队,有时候,电台会找我们去录音播放,部队也会找我们去演唱。因为宜兰对佛教音乐的推动,继之,台中佛教莲社口琴班成立了,澎湖佛教音乐团成立了,高雄佛教堂圣乐队也成立了,相继地在台湾,如台南、嘉义等许多先进的佛教团体,也都跟着唱歌了。

因为唱歌的关系,在台北有一位朱老居士,他说,星云实在是个大魔王,他竟然现在不唱赞偈,改成唱歌,这是要灭亡佛教啊!

什么人发心能到宜兰去把他杀了,免得败坏佛教。

这样的说法传到我的耳里,我一点畏惧都没有,我对青年运动一点却步、灰心也没有。一不做二不休,我把一些殿堂里的赞偈改成佛歌,信徒也都支持我,他们说这个比较好懂,唱起来比较容易进入佛的世界。

我把青年组织起来,带到乡间去弘法,甚至环岛布教。杭州音乐学院毕业的谢慈范,高歌一曲,让人如痴如醉;宜兰女中有"小周璇"

五十年前宜兰念佛会一群热情洋溢的青年,传唱《钟声》等佛教歌曲。宜兰中学音乐老师杨勇溥先生(我左侧),是我最念念的人。他为人低调,沉默寡言,可说是一位谦谦君子

之称的张慈莲,每次唱歌下来,都有不少人围住她,要求她签名。

吴慈容坐在三轮车上,拿着扩音器,到大街小巷去高呼宣传:"咱们的佛教来了!咱们的佛教来了!"在那个基督教盛行的时代,每个听到的人无不动容。

张慈惠小姐替我翻译台语,无论走到哪个地方,在各个乡村镇上,说起"各位父老兄弟姐妹们",比"各位法师、各位居士们",还要更加让人接受。

"人间音缘二〇〇五年星云大师佛教歌曲发布会",与人间音缘总策划慈惠法师同五十年前的佛教歌咏队员,合唱《佛教青年的歌声》(二〇〇五年八月二十七日)

在宜兰最初几年弘法下来,青年会愈来愈扩大,应该有数百人之多,因为没有地方集会,人多也难以管理,我就依他们的年龄、学历、兴趣,分别把他们组织起来。有的参加歌咏队,有的参加弘法团,有的叫学生会,有的叫青年团,有的加入文艺营,有的参与幼稚园,有的是监狱布教组,有的是电台广播组,等等。我这个时候才知道组织的力量非常有用,因为各组、各队,都不要我一个人来统领他们,他们各自都懂得分头努力。

这些青年们同我也有了共同的感情和理念,为了佛教,为了信仰,不惜一切,"但愿众生得离苦,不为自己求安乐"。青年也都好像辛亥革命时期的黄花岗烈士们一样,慷慨激昂,个个都说:我要为佛教轰轰烈烈地做一番事业。

主持宜兰念佛会"地藏法会"后开示,张优理小姐(慈惠法师)台语翻译(一九六〇年七月二十九日)

这些青年们,一个指示要到罗东弘法、要到苏澳布教,他们就忙着与家长协调。不过这些家长也都知道,他们的子女在宜兰念佛会,很正派,很有朝气,没有什么越轨的行为,所以都很放心地把这许多青年交给我。甚至到后来,我好像也变成这些青年的家长一样,男生要娶太太,一定要把女朋友带来和我认识;女生要嫁人了,也一定要把男朋友介绍给我知道,他们说,让我看过,他们比较放心。其中有一位青年女老师,还是从我们慈爱幼稚园为她送门嫁出去的。

我记得我们到宜兰左近的乡镇,如员山、壮围、礁溪、冬山去布教,都是骑脚踏车前往;没有脚踏车的人,就由骑车技术好的队员,载着他们坐在车子的后座,让他们也都能够一同参加弘法。甚至于到罗东、苏澳,因为路途太远,相距大概都在数十公里以上,只有改搭火车。可怜的我们,当时有百人以上,连火车票都买不起了,

早期带领青年下乡布教弘法。骑脚踏车的场面壮观,夜里伴着歌声回寺。《弘法者之歌》就在这种气氛下应运而生(一九五五年)

后来感动当时一名火车站的职员,他说,感念你们,你们都是为了社会,改善风气、净化人心,你们上车吧,不收你们的车票钱。

我记得有一次,出发的时间就到了,我们主要团员之一,负责翻译的张慈惠小姐还没有到。眼看着她远远地从光复路赶过来,但火车时间已到,不能不开,如果真的等她进到火车内,至少也要三到五分钟以上。承蒙火车站的站长谢克华安慰我说,师父,不必着急,我们慢几分钟开好了。

这些弘法的青年们有时候布教结束,收拾完工具、整理好广场的东西以后,都已是晚上十一二点钟了。沿途骑着脚踏车,大家法喜充满、兴高采烈,所以《弘法者之歌》里面写着:"银河挂高空,明月照心灵",就是这样应运而生了。

当唱到"佛歌入云霄,法音惊迷梦",学习尊者富楼那为了弘法,不怕生死危险,学习尊者目犍连为了度众,不惜牺牲殉教,大家

我与青年的因缘

真的是"不畏磨难强,不惧障碍多",只要佛教兴隆,什么都不惜,只要勇往向前。

因为青年们愈聚愈多,甚至有些儿童也都赶来参加,我只有另组儿童班。当看到一二千名儿童坐在地上,合掌念着七音佛号"南无阿弥陀佛",那景象真是令人感动不已。尤其,有一个十一二岁的小妹妹自己合掌念佛,背上背的一二岁的娃娃也跟着合掌念佛,在那种情况下,你说我怎么样自觉自己是一条硬汉,眼泪也不禁夺眶而出。所以我后来就感觉到,常有一些事让我感动,我也愿意做很多事情来让人感动,人间感动来,感动去,相互感动,这世间不是很美吗?

后来宜兰念佛会的青年,他们自己也向外拓展,在各个学校、各个机关,招募志同道合的佛教徒,他们和台中佛教莲社的口琴班有了来往,也和澎湖佛教的音乐团有了交流,他们互相访问,甚至举办联合布教。一时,台湾佛教青年爱教的热忱风起云涌,台湾青年的佛教此时已初步展开新的一页。

高雄佛教青年运动

一九五四年,我在高雄煮云法师的凤山佛教莲社弘法,高雄苓雅区的青年在一个神庙里设立了一间苓雅布教所,邀我去讲演。当时,我跟他们讲:"佛教的前途要靠我们努力。"他们深受感动。从此,有数十名青年每天晚上跑到凤山佛教莲社来听我讲经。

这些青年跟我说,他们要兴建佛教的道场,记得我还把刚刚出版每一本五块的《无声息的歌唱》,捐了二百本给他们,以表示赞助。一二年后,高雄佛教堂的地基都打好了,堂后的图书馆也都装修完成,只是前面的殿堂,因为没有经费而无法继续。

这些青年邀约我到高雄佛教堂去弘法,但我也了解,佛教堂里

高雄佛教堂歌咏队成员

基本的干部,他们和僧团并不是很相应。因为那个时候,在台南有一位佛教的老师叫普明灯,他主张不要礼敬僧团,只要皈依自性三宝。可是他的言论并不能为广大的青年所接受,所以多数的青年还是邀我为他们主持皈依典礼。于是,我又和高雄佛教堂结了缘分,跟这许多高雄的年轻人有着分不开的关系了。

一九五五年,他们要我讲《观世音菩萨普门品》,因为人数太多,没有办法,我只有露天对着这一两千人就讲起来了。这当中,有一位天主教的神父每一次都会来听我讲说,那就是后来与我因缘深厚的红衣主教单国玺枢机。

这大概是高雄开埠以来第一次的讲经,所以引起社会大众热烈的回响。一九五五年以后跟着又开始打佛七。一九五六年举行

与高雄佛教堂的热情青年们,左二为朱殿元居士

第一次佛七,就有六百人以上皈依,在当时引起社会很大的重视。到第二年打佛七时,参加的人数更高达二千多人,有八百人皈依,奠定了我和高雄佛教青年、信徒的缘分。

那许多可爱的青年,大都是来自于各机关、各学校、各工厂,每天骑着脚踏车、摩托车到前镇各大公司、工厂上班,来来去去,往往超过十万人。可惜,我们没有那么大的地方可以容纳这许多青年。不得已,高雄佛教堂隔壁的土地,本来警察局预计要用做警察宿舍,我们只得请高雄市议员洪地利和警察局做交涉,请他们把这块地方让给我们使用。

说起来,高雄佛教堂的青年比哪里的青年都更热情,我走到哪里,他们就跟到哪里。我记得他们一集合,都是数十人,甚至上百人,赶到嘉义、赶到台中听我的讲座。因为那个时候,交通费是我们最大的负担,所以我也不忍心他们这样花费,于是就承诺每个月都去为他们主持讲座。也因为讲经的关系,这些青年对佛教的信仰,就不是从拜拜入门,而是从听闻佛法开始了。

我因为承诺每个月都要到高雄为高雄佛教堂的青年、信徒们说法一次,因此,在佛教堂已有的圣乐队以外,我又组织了歌咏队。我每次一到高雄,这许多年轻人就买月台票到月台上列队欢迎我,至少有三百人以上。火车一到,他们的圣乐队就"嘟、嘟、嘟"地奏起欢迎歌。出了车站后,他们又要我坐上敞篷车,由乐队在前面引导,从火车站走到佛教堂。

最初,我自己也感到新奇不已。真实讲,说是我度这些青年入佛,还不如说是他们度我增加对佛教的信心。特别是这些高雄的青年们非常活泼,主动参与弘法活动,几乎每天都在高雄佛教堂进进出出,似乎已经把佛教堂当作是自己的家了。像设计师陈仁和,因为设计高雄佛教堂,当选"台湾十大建筑师";为了四处去布教,女低音杨春莲小姐唱起歌来,大家都称赞她比女低音歌后白光唱得还要好听;我们也到过台南、凤山、冈山、屏东等各地去布教。因为这样的关系,我和高雄佛教堂就更结下不解之缘了。

这些青年为了继续完成高雄佛教堂的建寺工程,就以义卖"爱国奖券"来筹款。当时的奖券一块钱一张,每卖出一千张,就可以摸彩,奖品是赠送脚踏车一部。那时候,一部脚踏车七百块钱,因此只要卖到一千张奖券,就可以有三百块作为建寺基金。

不可思议的是,经常半个月时间,青年们就能卖出七八万张。这是因为脚踏车在那个时候还是最普遍的交通工具,高雄加工厂、造船厂、台肥公司的员工每天上下班都要经过高雄佛教堂的门口,他们看到买"爱国奖券"不仅可以兑奖,还可以参加摸彩,并且有机会获得当时流行的脚踏车,也就非常热衷。可以说,高雄佛教堂就这样由青年们发心义卖奖券，一块钱、一块钱，像堆砖块一样地建起来了。

当然，那时候我们也会遇到一些困难。例如：经常我们在寺里讲经，佛教堂的外面就有许多穿着白色衣服的基督教徒，高喊"信基督才得救"。对于基督教徒这样公然到寺庙门口发传单，拉拢我们的信徒去他们的教堂的情况，信徒们也深不以为然，但是那个时候的社会风气如此，我们也只有忍气吞声。

尽管高雄青年运动是如此蓬勃地发展，但带给我很不自在的地方就是，我每一次往返高雄，他们都有数百人用乐队排列在高雄火车站等候。那个时候，我的年龄才二十多岁，这么一个年轻的和尚，这么大的阵仗，我看到站长的眼神里流露出奇怪的样子，就深深觉得惭愧。因此，我一直告诫高雄的信徒和青年们，你要我来高雄，就不可以这么热烈地迎送，但是信徒们往往是我说我的，他们还是依他们的做。

终于，我实在不习惯这样的对待了。因为当初丛林的教育，没有养成我跟社会接触的心理预备，哪里习惯这种热情的活动？因此，每一次往返高雄，他们很热，但我心里很冷。虽然我有心度化青年，从事青年运动，最后，我还是减少常到高雄，而选择定居在宜兰。

这些青年中，有周慈辉、周慈华、杨慈音、翁慈美、翁慈秀、陈慈香、王慈书、方耿伯、陈仁和、朱殿元等，都是青年信徒中相当突出的。假如我那时候发动他们，我们共同合作办一所大学，我想，众志成城，必定能有所成就。只是，我那时候自知自己还没有创办大学的条件，虽然有一些人事上的因缘，青年佛教的运动却还没有到达那种登峰造极的阶段，我也就量力而不敢妄想冒进了。

到最后，因为月基法师和我对他们领导的方式不同，高雄青年对佛教的热忱就这样又再松懈下来了,实在甚为可惜。

出家青年到大专青年运动

南台湾的佛教青年运动如此热络,但还都只是社会的青年参与;当时,我就感觉到,这些在家的青年,他们有家庭,有职业,要生活,不能常常为了佛教荒废他们的事业。这样的发动青年运动,也不合我的意思。所以我就兴起想办佛教学院,训练出家众的干部,让出家人也能参与佛教青年的运动。

后来,虽然寿山佛学院是成立在小小的寿山寺里,却也连续招收了一年级、二年级、三年级三班的学生。没有教室读书,就在纳骨堂里上课;容不下睡觉,青年们觉得睡在走廊上他也愿意。所以,佛教在家的青年运动到了这个时候,已提升到出家的青年一起来参与了。

当时,慈庄、慈惠、慈容、慈嘉、慈怡等都已经出家做了比丘尼,心平、心定也做了比丘。甚至于其他的县市,如台中的普晖、花莲的绍莹、新竹的悟证、头份的真悟、嘉义的道观,以及台中佛教会馆的真芳法师,等等,都成为佛教青年运动的佼佼者。

但我还是感到不满足,终于得到一个机缘。越南的华侨褚柏思(佛林居士),他们夫妇为了办海事专科学校,在高雄县大树乡麻竹园买了一块地,因为经济接不上来,夫妻焦急得要自杀。我于心不忍,就把高雄佛教文化服务处的这一栋房子卖了,赞助他们。后来他们说,这块地干脆就送给你吧!所以就有了佛光山现在这个地方。

从一九六七年开山到一九六九年左右,我一直想要提升佛教青年的运动,于是,我开始招募大专学生参加佛教青年夏令营。

过去,我和社会的青年接触,政府还不太注意,但现在要找大

我与青年的因缘

佛光山大专佛学夏令营第一期师生合影。前排左四起：唐一玄老师，会性、净空、印顺、本人、心平等法师，方伦居士（一九六九年七月二十八日至八月十日）

专青年，势必影响太大。因为那个时候，青年是一个很敏感的名词，当时的大专青年几乎没有人敢碰触，只有蒋经国先生的"青年救国团"是合法的金字招牌，民间没有人敢办青年活动。但是，我们也想搭上青年的顺风车，希望能有一角之地，带动佛教青年。

这最早是在台北和一些青年接触的因缘，虽然后来都交给周宣德居士去继续领导，我也知道，周居士为了领导青年的意见不容易分散，他已经不容许别人掺杂到青年的运动。但对我，承蒙他对我礼让几分，我就跟他说明，我也要在佛光山举办大专青年佛学夏令营，希望他给予资助。当然，他也不会反对。不过，就算不支持我也没有关系，因为后来我获得"青年救国团"执行长宋时选先生的同意，我就正式地对各校招生了。

那是由于我遇到一个很好的机缘，"救国团"南区知青党部总干事张培耕先生忽然皈依在佛光山门下。他是江苏如皋人,我和他谈起佛教青年的发展,他就提议我和宋时选执行长一谈。

我跟宋先生说,青年在你们的战斗训练中精神武装、心理建设也很重要,我们可以来办个禅学营,加入你们的暑期活动,响应你们的青年运动。

他一听很高兴,眉飞色舞地说:"可行,可行。"于是,就在一九六九年佛光山开山第三年,一切设备都还不具足的情况下,就对外宣布举办大专青年禅学营了。

事有凑巧,张培耕后来又调到高雄市做"救国团"总干事,我就一不做二不休跟他说,既然要办禅学营,你要支持啊!因为我什么都不足。他大方地支持了所有的住行,提供几十部大卡车、几百条军毯,因为他们只要向军中申请,都是OK。不然,我也不知道夏令营的青年要怎么睡,乘什么交通工具了。因此,我也就沾了光,让青年们可以安心睡觉,又可以在汽车还没有普及的时代,让他们坐上大卡车在街上呼啸而过,真是意气风发,得意不已。所以,凡事都是逐渐成就的,只要有发心,因缘都会来找你。

那时候,我把寿山佛学院的老师都请到佛光山来授课,有唐一玄教授、黄静华教授、成功大学唐亦男教授、阎路教授、陆军官校的张毅超上校、陈义明教授等。当时,和佛教学院的师生配合,例如:慈惠法师做生活组、慈庄法师做教务组、慈容法师做歌唱组,就这么热烈地展开夏令营的活动。

有的人为我担心,认为我胆大,竟敢率先办起大专青年的活动。我说,不必怕,你没有看到佛光山的大门口吗?那里挂了"救国团"的旗子。

他肯把旗子给我一挂,在那个敏感的时代,这可算是我最得意的事情了。因为,那等于是"姜太公在此",百无禁忌,所以警察也不来查问,记者也不来采访,一切都是平安无事。

在台湾那个威权时代,我能召集到这许多青年,当然不敢谈什么运动,但可以说,这是台湾第一个佛教青年夏令营,对佛教有重要的发展。这许多年轻人受佛教的影响,大家上进、发心,后来在社会上也有了许多的贡献。

例如:被誉为"世界换肝之父",现任高雄长庚医院院长的陈肇隆医师,就是我们当初夏令营第一期的学生。现任台北荣民总医院院长林芳郁,以及在美国开业的医师,如:沈仁义、郑朝洋、李锦兴博士等,也都是那时候的青年,所以我每次旅行美国,承蒙他们为我医治牙齿、皮肤、眼睛等,都不收我的费用。

"换肝之父"高雄长庚医院院长陈肇隆,为当年"佛光山第一期大专佛学夏令营"学员

还有,在日本行医的福原信玄、林宁峰医师,担任中华总会北区协会会长的赵翠慧,做过国民党云林地方党部主委的薛正直,在台大任教三十余年、退休后获聘为台大化工系名誉教授的吕维明,捐赠头山门弥勒佛的朱朝基,以及创作佛光山大雄宝殿三宝佛的陈明吉,后来他还去做了高雄市议员,甚至昭慧法师、依空法师等,也都是我们那时候大专夏令营的参与者。

再有,正台壹工程公司总经理蔡国华的夫人陈素云女士,也是我们夏令营的学生。他们组织佛化家庭后,夫妻俩至今护持佛光山的文教事业不断。后来在台南组成"佛教合唱团",以歌结缘,以歌修行,也影响了数千人的家庭。

第一年的大专青年佛学夏令营有一二百人参加,到了第二年,报名者就有万人以上,实在容纳不下,我们只能分梯次举行,每次都有千余人参加。也承蒙沈家桢先生从美国寄来美金一万元,给予我算是热烈的资助。

但由于回响热烈,发展太快,实在受不了压力。同时有些寺院的人也来教训我说,你有办法给那许多年轻人吃啊用的,等他们解散以后,就到我们的庙里来,也是吃啊用的,我们可负担不起。对佛教青年运动的发展,假如说我有灰心的时候,就是听到这个话,我也不得不感到灰心了。

此外,因为人数太多,也引起许多流言蜚语,甚至有人诬陷我们。后来,为了避免遭受政府的不了解,对佛光山采取迫害行动,因此在办了五六期的夏令营之后,我们就知趣而暂停不办了。这也算是我的青年运动成功又失败的例子。

"中国佛教青年会"

佛教青年的运动,到了一九六九年佛光山办大专青年佛学夏令营的时候,可以说到达一个高潮;另外在宜兰的青年运动也相当热络,虽然他们也能走到世界各地,但都只能算是地区性,总是局限于有限的力量,少了一个立足点。因此,我一心一意地希望组织一个"中国佛教青年会"。我就在一面编辑《觉世》杂志之下,一面鼓吹办青年会了。

一直到了一九八〇年《普门》杂志创刊那一年,我正式向政府提出申请成立"中国佛教青年会",因为我有发起人,我有理监事名单,例如:开证、灵根、今能、慧岳、宏印、王正和、李中和、蔡新民、简宗修、林登义、吕维明、陈洎汾、吕炳川、王金平、郑行泉、煮云、广元、心平、慈惠、慈容、慈嘉、心定、张培耕、朱斐、庞金盛、蓝吉富、叶英杰、王清连、林世敏、王仁禄、游祥洲、何寿川、高永祖、潘孝锐、薛正直、刘修桥、康启扬、胡秀卿等八十余人,可谓阵容相当。

那个时候,我们也备有一份"中国佛教青年会发起书",刊登在《觉世》旬刊上,希望号召各界人士的认同。

主旨是:请主管单位准许我们筹组成立"中国佛教青年会",加强辅导佛教青年进德修业,确立他们服务的人生观,进而以自律利人的宗教精神,扩大社会服务,改善社会风气。

而在说明里,我以"接引社会青年,改善社会风气";"坚定爱国信念,完成弘法大业";"弘扬佛教教义,复兴中华文化";"扩大社会服务,促进国际交谊";"扫除迷信偏执,加强心理建设"等五点,进一步讲述成立"中国佛教青年会"的好处,以及对社会青年的重要。

比方,国父孙中山先生说:"研究佛学可以补科学之偏。"梁启超先生也说:"佛教是智信,而非迷信。"现在一般青年,身处复杂的现代工商社会,不免时生彷徨烦恼,心灵趋于空虚。如果能够成立"中国佛教青年会",必可以使广大社会青年找到正确的心灵寄托,专心力求上进。

我也提到,佛教主张自觉、慈悲、布施,所以信仰佛教的青年,无分国籍、宗派、地域、性别,能有共识成立"中国佛教青年会",让青年在佛教教义熏陶下,信念及组织不致偏激失真而造成不当行为。

佛教需要青年,青年也需要佛教,期许青年要有"菩萨的心,青年的力",自利利他

特别是成立"中国佛教青年会"以后,可以借由各种学术、文化活动的举办,强化青年伦理道德信念,提高青年务实力行的精神。尤其,佛教教义强调舍己为人,普度众生,凡是受到佛法熏陶的青年,无不富有救人救世的慈心悲愿,充满着服务社会、造福人群的奉献精神。成立"中国佛教青年会",正可以发挥青年无比的活力,远离盲动与偏激的过失,转而从事社会服务活动,协助政府建设安和乐利的现代社会。

目前全世界佛教国家,多半设有佛教青年会,如斯里兰卡、泰国、日本、马来西亚等都有这类的组织,经常举办国际性文化交流活动。因此,如果我们能成立一个宗旨明确、组织健全的"中国佛教青年会",不但可以充分开发社会服务的人力资源,更可以促进国际文化，推动政府大力提倡民间交流。

甚至，我们的社会里，因为没有提倡宗教教育，不是见到神坛神棍提倡迷信，骗财骗色，败坏世道人心，就是邪教利用佛教来伪装吸收徒众。正本清源的方法就是以净去污，以正去邪，以善除恶。只要成立一个宗旨明确、组织健全的"中国佛教青年会"，就不必劳烦政府动员任何人力物力了。因为光明所照之处，黑暗自然消退。

然而，"中国佛教会"竟然反对成立佛教青年会。我向国民党提出抗议，为什么只能有独家生意？连过去只有一家计程车行的情况，现在都开放能有二家、三家的加入，因为有竞争才有进步。又好比有了铁路，再做一条高速公路，交通不是更顺畅吗？为什么"中国佛教会"一定不准我们组织佛教青年会呢？

后来，社工会主任萧天赞先生专程到佛光山拜托我，要我取消申请，不要办青年会，并且保证我当选下一届"中国佛教会"理事长。

这对我的伤害太大，我并不是为了想要做理事长，我只想单纯地做佛教青年的运动。但由于萧天赞先生出自国民党的社工会，我想，他的来头背景太强，我们不敢撄其锋，只有放弃退出了。这又是我青年运动另一次失败的记录。

大学讲演与佛教青年团的成立

虽然在推动佛教青年运动上屡战屡败，但我不气馁，只要我能尽一己之力为青年努力，我都赴汤蹈火，在所不辞。因为，我知道佛教唯有年轻化，注入更多的新血，才能为佛教的弘法带来新气象、新未来，佛教实在太需要青年了。

因此，在青年活动发展了以后，我就尽量地往各个大学去讲演

于澳大利亚中天寺与三皈五戒的青年合影(二〇〇三年六月二十八日)

结缘。全台湾的大学,如:台大、师大、成大、中兴、高雄师大、中山、辅仁、东海、文化等大学,我或者担任过他们的教授,或者做过多次主题讲演。

后来,我也陆续到海外的大学,如:耶鲁、斯坦福、哈佛、加州伯克利、康奈尔、夏威夷等大学,都做过讲演;香港的理工大学、中文大学讲过不只一次,甚至香港大学有一段时间,每年还都邀我去讲演一次;其他像澳门大学、北京大学、清华大学、南京大学、复旦大学、上海交通大学、厦门大学、中山大学等,也相继邀约我去跟学生讲话,我也乐于前往与青年们结缘。

因为青年的热情,让我停不下脚步,特别是在台湾的"中国佛教青年会"没有办法成立的时候,我就把眼光放到国际。一九九一年,国际佛光会世界总会成立后,青年们更是像潮水一般地向佛陀的怀抱涌来,我就发起组织青年团。

最先,我通知慈庄和依照在法国巴黎成立青年会;在美国,我通知慧传法师担任青年团的团长,一时欧、美两地的青年纷纷组织各个分团。终于,在一九九四年,"国际佛光会世界青年总团部"正式成立,由慧传法师担任总团长。

慧传法师出生于宜兰,他的父亲是湖北武昌人,随军来到台湾,后来做了宜兰士绅李决和居士的女婿,娶慈庄法师的姐姐为妻,生了多位儿女,像慧龙、慧传都在佛光山出家。慧传具有为法为教的热情,农业大学毕业后,曾担任普门高中的副校长、校长,北海道场住持;之后,又到美国洛杉矶担任西来寺的住持,同时担负推动青年团的发展。

为了推动佛教青年运动,我提供慧传一些组织佛光青年团的办法,例如:

一、举办专题课程,向每一所大学进行问卷调查。

二、每年在各地分头与老师会谈。

三、提供社团经费补助。

四、设立小型图书馆。

五、提拔青年做领导干部。

六、学校发展,由该地大学学生组织佛光青年团等等。

慧传没有让我失望,在短短几年内,世界各地的佛光青年团组织因应而生,每年在海内外举办国际佛光青年会议、国际佛光青年干部会议、佛教青年生活营等等活动,凝聚青年们为法为教的向心力。

甚至,为了让佛光青年与世界接轨,曾经我们的佛光青年团在日内瓦联合国开过世界佛教青年会议,纽约的佛光青年创作的一首歌曲《和谐》(Harmonize)还获得联合国活动指定歌曲之一,为佛教写下历史的一页。

与"千人丛林寻根之旅"的马来西亚青年团团员合影（二〇〇三年二月十日）

后来，由于青年们聚会需要相当的地方，为了节省经费，大部分回到佛光山本山，或在日本的本栖寺、澳大利亚的南天寺等分院道场，举行一年一度的国际青年会议。但青年们也因此对道场更加热心，所以现在的青年团几乎都是各个道场的义工。说来，台湾义工的由来、发起，这许多青年们不能说没有功劳。

在青年团的活动当中，最感人的应该就是马来西亚的青年团了。他们一首《佛教靠我》，唱遍了世界各地；也曾经有千人包机来台湾，到佛光山做"寻根之旅"。他们鼓励年轻人出家入道，可以说，现在佛光山全世界的寺院道场、弘法事业当中，不少都是来自马来西亚的佛教青年担负责任。

例如：现任新马佛光山总住持觉诚、澳大利亚南天寺的满可、新西兰佛光山满信、瑞典佛光山的觉彦、伦敦佛光山的觉如、印度的慧显、西来寺监寺如扬、中华总会副秘书长如彬、佛光大学佛教学系老师妙迦、佛光缘美术馆台北分馆馆长有法,等等,各个都是青年入道,而今弘化各方。

因为马来西亚青年性格坚毅,教性特别强烈,为了佛教吃苦耐劳,睡在地上他都心甘情愿。也由于在多元文化的社会成长,他们会英文、会普通话、会广东话、会潮州话,这些特长为佛光山的国际化、佛教的世界化增添了许多力量。

像二〇〇一年八月,有来自全世界五千名青年代表,在马来西亚绿野仙踪会议中心举行五天的青年大会。承蒙该中心的创办人兼董事丹斯里李·金友倾全力支持我们的行政开支,在慧显和马来西亚青年团宋耀瑞团长的带领下,会议顺利地展开了。

当时,光是参与会议的青年义工,就超过千人。我特别以"携手同圆"为主题,勉励青年以"菩萨心、青年力"思考生命的尊重,关怀慈善救济,省思社会责任,最后开发自我内在觉醒的道路。

尤其,二〇一二年十一月二十四日,我再度在莎亚南体育场主持弘法大会,与会者有八万人之多。特别是马来西亚青年团二千多人的大合唱,从《弘法者之歌》唱到《佛教青年的歌声》,到《佛教靠我》,让现场八万人听了热泪盈眶,感动不已。

说来,台湾实在不必有"恐青症",过于害怕青年会的成立。像马来西亚的佛教,现任总理署部长许子根早期就来过佛光山;后来又有邱宝光、梁国兴、梁嘉栋(后出家,法名惟悟法师)、黎顺禧、陈增金、许来成等八位青年,特别到佛光山皈依三宝,受持五戒,后来他们回到马来西亚,成立了"马佛青",至今对马来西亚佛教作出许多贡献,举办活动、出版杂志,等等,为大马的佛教打下很好的

在传灯楼集会堂和参加"二〇〇八年国际佛光青年会议"的学员合影

基础。

像在台湾,我们的青年,他们不吃烟、不喝酒,不从事世俗不正当的活动,并且发心皈依三宝、受持五戒。而为了长养青年朋友服务奉献的情操,开拓他们的国际视野,青年团甚至鼓励青年参与"公益旅行",足迹遍及印度、马来西亚、菲律宾及大陆等地,为当地的大小朋友、老幼妇孺从事卫教、教学、义诊等服务。

后来加入青年团服务的妙凡,在台大、"清大"、成大等各大专院校成立"香海社团",带着佛光青年走上街头宣导"五戒青年'心'生活运动",每年有上万名青年学子响应"不杀生、不偷盗、不邪淫、不妄语、不酗酒",奉行四给、五和、六度、七诫,实践八正道等等。至今培养的青年干部,妙慧、善财讲师也超过百人以上,并且经常到学校演讲,宣导"三好运动"。

我们佛教青年团的团员,可以说,他们并不是抱着游乐的心情来参加,更不是像参加旅行团一样看看热闹,而是死心塌地地跟随佛陀的步伐向前迈进。也由于台湾人的善根,这许多来自各个大学的优秀青年,很自然地与佛结缘,甚至出家入道,担负起弘法利生的工作了。

像现任台北道场住持的觉元、三好体育协会执行秘书慧知、佛光山资讯中心主任妙曜负起网络弘法的责任,现任巴西如来寺副住持的觉轩承担南美洲弘化的工作,书记室的有圆参与"一笔字"的弘法。还有青年古筑君,她毅然放下职场事业,全心投入弘法服务,出家后法名如元;又如辅仁大学的慧屏,感于佛光山的园艺景观之多,发心出家参与园林设计;甚至高雄餐旅学校的有思,也加入佛光山素菜料理的管理等等。

而从海外回来投身佛教的青年就更多了。像阿根廷大学毕业的工程师觉培法师,现在担任中华总会秘书长;澳大利亚大学毕业的妙光,为我翻译英语多年;在美国凤凰城取得硕士学位的觉禹,现在是嘉义圆福寺的住持,也是新任的宗委;从加拿大留学回来的有贤,参与佛陀纪念馆的建设;文莱青年妙净,担任菲律宾佛光山的总住持,带领菲律宾青年以戏剧、音乐参与佛教弘法。又如,印尼籍的如音,现任马来西亚东禅佛教学院教务主任,热心接引青年学佛,在二○一二年十一月我到大马出席八万人的弘法大会上,集合了二千多位佛光青年义工表演;而留学澳大利亚墨尔本的妙弘,则受邀担任美国白宫奥巴马总统的宗教顾问团员之一。

与"国际杰出青年英文禅学营"学员合影。左一为慧峰法师,右一为依法法师(二〇〇五年七月十二日)

其他像妙心、妙舟、有一、如恺、知贤、慧炬、知明等等,都是分别从美国、日本、澳大利亚、英国、新西兰等地回到佛光山,加入弘法利生行列的青年僧。他们一个一个像接棒一样,传递佛教的圣火,燃起佛教的希望与未来。可以说,世界佛教青年的运动如今已看到了开花结果。

所以,现在佛光山办什么国际活动,需要什么语言、要用什么专才,大概就由这许多青年产生。也可以说,整个佛光山就是青年出家的僧团。因此说,有青年就有佛教。

像从二〇一一年起,由慈惠法师带领佛光山国际组妙光、妙哲、有德、有方、妙凡、妙迦、慧峰、慧宜等僧青年和佛光青年,连续举办了"国际青年生命禅学营"。每一年都有来自欧、美、亚、非、澳五大洲,全球四十余国家地区、四百所知名大学一千二百名本科生、硕士生、博士生学员参加。如:台湾大学、政治大学、台湾"清华大学"等,以及海外名校,如:英国剑桥大学,美国斯坦福大学、加州大学、耶鲁大学、哈佛大学,欧洲奥地利维也纳大学,荷兰阿姆斯特丹大学,瑞典斯德哥尔摩大学、德国汉堡大学、慕尼黑大学,比利时安特卫普大学、日本早稻田大学、九州大学,澳大利亚悉尼大学,韩国首尔大学,以及香港大学、澳门大学、北京大学、南京大学、上海交通大学等等。

借由这个活动,提倡"地球一家·同体共生"的观念,也融和"做好事、说好话、存好心"的"三好运动",让全球优秀青年有一个国际交流平台,同时提升了青年们的环保意识、生命价值观,爱惜地球、注重品德,透过人间生活禅开发内在潜能,建立和谐的人我关系。

令人欣慰的是,所有活动的行政联系、师资邀请、翻译、交通、参访等,都由这许多僧青年全责承担。参加的学员纷纷回函表示,参加这个活动改变了他们的世界观,扩大了视野,重新认识佛教,生命获得了安顿。听到青年学子们这样的回响,我也感到非常欢喜。

数十年来,我推动佛教青年的运动,因为自己的力量有限,上述的一点事迹总算向佛教的历史多少有了一些交代。记得过去我曾带领佛教青年唱一首《佛教青年的歌声》,充满了力量与希望。每次一听到大家唱这首歌,心里就非常感动。现在,我也把这首歌献给大家、献给所有的青年朋友:

国际佛光青年会议开幕典礼,与高雄县长杨秋兴(我右侧)及来自全球五大洲的青年合影(二〇〇六年八月四日)

听啊!
真理在呼唤,
光明在照耀,
这是佛教青年的兴教歌声,
响彻云霄!
青年为教的热忱,
掀起了复兴佛教的巨浪狂潮,

成功的一日,
　　就要来到。
　　各位亲爱的父母们,你们有青年子女吗?各位青年们,你们对佛教的真理有向往吗?盍兴乎来!

建立人间佛教的生活侧记

人在世时,需要佛教,
乃至于走到生命的尽头,
佛教的生活性、人间性遍布于人的一生。
我认为,
佛教如果对这许多人生礼仪加以推动,
使之普及于社会,普遍各阶层,
对于净化人心、增长道德必定有很大的贡献。
而身为佛教徒,
若能以佛教礼仪作为一生重要行事的圭臬,
便是"生活佛法化,佛法生活化"
最好的诠释了。

佛教发源于印度，光大于中国。佛教的祖师大德们，有的倡导净土，有的宣扬禅宗，有的订立僧团的组织，如马祖创丛林，百丈立清规，不只引导信众修行的方向，也确立佛教的制度。而对于佛教的因缘果报观念，"阿弥陀佛"、"四大皆空"，大家耳熟能详，就是不懂其义也会随口道来，逐渐融入百姓的生活。感谢历代的祖师大德，用种种的方法让佛教普及，所谓的"佛光普照三千界，法水长流五大洲"，并不是一个人单枪匹马可以完成，而是汇聚了几千年的时间、百万人的发心，才能有现在的成果。

我认为佛教除了佛陀开示的教理、探讨宇宙人生的真理以外，它对于人生的生活指导，尤其人世间的礼仪规范，佛教应该都要建立完整的系统。在西方，无论做国王、当总统，都需要宗教替他加冕；而且社会的风气，星期天就是要到教堂去做礼拜，你不上教堂做礼拜,社会就不能认定你是个好人,可以说生活中的大小事都无法离开宗教信仰,他们自有宗教礼仪来规范人生。

我们中国,无论儒、释、道都不要紧,但是道必有道,你必须要有人生的礼仪规范教导信徒,让他遵循宗教的目标道路去发展自己的人生。比方说伊斯兰教徒,他想吃鸡、吃鸭,他不能随便宰杀,必须经过他的宗教师诵经,才可以处理烹食,这就是他们宗教的礼仪。

在台湾五十年前,我替不少人主持过佛化婚礼,引起社会许多人的纷议,这都是少见多怪的问题,因为宗教就是要主持人间的仪礼,这也是宗教的使命。所以我就想到佛教也应该有乔迁之礼、洒净典礼、开光典礼、丧葬仪式等,除了特殊的宗教礼仪外,佛教的礼仪应该要融入信徒的生活。如何融入?我将自己的理念、想法和我数十年来的因缘,在此一叙。

满月命名

生儿育女是每个家庭的事情,佛教徒所组成的佛化家庭应该举办儿童满月的命名典礼,而我们宗教师的重要任务,就是为小孩命名。只要一个儿童有了佛教为他取的名字,他会觉得跟佛教有因缘,是佛祖的小孩。

因此,过去我就非常用心为儿童命名,我认为儿童取名字一定要有吉祥的意涵,不能像从前为让孩子平安长大,而随意取"阿猫"、"阿狗"之类的乳名,要帮他取一个优雅的名字。命名也不能太抽象,让人听不懂这名字什么意义,还要解释半天,才能使别人了解;更不能有谐音,让人贻笑大方,举个例子,为孩子取名范统(饭桶)、陶仁彦(讨人厌),看起来字意优美,念起来却有不雅的意思。

逢第一届"中国小姐"选拔,我为小女孩取名"蔡静宜"(一九六三年六月二十六日)

此外,名字也可以具有象征意义。我曾为一个小女孩命名,当时适逢台湾第一届"中国小姐"选拔,获得后冠的"中国小姐"名为林静宜,我便替这个小女孩取名蔡静宜。也曾有佛光山的信众,在二〇〇〇年时,喜获麟儿,二〇〇〇年是大家熟悉的千禧年,也代表从二十世纪跨越到二十一世纪,具有跨时代的象征,因此,我为孩子命名为"世纪",以此为代表。

名字的笔画不能太多,像是春秋时代的范蠡、清朝年羹尧、书画家郑燮(郑板桥)等,笔画繁琐,小孩子上学,他可能会因为名字难写,而感到不欢喜。简单易写的名字,笔画很少又好记,例如:国父孙中山、蒋中正先生等。而我俗家侄子李春富,在美国生了一个儿子,要求我替他取名字,我就替他取名"李木子",木的笔画少,子也是男子的尊称,既好写也容易懂。

过去曾有信徒喜获三胞胎,要我命名,因为三个都是女儿,我就为她们命名为妙一、妙二、妙三,好记又有顺序,不容易搞错。另外,俗家的外甥女徐梅林生了个女孩儿,在过年时节打电话向我拜年,要求我为小孩命名,中国人过年总是讨个吉利,希望全家人吉祥如意,因此,我便替小孩取名"如意",家族亲人也感到欢喜。所以,有意义、吉祥、易记、易写、易懂的,就是好名字。

我为了达到这个理想,曾经想了一百一十个名字,在这里提供参考:

法满、法贤、净慧、净光、净德、净因、净美、善月、善明、善德、善容、善智、善慧、德淳、德明、德贞、德裕、德光、德硕、德仁、德胜、德超、德均、德隆、智澄、智圆、智朗、智山、智月、智弘、智光、智深、智宏、智诚、智泉、

与侄孙李木子(左)、侄孙女李有子(右)合影于日本本栖寺(二○○三年四月)

智林、智航、智立、智华、智满、智颖、智广、普明、普信、普月、普容、普安、普智、达性、达观、法真、法和、香华、思诚、思平、思淳、思圣、思绍、思敏、思贤、思仁、思德、思谦、思道、圆智、圆照、圆应、圆德、圆明、弘忠、弘善、弘宗、修圆、正勤、志和、志彻、志忠、志一、志诚、志全、志朗、志道、志清、志弘、宏智、宏开、宏净、宏真、宏意、慈莲、慈鬘、慈音、慈如、明心、明慧、明真、明华、迦陵、静仪、宝莲、宝华、宝云、宝瑜、嘉华、嘉文、静慧、光明、云音、龙德、香莲。

067

一九九二年的时候,宜兰信徒蔡固义、林素英夫妇升格当了祖父母,要我为其孙子取名字。回想四十年前,蔡固义还是个小学生,长大后结婚生子,他的五个儿女:光宇、光华、光尧、静宜、静慈,一个个都是我命名的。其子蔡光宇后来生了一位千金,蔡固义夫妇仍不忘上山要我替孙女取个名字,我将女娃命名为蔡霭伦。我想,一家两代都由一个人替他们取名字,只有出家人才能做到。

入学典礼

儿童满月礼完了以后,接下来就是入学典礼。我虽然出生于贫穷的家庭,但是还记得,有机会第一次去私塾里面念书时,父母非常地隆重,让我换上新衣、戴着新帽,在家里依序礼拜佛祖、观音菩萨、至圣先师孔子,有个象征性的仪式,再由母亲送往私塾的书房入学。

在儿童的记忆里,这是一个非常重要的阶段。他们觉得我入学读书,学习明理做人,在心理上就有成长的认知。因此对于儿童的入学典礼,建议父母应该重视关心,让儿童了解入学所代表的重要性。

成年礼

儿童成长入学,慢慢地逐渐成年。因此,我在主持国际佛光会的阶段中,以年满十八岁的青年男女为对象,不断地举办成年礼,希望借由庄严隆重的祝祷仪式,让青年懂得肩负起对自己、家庭、社会的责任。

成年礼是一种生命的礼仪,表示青年转变为成人时,得到社会认定的一种仪式。成年的定义,并不是年龄的累积,而是表示自己能负责、肯担当、知奉献、除恶习、去放逸,并随时懂得将欢喜散布给人,才是一种真正的成年。

于美国西来寺主持"佛光青年成年礼"(一九九七年十一月二日)

因此,在成年礼中,我也叮咛祝福青年朋友:我们过去都是两代父母、亲人给予很多的缘分让我成长,现在我成年了,应该回馈家人和社会更多的因缘,让我的家庭和谐,社会进步。

而青年也应该对自己的未来要有期许,怎样的期许今列举四点:

一、自我肯定。

二、承担责任。

三、心智成长。

四、感恩回馈。

青年成长后,可以学习做自己的主人,肯定自我生命价值,开发无限的潜能。既然成年了,就该培养承担责任的勇气,才能真正成长,更有力量。而成年礼就是要昭告大家,告诉自己,我已经成长了,不是过去的懵懂幼儿,心智逐渐长大,懂得承担负责。

人生在世,依靠着众多因缘的成就,才有如今成长的我们。往昔岁月中,可以说是不断地接受他人的给予,今日长成,更应懂得感恩回馈家人,帮助朋友,造福社会,懂得感恩的人才有幸福的人生。

佛化婚礼

成年礼后,到了适婚年龄的青年,有的开始计划筹备结婚。男女两人如何认识?如何恋爱?这个可以不用探究,但是男女青年准备结婚、组织家庭则不可以随便,这样的人生大事,应该庄严隆重。因此,规划佛化婚礼,无论是对人的一生礼仪或是信仰的传承,就显得十分重要了。

在大陆,太虚大师推动过佛化婚礼,上海陈海量居士也编了一本《建设佛化家庭》的书籍,里面倡导佛化婚礼的仪礼,我觉得很有意义。佛陀创立的教团,有出家的僧众、在家的信众。在家信众有家庭、有夫妻关系,在家的弟子,男婚女嫁,佛所许可,而让他们有情人终成眷属,婚姻必须要经过公认的仪式才算合法。

大概一九五〇年代起,我在台湾为很多的青年男女主持过佛化婚礼,如著名水墨画画家李奇茂教授和张光正小姐的婚礼。一九六〇年,两人的佛化婚礼在宜兰雷音寺(今兰阳别院)举行,是台湾首次的佛化婚礼;另外,"新闻局长"龚弘的公子龚天杰和菲律宾华侨吴小姐的佛化婚礼,郎才女貌,同样喧腾一时。

一九八一年,"立法院"唯一单身"立委"李天仁先生,于桃园县林口竹林山寺(今新北市林口竹林山观音寺)举行佛化婚礼,我与"立法院长"倪文亚先生共同为他主持,蔚为一时佳话,"法务部

佛光山和高雄县民政局举办联合佛化婚礼,礼请我福证,成为教界创举。之后并于世界各地陆续举办"菩提眷属祝福礼"(一九九二年一月十五日)

长"李元簇先生还誉此为"模范婚礼"。

此外,一九九二年,为了倡导婚嫁节约,革新社会风气,我与高雄县县长余陈月瑛女士一同主持五十一对新人的佛化婚礼,在佛陀的见证及众人的祝福下缔结连理,这也是首见的集体佛化婚礼,意义非凡。

甚至于后来,有"赵茶房"之称的赵宁博士和香港刘茵茵小姐,在一九九三年于圆山大饭店结婚,冠盖云集,大家都称赞佛化婚礼庄严隆重。因为结婚是神圣的事情,男女双方既然成为菩提眷属,就应该担负起成家立业的责任。在婚礼中,我告诉赵宁,应该做到六条丈夫之道:

一、做一个英雄护美的丈夫。

二、做一个君子诚信的丈夫。

三、做一个男子尽责的丈夫。

四、做一个劳工服务的丈夫。

五、做一个居士有德的丈夫。

六、做一个禅者幽默的丈夫。

而身为太太的,也有六条为妻之道：

一、做一个勤于家务的妻子。

二、做一个善于教化的妻子。

三、做一个习于慈爱的妻子。

四、做一个肯于赞美的妻子。

五、做一个长于职业的妻子。

六、做一个热心公益的妻子。

而长年护持佛光山的功德主吴修齐居士,他的公子吴建德与华视主播孙自强小姐,于一九九三年共结连理,邀请我证婚。在两位新人步上红毯的时候,我告诉吴建德先生,希望他能够做一位：

一、勇敢护妻的丈夫。

二、负责家计的主人。

三、诚信服务的君子。

四、工作热忱的勇士。

五、欢喜乐观的家人。

六、幽默风趣的伴侣。

同时,我也期盼即将为人妻的孙自强小姐能够做一位：

一、勤于家务的贤妻。

二、长于赞美的友人。

三、敦亲睦邻的邻居。

四、慈悲应世的信徒。

五、爱语笑声的家人。

六、热心公益的善人。

每次在佛化婚礼的时候,我都鼓励新婚夫妻应该要做到几件事,例如,对新郎讲:"身边少带钱,晚饭要回家,应酬成双对,幽默加慰言。"如此必定能做一个好男人;也告诉新娘:"家庭是乐园,饮食有妙味,勤俭为五妇,赞美无秘密。"这样必能成为一位持家有方的好太太。

二〇一〇年,名闻上海的"海派清口"周立波先生举行结婚典礼,找我证婚,我欣然同意。听说参加婚礼的人,礼金每人至少十万元,一共集合了千人的礼金捐做公益事业,要创造社会盛事,虽然在网络上议论纷纭,但是我为了弘法利生,对那许多言论也无心加以追究。

对新婚的新郎新娘,我总鼓励他们婚姻要能白头偕老,要互相信任、互相帮助、互相包容、互相体谅。因为过去是单身,婚姻是两个人的组合,成为家庭是社会的基础,所以爱情一定要建立在互信互谅上面,婚姻才能长久。

在佛教经典里面,有一部《善生经》,强调家庭伦理的关系,教人如何做一位在家居士;另有一部《玉耶经》,讲究妻子之道,所谓女人有五种受人敬爱的妻子德行:"母妇、臣妇、妹妇、婢妇、夫妇。"要能敬爱丈夫,夫妇间相敬如宾,孝养父母翁姑,和睦亲族,勤治家事,不谈他人是非,不道人之长短。依此而行,必能成为受众人称赞的贤妻。

总之,婚姻是一份承诺、一份责任,夫妻二人应该互相尊重、互相提携。

所以,我曾经作过一首《佛化婚礼祝歌》,以此勉励新婚夫妻:

今日何日兮？美景良辰；

今日何日兮？吉庆佳期。

有情人成眷属，佛化的婚姻幸福无比。

他像须达美公子，仁德持家把业立；

她像玉耶贤少女，孝亲爱夫合家喜。

是前生的因缘，是修来的福气。

我们为他俩祝祷，

永远承受佛光的护庇，百年偕老福寿齐！

今日何日兮？美景良辰；

今日何日兮？吉庆佳期。

有情人成眷属，佛化的婚姻幸福无比。

望他常念善生经，为国为民谋福利；

望她日诵玉耶经，夫唱妇随永不离。

四时月圆普照，三春花卉常丽。

我们为他俩祝祷，

永远承受佛光的护庇，百年偕老福寿齐！

祝寿礼

青年结婚以后，逐渐进入而立之年、不惑之期，甚至于过了知命之年，迈入耳顺之届，六十岁大概可以举行祝寿礼了。对于祝寿，生日同时是母难日，现今的人，自己过寿却忘记浩荡的母恩，实为不当。我建议，如果举行祝寿礼，应该挂起母亲的肖像，讲述母亲的德谊，表彰慈母恩德，会更有意义。

假如说，没有到六十岁、七十岁，平常的小生日，可以自己到佛前去为父母祝福祈愿，表达心意，这应该是最好的纪念。像现在，

建立人间佛教的生活侧记

上海交通大学教授暨"星云真善美新闻贡献奖"委员会执行长赵怡的母亲赵杨觉苑老夫人（第二排右三），于佛光山及佛陀纪念馆欢度九秩大寿（二〇一二年三月二日）

全世界各地的信徒如果每个月举行一次报恩会，聚集大家，说明这个月的寿星都过母难日，来为母亲祝福，也是一种过生日的方式。

从出生满月命名以后一直到过寿，人生七十古来稀也好，人生七十刚开始也好，人的生死本无常，不在活得天长地久，而在活得有意义。佛光山最早的功德主，台南统一企业的吴修齐先生，八十岁在佛光山做寿的时候，他告诉我，希望九十岁能再来佛光山做寿，我曾为他作了一首打油诗《寿吴修齐先生八十华诞》，说明人生的寿命跟意义。

太虚大师在中日战争期间，奉国民政府的指示，到印度去宣扬中国抗战的意义，在印度适逢他五十岁的生日，印度国际大学中国学院的院长谭云山先生为他举行祝寿典礼，太虚大师写了一首生日感言，我非常欣赏，现在把他的诗摘录如下：

我生不辰罹百忧,哀愤所激多怨尤。
舍家已久亲族绝,所难忘者恩未酬。
每逢母难思我母,我母之母德罕俦!
出家入僧缘更广,师友徒属麻竹稠。
经历教难图救济,欲整僧制途何修?
况今国土遭残破,戮辱民胞血泪流!
举世魔焰互煎迫,纷纷灾祸增烦愁。
曾宣佛法走全国,亦曾行化环地球。
国难世难纷交错,率诸佛子佛国游。
佛子心力俱勇锐,能轻富贵如云浮。
恂恂儒雅谭居士,中印文化融和谋。
遇我生日祝我寿,我寿如海腾一沤。
愿令一沤撄众苦,宗亲国族咸遂求。
世人亦皆止争杀,慈眼相向凶器丢。
沤灭海净普安乐,佛光常照寰宇周!

我非常尊敬太虚大师,我的愿力虽不敢比拟太虚大师,但也向他学习,继他而行,把这首诗摘录在这里,同样表达了我的生日感言及对太虚大师的崇敬之意。

菩提眷属祝福礼

现在有一些年长的夫妻,为了增进感情,我也提倡他们参加增益的祝福礼——菩提眷属祝福礼。他们这一代的夫妻,因为当时的结婚仪式比较简单,没有结婚礼服、新婚礼物,步入中年以后,大家彼此都有相当的经济条件,这时候再做一次增益的婚礼祝福,儿女共同参加,促进情谊,在推动人间佛教的发展中,我觉得也深具

于绿野仙踪展览中心主持马来西亚首次"菩提眷属祝福礼"（二〇〇一年十二月三十日）

意义。

　　我主持过几次团体菩提眷属祝福礼，从佛光山本山、印尼、新加坡到澳大利亚南天寺、美国西来寺等都有过。像二〇〇一年，在马来西亚绿野仙踪展览中心，共有近四百对菩提眷属参加，引起社会媒体的关注，而此活动也被纳入《马来西亚纪录大全》中。

　　另外，二〇〇二年，由于佛指舍利来台的因缘，特地于佛光山举行菩提眷属祝福礼，共有五百对菩提眷属、观礼家属二千多人与会，其中，时任"立委"的吴敦义先生与夫人蔡令怡，更是带着儿子、媳妇一同参加。

　　二〇一〇年，我应河北保定佛教协会会长真广法师、观音寺住持真源法师之邀，为四十三对菩提眷属主礼，典礼简单，庄严隆重，是大陆首次的菩提眷属祝福礼。

　　二〇一一年，我在香港红磡体育馆主持菩提眷属祝福礼，共有一百三十八对夫妻参加。我鼓励夫妻之间应该常常赞美对方，对另一半说"我爱你"，并且每天为对方做一件好事，感情会更升华，

为新加坡首次举办的"菩提眷属祝福礼"福证,于香格里拉大酒店(二〇〇二年十一月二十四日)

家庭会更和乐。当日,除亲属子女外,也有近四千人观礼。

佛光山佛陀纪念馆落成系列活动当中,二〇一一年的最后一天,十二月三十一日,我依约抱病出席"菩提眷属祝福礼暨百年好合佛化婚礼",为两百对新人及八百对菩提眷属主持仪式。我认为,夫妻结婚后,就不要用眼睛来看,要用心、用爱来看。虽然世界不断地变化,但是既然相爱而结婚,那"爱"的心不可以变化!而将佛法融入生活中成为菩提眷属,更可以提升婚姻的品位。

丧葬礼仪

过去的人,总把佛教与丧葬礼仪画上等号,但佛教礼仪更广泛地包含人生的生老病死,佛教对于丧葬礼仪的看法,首先应该强调建立正知正见，死亡并不是生命的结束，而是另一个新生命的开始。

对于丧葬礼仪，临终关怀也是其一。临终关怀是对生命的尊重，并不是消极地等待死亡，透过对死亡的认识，让人从死的恐惧中解脱，坦然面对这期生命即将行至尾声，引导人们没有遗憾地离开世间；不只有往生的尊严，更有即将"移民"的期待。

对于临终的助念，佛光山的别分院道场也成立助念团，常常举办助念讲习会。助念是为了帮助往生者放下万缘，了无牵挂，安心往生。而我认为丧葬典礼也不一定只有诵经，佛光会可以组织六到八人或团体，前往灵前祭吊，为往生者唱佛教歌曲、诵祈愿文，这也是缅怀往生者的一种方式。

我在佛光山万寿园设置了六间安宁病房，不同于现代人居住于高楼大厦间，对于病者安养、亲友探病进出往来不便；同时安排眷属居住在患者隔壁，家人可以随时照顾，让临终的人能在生命尽头安宁往生，安然舍世。我认为，这也是一种丧葬礼仪的进步。

我在这里节录几个名人对仪礼的创意，供给有缘人参考：

一、程建人先生做"外交部次长"的时候，他的高堂程母经太夫人逝世，他邀我在灵前做一场讲演——"人生的意义"，作为送终告别的纪念。

二、吴伯雄先生的尊翁吴鸿麟老先生过世的时候，一般的人对于前往吊祭者都赠送一点纪念品，而吴伯雄先生则赠送每个人一个月的《人间福报》。

三、我有一位信徒李德明先生，记得有一次他家人去世，他没有找出家众诵经拜忏，只邀约一些朋友唱诵佛歌赞偈，视为举行隆重的丧葬仪礼。

四、邱创焕先生在一九七八年做"内政部长"的时候,他的尊翁过世,如果他要铺张祭拜,那时蒋经国先生一定非常不以为然,因为"内政部长"要素行良好,以身作则,过于铺张浪费,恐会落人口实;如果太过简单,亲友又不能谅解,会认为你已经做到"内政部长",对父亲逝世却简单安排,会被认为不孝。邱创焕先生非常有智慧,邀约我率领一百名出家众诵经。在数十年前,集合百名出家人极为不易,因此大家赞叹不已,认为他能做到这种地步,算是祖上的荣耀。

此外,有一些现代的开明人士家族,在喜丧婚庆时都买一些好书分赠友人,我的《佛光菜根谭》、《佛光祈愿文》、《佛教的生活观》、《佛教的生命观》、《佛教的生死观》,就常常作为礼品送人,没有过往丧葬礼仪的铺张浪费,以好书分赠亲友,这也不失为一种改良式的丧葬祭奠。

日常送礼

人生的礼仪以外,我想对于送礼,也是人生重要的事情,例如:朋友的婚丧喜庆、新居落成、开光典礼、乔迁之喜、金榜题名、升官祝贺、升迁出国等,送礼给对方则代表一份祝福的心意。

送礼不是比赛,送礼要送得得体。对于送礼,我举一些不当的例子:有些糖尿病的病人住院,你想要送他一盒巧克力糖,不送会比较好,送了反而会让病患心生不快,因为显然你不了解他的病情;有的人年登高寿,你送他一套童玩,这也是不当,因为你没有顾及到他的年龄爱好;有的人升官,你送他一个时钟,他会忌讳你替他送终。因此,对于有些人迷信顾忌,送礼的人不能触犯他的禁忌,会让人不悦。

过去有人住院就送鲜花,现在医院也宣导不可以送鲜花,因为有些病人会对鲜花过敏。而中国过年送红包,现在连"总统府"到了过年的时候,都要制作一元福袋分送民间,相信必定所费不赀,但是对民间却不一定有特殊的意义。

送礼也不能送得过于泛滥。像中秋节送月饼,就有一个"月饼旅行记",一盒月饼送来送去,在外面绕了十

佛光山台北道场法宝节煮腊八粥供众

多个人后,又送回来给自己,甚至于都长"眉毛"了,这就是送礼送得过多,不当的送礼。

尤其现代,利用权力,假借名目送礼,如在饼干盒里放入钞票,如此陷人不义,让人收受或退还都很为难。现在的社会,已不像清末民初时代,一个里长、村长一年到头都散发请柬,太太过寿、儿女抓周、家里增建房屋、自己为官纪念,一年不下八次、十次的请柬,摆明就是打秋风、敲竹杠,幸好现今已经没有这种不好的习惯。

我们的社会现在进入已开化时代,应该对于送礼要有一些节制和升华,如家庭生儿育女,赠上一张贺卡;或者朋友重要的生日纪念、家族的庆典,接受小诗、歌咏,礼轻却情义重。因此,送礼最好的是一种祝福,一句安慰的话、鼓励的语言,像现在的一封信、几句祝贺词,所费不多,对自己在社会上的各种交流往来、表达敬意,都能达到效果。

我过去在西方国家旅行,他们民间和政府官员可以来往,但是送礼如果高达一百美元就是违法,所以在西方国家,写点祝贺卡片就非常地流行。

佛光山每年举行盂兰盆供僧大法会,前来应供的除佛光山僧众外,尚有来自美国、德国、意大利、印尼、马来西亚和香港、台湾等地的法师(一九九〇年九月十日)

但是,像现在贺卡做得太过精巧,有时都要上百元才能买上一张,一个朋友、两个朋友倒也罢了,假如有几十、上百个朋友需要互通鱼雁,祝福平安,不免造成经济负担;至于像一些金榜题名、升官高就、出国留学等等,与人宴会,破费不赀,不如一张百元礼券,也是表达厚意。

最后我要一提的就是我们所有佛光人,或者佛门弟子,要重视佛教的节庆礼仪,像农历四月初八佛诞节,同时也是佛教徒熟知的佛宝节,庆祝教主释迦牟尼佛降临人间,大家互寄佛诞的祝福卡,或者是送对方一块佛诞饼,一来表达自己对佛陀的敬意,二来表达对朋友的关怀。而每到佛陀成道日,农历十二月初八法宝节,佛门都是煮腊八粥分赠左邻右舍、社区朋友,供养大众,让大家共享佛陀成道的喜悦。

另外,从目连救母所延伸的供僧盂兰盆会,是农历七月十五僧宝节,企业团体或许捐献少许的油香钱作为僧团的道粮,对于许多禅堂、佛堂、关房、佛学院等都能聊表一种帮助,并增进往生亲人的冥福。此三种佛教节日的庆祝仪礼,代表佛教徒对三宝的一种恭敬信奉。

人在世时,需要佛教,乃至于走到生命的尽头,都需要佛教。佛教的生活性、人间性遍布于人的一生。我认为,佛教如果对这许多人生礼仪加以推动,使之普及于社会,普遍各阶层,对于净化人心、增长道德必定有很大的贡献。而身为佛教徒,若能以佛教礼仪作为一生重要行事的圭臬,便是"生活佛法化,佛法生活化"最好的诠释了。

佛法新解
——让真理还原

我自幼接受传统的丛林教育,
感恩老师的教授,
他们对佛学义理的精神解释让我受益不少;
对于佛法的解释,
我反复探索佛陀的本意、佛法的根本道理,
我有一些新的解释,
不是创新佛教,也不是说标奇立异,
只是想宣扬佛陀的本怀,
让人容易了解佛法。
我不敢说大家一定认同,
但是我知道,佛法只要依照三法印、四圣谛,
依照佛陀降诞人间的本怀——
示、教、利、喜,
让众生获得自在解脱为原则,
就不违佛陀本意了。

德国哲学家尼采曾说过:"重新估定一切价值。"这一句话对我思想的开拓有很大影响。两千六百年前佛陀于印度传教时,资讯传播的技术并不发达,文字记录的条件也没有具备,佛法靠着弟子之间互相口耳相传,时间隔了这么久,再从印度传到中国,空间又那么远,时空的转换,这些文字、语言不断地翻译再翻译,有些内容失去原意自是难免。

例如:佛教从印度初传中国时的汉译经典,跟后期翻译家鸠摩罗什、玄奘大师等人翻译的内容就有差距。所以,对于佛陀的教示,宣扬者应该要探出佛陀的原意,避免以辞害意或断章取义,让一些原本有心学佛的人士听了之后,退避三舍,踌躇不前,因此有"重新估定价值"的必要。

佛教从佛陀涅槃后,历经各类人等,甚至教派的对立,彼此之间互相计较、比较。

光是戒律，在教团中此说此有理，彼说彼有理，纷争不已，难有定决。我想在二十一世纪的今天，佛法应该要适合时代来给予新的诠释，所以要"重新估定一切价值"。

现今佛教的流传，有汉传、藏传、北传、南传、巴利语系、藏语系、汉语系，现在又多了英语系，其所翻译的名相，意义有了不同的解释，究竟什么是对，都需要"重新估定价值"。

我自幼接受传统的丛林教育，感恩老师的教授，他们对佛学义理的精神解释让我受益不少。但当我和人间社会接触时，却感觉到佛法的原意应该是佛陀为了示教利喜，为了教化人间，一切以"人"为主而宣说的，因此要让大众听得懂。所以我常讲，佛教里的很多问题，应该以人为中心，要"重新估定价值"。

对于佛法的解释，我反复探索佛陀的本意、佛法的根本道理，我有一些新的解释，不是创新佛教，也不是说标奇立异，只是想宣扬佛陀的本怀，让人容易了解佛法。我不敢说大家一定认同，但是我知道，佛法只要依照三法印、四圣谛，依照佛陀降诞人间的本怀——示、教、利、喜，让众生获得自在解脱为原则，就不违佛陀本意了。下面就试说我的意见。

四大皆空

四大皆空，我认为可以更正为"四大皆有"，因为《般若心经》说："空即是色，色即是空"，既然"空即是有，有即是空"，那么本诸佛陀的教示，四大皆空，自然也可以说为四大皆有了。

我们先说四大的意义。佛教认为宇宙万有、任何一法的存在，都是由地、水、火、风四大元素因缘和合而成。在虚空里，有地，有水，有阳光、热量，有风的流动（空气）。世间哪一样物体能脱离这四种元素呢？

题"四大皆空示现有，五蕴和合亦非真"

就像盖一栋房子，需要有坚硬的木材（地大）、凝结砖瓦的水分（水大）、阳光的照射（火大）、空气的流通（风大），才能成为一间房子。一个人的存在也是一样，需要有坚硬的骨头（地大），唾涕脓血、大小便溺、流汗（水大），也要有温度（火大），更要有呼吸（风大），假如有一大不调，人就无法活着。即便是一朵花，也需要有地、水、火、风。花要有土地来种植，这是地大；要有水分来滋养，此为水大；火大就是阳光照射；风大就是空气，靠这四种因缘聚合而成为花。

一切万有的存在，皆需四大因缘和合。因为是四大元素和合，它本身就不是独有的，佛教解释此义，就用一个"空"字，说"四大皆空"。确实是不错，每一件事物都不能独自存在，都是假借因缘而有。但是只用"空"来解释，世间人对佛教就会产生误会，认为佛教什么都不要。甚至常有人开口闭口都说，你们出家人要"四大皆空"，以此来污蔑佛教，毁谤僧人。其实不是出家人才四大皆空，宇宙万有,一切万物,它的本意就是四大皆空,但是千百年来,多少人误会、误解。

所以,假如把"四大皆空"换为"四大皆有",并没有违背佛意,又未尝不可。四大和合不就是"有"吗?你讲到"有",有即是空,空即是有,何必一定要把它说成空,让人对空有成见、有误解。不如从"有"慢慢地知道"空"义。

说到空,它本来就是建设在"有"的上面。茶杯不空,怎么能装水?房舍不空,怎么能住人?荷包不空,财物放哪里?肠胃不空,人怎么能存在呢?所以"空"建设了"有"。"有"也只是假"名有",它的本意还是"真空"。

佛法有时候先说有,后说空;有时候先说空,后说有;有时候说空有不二;有时候说空有本一,本来一个。既然如此,我想要改变千百年来世人对佛法的误解,不如把"四大皆空"解释为"四大皆有",不是更能符合佛法度众的新意吗?

六度(六度是度人,也是自度)

大乘佛教中,菩萨欲成佛道所实践之六种法门,称为"六度波罗蜜多",简称"六度"。此六个法门可以度人,是自度度他,自利利人。也可以说,度人就是度己,度己也就是度人。

所谓六度,即布施、持戒、忍辱、精进、禅定、般若。六度不光是叫人要布施,叫人要持戒,主要是鼓励我们自己要布施、持戒。

南传佛教认为布施是在家信徒的责任,僧众比丘不可以布施给信徒。但当初佛陀在因地修行时,就曾割肉喂鹰、舍身饲虎,为什么现在僧众不能布施给信徒呢?财布施、法布施、无畏布施,彼此都有关联,怎么能不布施呢?布施如播种,在家信徒布施才能有收成;出家僧众,难道不播种就会有收成吗?

一般寺庙道场都叫信徒要布施,不少人听到要布施,总觉得牺牲太多,信仰佛教实在很辛苦,划不来。谈到受戒,不是这个不能,就是那个不能,感到很多的束缚,我不受戒就好了,何必要自找苦吃呢?其实"六度"不是这个意思。以下是我给予六度的新意:

假定我问:布施是给人呢?还是给自己呢?答案是给人,更是给自己。如将种子播种到田里,将来收成的当然是自己。

持戒,是自由呢?还是束缚呢?是自由,不是束缚。例如:你违反了佛教所说的戒律——四波罗夷戒;杀、盗、淫、妄,就需受国家的法律制裁,受舆论的压力,受同等因果报应的裁判,你不犯戒,不就自由了吗?

戒是对自我的管理,是对别人的尊重,是不侵犯别人,尊重别人的生存自由,若能如此,自己不也就自由了吗?所以,一般人不懂,以为受戒会有许多的限制、束缚,因而不敢受戒,实际上受戒对自己是有极度自由的空间。为了自由,怎么能不受戒呢?

忍辱是讨便宜?还是吃亏呢?当然是讨便宜,不是吃亏。一般人认为,忍辱是委屈自己,人家骂我们不还口,打我们不还手很窝囊,这就是忍辱。其实不然,"忍一口气风平浪静,退一步想海阔天空",拳头伸出去,你还会有力量吗?所以,忍辱是养成自己的力量,担当这世间的苦难。从忍让里增加人缘、增加智慧、增加慈悲、增加力道,因此忍辱不是吃亏,其所获利益无与伦比。

精进就是勤劳。勤劳是辛苦呢?还是快乐呢?看起来精进是辛苦,但从中更能获得快乐。俗话说:"勤有益,戏无功。"精勤的人生,才有成就。天下没有白吃的午餐,也没有不劳而获的事。"你要怎么收获,就先怎么栽。"

例如:地脏了,我来扫地,扫过地后,环境变得整齐洁净了;你睡觉，我来工作、织布、种田，你睡觉没有所得，我勤劳作务，布织好了，田地里果实成长了，怎么能不欢喜呢？唯有经过自己努力流汗耕耘，才会有甜美丰硕的果实。从精进中获得的快乐享受是无限的，否则再好的良田，如果不勤于耕种，如何能有收成？

喝茶吃饭是禅，行住坐卧是禅，语默动静、扬眉瞬目都是禅

禅定是活泼的呢？还是呆板的呢？是活泼的，不是呆板的。一般人以为坐禅要眼观鼻，鼻观心，所谓老僧入定，如如不动，否则不容易入定。实际上，禅定是能动能静，能忙能闲，能有能无，能大能小；禅定是无所不能，搬柴运水是禅，喝茶吃饭是禅，行住坐卧是禅，语默动静、扬眉瞬目都是禅。生活中有了禅，就能增加人生的况味，让我们过艺术的生活，活出圆融的生命；生命中有了禅，自能随缘放旷，任性逍遥，大千世界在我的禅心之中，哪里是刻板地坐禅呢？

般若是向内求呢？向外求呢？你向外求得科学、哲学等知识，总是世智辩聪，不若向内悟的般若。般若是向内自证的功夫，是透过"正见缘起，了悟诸法空性"所获得的"内外圆成"智慧。人生若无般若为前导，就像心里的明镜沾满了尘埃，没有光照的功用，假如说把污染去除，光明即能显现。般若让我们能可以少烦少恼，让

于广州中山大学演讲"般若的真义",香港凤凰卫视全程录影(二〇〇六年十二月六日)

我们能够获得光明智慧,让喝茶吃饭是禅,行住坐卧是禅,语默动静、扬眉瞬目都是禅。我们能将凡心变成圣贤心,让我们看清人生的前途,走向康庄的成佛之道,有什么不好呢?

所以过去解释六度都认为很难,其实六度对自己是大修行,有大利益,完全是为我们施设的一种得度法门,是追求快乐的法门,有什么不可行呢?

四圣谛

四圣谛:苦、集、灭、道,是佛教的根本佛法。为佛陀当初在菩提树下证悟,发现宇宙人生世间、出世间真理后,而对世间广为宣说的佛法。所谓最初的"三转法轮":第一次为"示相转",是将四圣谛的内容定义加以解说。内容为:此是苦,逼迫性;此是集,招感

"千僧万众祝佛诞　一心十愿报母恩"

二○○九年法定佛诞节暨母亲节庆祝大会,于凯达格兰大道举行,十万人共襄盛举(国际佛光会中华总会提供)

举行，

性；此是灭，可证性；此是道，可修性。

第二次为"劝修转"，是劝导弟子修持四圣谛的法门，以断除烦恼获得解脱。内容为：此是苦，汝应知；此是集，汝应断；此是灭，汝应证；此是道，汝应修。

第三次为"作证转"，是佛陀告诉弟子，自己已经证悟四圣谛，勉励弟子只要勇猛精进，同样能证悟。内容为：此是苦，我已知；此是集，我已断；此是灭，我已证；此是道，我已修。

但是我们佛教徒就是不肯知苦、断集，不肯证灭、修道，只想求佛，只想别人给我，自己不肯用功，所以苦、集、灭、道的义理还是在藏经里面，不能深入到家庭，深入到每个人心。

假如能明了，从原始佛教的苦、集、灭、道，进而到发起大乘的"四弘誓愿"，因为苦，知苦，我们要"众生无边誓愿度"；因为集，断集，我们要"烦恼无尽誓愿断"；因为要修道，所以"法门无量誓愿学"；因为要证灭，所以"佛道无上誓愿成"，就能完成修道的层次。

但是四弘誓愿除了佛教徒早晚课诵以外，不管任何时候，谁敢站在佛前讲：众生受苦，我要去解救度化他们；众生业报苦恼，我要去帮助他们减少烦恼业障；无尽的修行法门，我要去学习；佛道至高无上，我要去完成呢？其实，我们若能用四圣谛的佛法基础，实践四摄六度的行门，来完成菩萨道的四弘誓愿，从愿力中也就能增加动力了。

三宝：佛、法、僧（光、水、田）

佛、法、僧是我们所皈敬的三宝，它为什么会成为宝呢？宝很难求、很难得。世间的财宝如黄金、钻石、珍珠，它能够丰富我们的物质生活；出世间的财宝就是佛、法、僧，获得出世间三宝，则使我们的精神富有。但此三宝原来就是我们本有的,无须去求。好比佛如光,我们没有光明照耀吗？法如水,我们没有流水使用吗？僧如田,我们没有站立的地方吗？

说到光,光有三个功用：照耀、温暖、成熟。因为有光,黑暗中有了灯光,我才不恐惧；因为有光,火炉、暖气可以取暖,我就不怕寒冷；因为有光,温暖的太阳能成熟万物；火能把米饭煮熟。所以佛如光,佛光普照。你虽不认识佛,但知道有光,为什么你不把佛光看成就在自己的身边呢？

法如水,法有水的功能,水有洗涤的功用,能去除我们的污秽业障；有解渴的功能,能解除人的饥渴；有生长的能量,一花一草要靠水浇灌,水能让我们健康、成长。我们虽不懂得法,但你天天都在用水,法水不就在你的生活里吗？

僧如田,田地可以种植耕作,让作物五谷丰收；可以建房子、可以运动走路。僧如老师,教育我们、给我知识,为我们服务、给我们方便,所谓福田僧。

因此,皈依佛,佛光普照,如心中建发电厂,千年暗室,一灯即明；皈依法,法水长流,如自来水,给万物滋润,给我们解渴,洗清罪业,滋润慧命,成长我们；皈依僧,僧如老师和田地,老师给我们智慧,土地让我们万古藏。

三宝,你不一定要把它看成是供在殿堂的佛像、藏经楼的佛经,或者丛林里面的教团、僧团,其实三宝就是我们的自性,都是在我们的心中。

三皈五戒（皈依三宝是民主,受持五戒是自由）

皈依三宝,是皈依自己,所谓"自性三宝"。佛陀当初在菩提树下金刚座上悟道的那一刻,对人间宣誓了第一句佛法："奇哉！

奇哉！大地众生皆有如来智慧德相，只因妄想执着而不能证得。"这是告诉我们，人人是佛。因此，人人都有佛性，就是佛宝；人人皆有平等无差别的法性，就是法宝；人人都有喜好清净和乐的心性，是为僧宝。

五戒就是不杀生、不偷盗、不邪淫、不妄语、不吸毒。我曾经说过，五戒也可以用"乱"字来表示，即：不乱杀、不乱取、不乱淫、不乱说，最后不乱吃。犯了五戒：杀生、偷盗、婚外情、造谣、吸毒等，就会锒铛入狱，不得自由；守戒，是遵守伦理道德，人人不侵犯他人，彼此都能获得自由。所谓"平常不做亏心事，半夜敲门不吃惊"。

五戒分开来讲有五条，但从根本上来看只有一条戒，也就是"尊重自由故，不侵犯他人"。不杀生，是不侵犯他人的生命；不偷盗，是不侵犯他人的财产；不邪淫，是不侵犯他人的身体；不妄语，是不侵犯他人的名誉；不吸毒，是不侵犯自他的健康和安全。即"我不犯人，人不犯我"。

受持五戒，就是开辟自己人生的高速公路、飞机的航线、海洋的航道。因此，受五戒不只是消极地不杀生、不偷盗、不邪淫、不妄语、不吸毒，更要我们积极地做到：不杀生，还要护生；不偷盗，而要喜舍；不邪淫，而要尊重；不妄语，而要实语、赞美；不吸毒，而要正行，以清心智慧为人服务。因此五戒可说是自我的管理、自我的通道，不可以把自己的道路堵塞。

现今社会大众高唱的"自由、民主、平等"这许多响亮的口号，是经过多少的仁人义士为了这些美丽的言辞理想，和恶势力抗争，才有今日的成果。其实，早在二千六百年前佛陀就已经提倡自由、民主、平等了。何以知道？从上述的皈依三宝、受持五戒得知。

人人受持五戒不侵犯别人，大家都自由。自由民主，在佛陀世

二〇〇一年于西来寺主持三皈五戒甘露灌顶典礼后合照(陈碧云摄,二〇〇一年三月三日)

界里,都是平等的待遇,还有什么好争的?现在讲的人人要平等,如果人人都知道自己是佛,都是平等,何须要革命呢?

所以,皈依三宝、受持五戒就是现在讲的民主自由社会。世界上从政的领袖们,你们要想了解佛陀的胸怀吗?了解了,那么就是世界平等、和平的日子到来了。

我是佛

在佛教里求受过三坛大戒的比丘、比丘尼,我想都念过:"我菩萨某某,今天在得戒某某菩萨座下求受具足戒,为了要进取佛道故。"所以,既然都已经成为菩萨了,如佛陀说人人有佛性,我们应该要直下承担"我是佛"了。

《法华经》里的常不轻菩萨,也都对人说:"我不敢轻视汝等,汝等皆当作佛。"一切生命,有的是过去诸佛,有的是现在当今诸佛,有的未来必定都是佛。总之,人人有佛性,所谓"有情众生同圆种智"。

经云:"是心作佛,是心是佛。"佛陀的法力无边,只要你愿意学佛所行,就会产生力量,何况能真正发心成佛作祖呢?所以在皈依三宝的时候,称念"皈依佛",应该自己就是佛。因此,我经常教导皈依者,直下承担"我是佛"。承认自己是佛了,就不能杀害生命,想想佛祖有杀人吗?也不能贪污、窃盗、抢劫别人的财富,试想佛祖还会做这种勾当吗?其他如邪淫、妄语、吸毒就更不行了。

"我是佛"就应该纠正自己不当的行为。例如:拿起酒杯喝酒时,你想我是佛,我能喝酒吗?抽香烟的时候,想到我是佛,我能抽烟吗?和人吵架的时候,想到我是佛,我能和人那样地争吵吗?

"我是佛"这不是一句口号,在佛教里,已皈信三宝、受持五戒的在家信众,或者出家为比丘、比丘尼受菩萨戒者,自己都要承担"我是佛"。所以,如果问信佛教、皈依三宝有什么利益?只要肯承担自己是佛,一切最大的利益就已经集中在你的身上了。

题"我是佛"

佛不是来无影去无踪的神仙,佛也不是讲究权力、赏善罚恶的神明。世间上,没有权威,权威就是真理,最有权威的就是法。佛,依法成佛,僧团的比丘、比丘尼,也是依戒、依法才成为比丘、比丘尼。三宝弟子、五戒弟子、佛教信徒也要因为自己信佛、行佛,要敢承担自己是佛,才是佛陀的真弟子。

过去,禅门的祖师常说"非心非佛"、"即心即佛"、"心、佛、众生,三无差别"。所以希望我们佛教界,尤其今日倡导人间佛教的有心人士,能推动"我是佛"的运动、"我是佛"的讲说、"我是佛"的承担,让当今世界上更多人肯承认"我是佛",那人间即成为佛国。

了生脱死

我们问人:"你为什么要皈信佛教?"大多数人会回答说:"为了了生脱死,断除烦恼。"

假如我们再进一步询问他:"当今谁断除烦恼了?谁了生脱死了?"我想就难以回答了。可见得"断除烦恼,了生脱死"不是口号,是要有实际的行动。

贪欲、嗔恨、嫉妒、骄慢,每一个人的心里,都装满这许多烦恼,减少烦恼都不容易了,断除哪有么简单? 不过,烦恼也不是那么可怕,就像水果,起初是酸涩的,但经过和风的吹拂,阳光的照耀,酸涩就会变成甜蜜的滋味,这是必定的过程。

因此,我们心中酸涩的烦恼,经过佛光普照、法水遍洒以后,一样地也会成为甜美的佛果,问题是你的阳光、法雨、和风在哪里呢? 没有阳光、法水、和风,所有的植物会干枯、死亡,就不能变甜蜜,一切还得重新生长。所以,烦恼不能变化,本性不能升华,要想了生脱死,那就更不可能了。

关于了生脱死,怎么了生? 怎么脱死? 我觉得,说难是很难,谁见过谁了生脱死呢? 说不难也不难,因为我们每一个人当下都可以了生脱死,所谓"道无古今,悟在当下"。

比方说,参加短期出家,就是另一种形式上的了生脱死。数天的修道日子里,暂时远离金钱名利的追求、忧虑的工作、世俗的烦恼,让心地清净,不过问人间是非,不想生活问题,这不是"了生"吗? 结束了短短数日的修道生活,对人生有了新的观念、新的方

参加短期出家,就是另一种形式上的了生脱死。图为与短期出家修道会戒子合影(一九九〇年七月一日至九日)

向,不再醉生梦死,不再顾虑害怕,这不就是"脱死"了吗?

另有一次,我率领几位徒众要赶往丧家举行告别式。初出家的徒众个个面有难色,觉得我们才刚出家,就要去做经忏佛事。我即刻开导大家说:"你们要出家的时候不是说要了生脱死吗?我今天就带你们去了生脱死。"

我说:"我们替亡者诵经,如法的佛事让生者得到安慰,这不是'了生'吗?亡者同时获得我们的冥福祝祷,不就能'脱死'了吗?只要我们诚心正意,看起来是为他人生死服务,自己当下也就了生脱死了。你不讲究当下的服务,利益别人,你要到哪里去了生脱死呢?了生脱死不是未来的希望,就是在今朝。"

老病死生

佛教里有一句经常劝导世人的话说:"人生是苦。"说明这世

"老病死生"指老病死后会转生,生就有希望、有未来

间有二苦、三苦、四苦、八苦、无量诸苦等。尤其四苦"生老病死"是人们最常面对的现实。

生、老、病、死了以后就不知道了,人生好像没有希望了。这一句话,千百年来大家因循这样的说法,让佛教的发展、传道有困难。但是现在我们倡导人间佛教,体会佛陀的原意,它是说明众生未来有无限的希望。

"苦"是人间的实相,但是在苦当中,我们可以转苦为乐,可以转迷为悟,主要的叫我们要会"转"。假如我们了解佛陀的教法,应该把"生老病死"说成"老病死生",意思是说老病死以后就会转生,转生就有希望、转生就有未来,所以让人生的生命生生不息,没有止境,永恒不死。

所以把"老病死生"以"老"作为开头也不是不好,好比中国人有一句话:"家有一老,如有一宝。"人在年轻的时候,有时被批评、看不起,到了老年,说话、修为都很相当了。

像我们人间佛教倡导"菩提眷属",年轻夫妻结婚的时候,也许因为经济能力不足、环境条件不够,到中老年了,两个人可以再结一次婚,弥补对方一个婚礼,所谓的"增益婚礼",可以让感情更升华。

就算老年有病,老人有病在身也是很自然的事,会有人来照顾、协助看病,以病为友,甚至以病为乐,也没有什么不好。

至于"死",这是很自然的事,死亡等于睡觉一样很舒服,也是一种安息,所以过去佛教对死称为"往生",死了就要生,生命很有未来。

重要的是,佛教讲苦不是目的,苦只是一个过程,所以"老病死生",生命应该是希望在前、快乐在前,有希望就有幸福、就有安乐。

佛身(本尊和分身)

成佛之后,佛有三身之说,即法身、报身、应身。

法身,是我们本来的真如佛性,应该是遍满虚空,充塞法界。不过,虽然人人本具,各各都有,但是本人却不知道自己的法身可以遍满宇宙。

假如有人问:这个人的法身遍满宇宙虚空,那个人的法身也遍满宇宙虚空,那虚空不是太拥挤了吗?不会的。一间房间里,点了几十盏、上百盏的灯,彼此并不妨碍,所谓佛佛道同,光光无碍。"若人欲识佛境界,当净其意如虚空",佛的世界就是那么样的美妙殊胜。

其次是报身,报身是个人的福德庄严。平常人身不满六尺,大家都一样的高矮,但我们常听到有人赞美某某人伟大与崇高。但他伟大崇高在哪里?在他的道德、他的智慧、他的慈悲、他的缘分。有的人福德如山,有的人智慧如海。"仰之弥高,望之弥坚",那是多生修炼成就福德因缘。他虽是跟我们一般人的身高大小一样,可是他的影响力,他的精神力,他的功德力,如山如海。

第三是应身。佛陀的相好庄严,可以随缘应化,随缘分别。像释迦牟尼佛、十方三世佛,又何尝不是佛陀的化身佛呢?如观世音菩萨应以何身得度者,即现何身而为说法,所谓三十三应身。也就是说,天上的月亮虽是一个,但映在千江万水之中都有月亮,所谓

"千江有水千江月,万里无云万里天",佛陀本尊是一个,但他有无限的分身。

今天没有办法参加会议,我请人代表去,那不就是我的分身吗?今天要到一个地区,完成一项任务,请他人帮助我完成,那不就是我的分身吗?我的儿女,不都是我的分身吗?我能兼职、有很多的任务,那不都是我要分身去完成吗?看你有多少力量,就能有多少分身。有人说分身乏术,就像照一张照片,没有钱加洗,哪里能分身呢?到处都是国父孙中山的遗像、诸佛菩萨也都到处让人供奉,只要你能代表他信仰中、理想中的圣德,你就是他的分身了。

法身,是本有的。报身,是修习六度万行后,所获得的无量福德智慧。应身,能够分身,要看个人力量的大小。像有的人,自己本分的事务都做得不完美,不能完成,还要别人帮忙;有的人除了自己应尽的职务以外,他又揽载了好多的事情,那不就是要靠分身的力量,不然另外还要靠什么呢?

佛陀三身如何认识?当下即是,端看自己如何表现。如同三鸟飞空,空无远近,迹有远近;三兽渡河,水无深浅,迹有深浅。

忍(让他一些,忍耐一下)

在世间上,什么力量最大?忍,忍的力量最大。佛陀说,如果人不能忍受别人加诸于自己的批评、咒骂、毁谤、恶毒,如饮甘露,不能名为有力大人。可见忍是一种力量、是责任、是明理、是化解、是般若智慧。

有一位学生被另一个人欺负,他报告当家,当家说:"算了,你忍耐一下嘛!"他不服气,报告训导主任。训导主任:"喔,我知道。好,你忍耐一下。"他不服气,再去找校长报告,某某同学怎么样子欺负他。校长也说,"我会注意,你忍耐一下。"这个学生就很奇怪,当家叫我忍耐,老师叫我忍耐,校长也叫我忍耐,难道除了忍耐没有别的办法吗?

别的最好的办法就是忍耐。世间一切利害、是非、争执,最能解决的、最有效的、能得最后胜利的,就是忍。一般人以为忍,只是忍苦、忍穷、忍气,但这个不是忍的全部真义。忍是智慧、是力量、是承担。

忍有生忍、法忍、无生法忍等三个层次。

所谓生忍,第一,你要能认识,对一切事物的真相、一些是非的争议、人世间的一切好好坏坏,你能认识吗?认识是忍。

第二,认识了以后,你能判断吗?有人要送我们礼物,有的能接受,有的不能接受,你有这样的智慧判断吗?

第三,假如说你接受了,你能承担吗?你能负责吗?

第四,一件事,一样东西,接受下来了,你会处理吗?有的人做人处事,不会处理,到处惹麻烦;善于处理人事者,还必须要有忍的智慧、忍的力量、忍的谦和。

第五,要能化解。无论什么语言、什么事情,到你这里来,你能有智慧化解吗?你有力量消除吗?你能和平解决吗?你能可以让大家皆大欢喜吗?

我们生存在世间,一个人要维持生命,最重要的就是要生忍,生忍就是上述说的,要能认识、要能接受、要能担当、要能处理、要能化解、要能消除。

再者,生忍还不够,还要法忍。世间万法,包括这个精神物质,眼所见耳所闻,所谓色、声、香、味、触、法都是法,喜、怒、哀、乐各种情绪也是法。面对善善恶恶、是是非非的一切法,你能认识吗?你能接受吗?你能担当吗?你能处理吗?你能化解吗?你能消除吗?这需要法忍,一切诸法要能忍。

最后,无生法忍,那是一个不生、常乐,没有忧悲,没有喜怒,不去加以辨别,一切都是寂灭的境界。无生的境界,一切法不生,哪里要什么生忍、法忍呢?所以无生法的忍是最高的智慧、最高的力量。我们修证,就修一个"忍"的法门,就如当今社会上,有心人士用"忍"字作为座右铭。

所谓知足常乐,能忍自安,从"忍"能够获得解脱。

三好

一九九八年四月,我在中正纪念堂恭迎佛牙舍利来台祈福的法会上,邀请连战先生,共同宣誓"三好运动"。二〇〇九年起,国际佛光会在凯达格兰大道举行法定佛诞节活动的时候,马英九先生也与我一起宣誓三好的口号。

"三好"就是身做好事、口说好话、心存好念。简单说就是:做好事、说好话、存好心,即所谓的"三好运动"。

一般人身、口、意容易造恶业。如身:杀、盗、邪、淫;如口:妄语、两舌、恶口、绮语;如心:贪、嗔、愚痴、邪见。行三好就是让身、口、意不要造恶业。

一般人都知道,生存在世间要多行善,不可以造恶业。佛教徒也都了知因果轮回的道理,我们累劫以来因身、口、意业的造作,种下善恶业因,招感着六道轮回的果报。然而一直到二十一世纪的今天,才有科学家证明佛教所说的业力,就是他们研究出来的基因——生命的密码。

现在农业专家要改变植物的基因,让植物长得更大更多;动物学家也想用什么方法来改进猪、马、牛、羊等动物的基因,让动物体能更加健壮;甚至各国的科学家,更致力于人类基因图谱的建立,希望找出人体所有的基因,以帮助癌症、先天性疾病的患者,针对

二〇一〇年法定佛诞节暨母亲节庆祝大会于凯达格兰大道举行,与马英九先生(前左)同大众宣誓行"三好"

有缺陷的基因加以治疗。

其实人的身、口、意行为,无论善恶,都会产生一股力量,驱使我们去造作新的行为,新的行为又会产生新的力量,形成循环,而这些善恶业的因缘成熟,一切还得自作自受。因此,佛教早就昭示人要行善,要诸恶莫作,要众善奉行,所以行"三好"就是佛教的本意。

你拜佛不拜佛,佛也不一定要你拜他;你念佛不念佛,佛也不一定要求你念他;你心中有没有想佛,佛也不一定要求你观想,但是佛教要求每一个人要修身、修口、修自心。

就像房屋漏水,要修缮一下;地下脏了,需要扫地;桌子坏了,需要工具来修理;衣服破烂,要修补一下;身体的疾病,也要治疗一下。身、口、意有病,怎能不修缮、修补呢?那修补身、口、意,需要什么工具呢?做好事、说好话、存好心。

比方,修桥铺路是好事,施茶施水是好事,垃圾你丢我捡、助弱

于重庆三峡博物馆,为馆长王川平及相关单位主管等三百人,以"生命的密码"为题讲演(二〇〇七年四月十日)

扶危都是好事,"怜蛾不点灯,爱鼠常留饭",也可说是好事,现在和睦社区、服务社会都是好事,寺院的慈善团体或寺院道场的许多义工,牺牲休假日为大众服务都是在做好事。

什么叫说好话呢?给他人欢喜、赞美是好话,给他人鼓励、加油是好话,给他人指导、教育是好话,以鼓励代替责备,以爱语代替指责都是好话。金钱多了,钱也能犯罪;力量太多,成为权力也不太好;但好话不怕多,适当的好话,可以鼓舞人心,净化的、美化的好话越多越好。

再者,存好心是什么呢? 一念为人是好心,一念护生是好心,一念爱国是好心,一念助人是好心,祈愿国泰民安是好心,祈愿风调雨顺是好心。我们的心每天都在天堂、地狱里来回,如果把心存

于板桥文化中心主讲"禅是生活中的一朵花"(一九八八年九月三日)

放在天堂里、好念里,那就是好心了。

中国的圣贤、所谓的君子,因为他们做好事、说好话、存好心而美名流传,因此我们今日也要发愿做好人,实践做好事、说好话、存好心,带动社会善美的风气。

我对佛教有一些想法,唯有给它人间化、艺文化、大众化、生活化,让人懂得佛教真正的意涵,就能奉行佛的教法。遗憾的是几千年来的佛教,谈玄说妙,要让人不懂才叫做讲经说法,让人听懂,总觉得不算稀奇,实在说,解行才是佛法。

我弘法六十余年,一直用心、尽力,就是希望能有一些新解、新意让人能懂,或者说我是要把佛陀的本怀流露出来,在信众的前面,让他知道佛意是什么。所谓"新解",不如说就是佛陀的本怀吧!

对于佛教的"新解"正陆续结集,未来整理成书,再提供大众参考指教。

我推展社会运动

佛光山自开山以来,即秉承佛陀的教法,
以提倡人间佛教、建设人间净土为宗旨,
积极走入人群、走入社会,
实践"六度波罗蜜"、"八正道"。
为此,我也曾发起多项现代佛教的社会运动。
这许多的社会运动,
虽然期限有长有短,
但必定都发挥了一定的影响力,
它让大家知道,
这个社会上还是有很多人关心国家、社会,
他们不一定都是大富长者,
像平民老百姓发心捐献的一块钱、一百块钱,
同样是助长社会的好人好事。

要说"我与社会运动",应该从佛教最初的集会,也就是佛陀最初说法传教说起,这可说是佛教社会运动的源头。

佛陀成道后,一生在印度弘传教化,可用一首偈语表达:"华严最初三七日,阿含十二方等八,二十二年般若谈,法华涅槃共八载。"佛陀的弘教,从讲说《华严经》、百万人天集会听讲开始,经过《阿含经》而到彰显大乘精神的《般若经》,最后用八年的岁月宣说《法华经》、《涅槃经》,都是为了因应不同根性众生的需求,说法内容也有所调整。

佛陀除了善于观机逗教,再以地点来观察,佛陀的弘法运动时而在祇园,时而以灵鹫山为中心,时而在恒河两岸,时而率领弟子游行各方。佛陀偶尔也应信徒之请去为他们家庭普照,比方到须达长者的家中,度化刚强骄慢的媳妇玉耶女,也曾独自冒险去感化杀人魔王鸯掘摩罗。

佛陀以慈悲智慧善巧接引各阶层的众生,佛弟子们也经常被派遣到各地弘法。尤其佛陀主张"四姓出家,同为释子",这是佛教倡导"平等"思想的具体行动;提出"人人皆有佛性",这是佛教对"民主"精神的高度彰显;教导大家"奉行五戒,不侵犯他人",这是佛教"自由"真义的积极诠释。因为一个人唯有尊重他人,自己才有可能获得真正的自由。从这些方面来看,佛陀确实是一位从事"平等、民主、自由"改革运动的社会运动者,也可说是人间佛教社会运动的先驱。

佛光山自开山以来,即秉承佛陀的教法,以提倡人间佛教、建设人间净土为宗旨,积极走入人群、走入社会,实践"六度波罗蜜"、"八正道"。为此,我也曾发起多项现代佛教的社会运动,以下就时间先后略述如下。

台湾南北行脚托钵

为了效法佛陀慈悲益世的精神,我在佛光山开山二十周年(一九八七年)时,决定遵从佛制,以"台湾南北行脚托钵"的方式,用一个月的时间,从台北走到高雄为台湾祈福。这次行脚的宗旨,我希望大家能走出"国家富强的道路,走出人间光明的道路,走出佛教兴隆的道路,走出佛子正信的道路"。除了感谢政府、社会及信徒大众对佛光山的护持与成就,同时也为了善尽佛教徒的社会责任。当时,由心平和尚担任总领队,慈惠法师为总坛主,慈容、依严法师担任北区、南区的坛主,慧龙法师为执行秘书。经过多次的筹备会议,同年四月五日,我们从台北起步,一百零八位行脚僧在庄严隆重的祈福法会后,用行脚的方式让佛教"走出去",走向社会人群,走向众生。

佛在心中,道在脚下。从行脚托钵的行持中,众生得遇佛法因缘,自利利他。"台湾南北行脚托钵",历时一个月圆满,于大雄宝殿功德回向(一九八七年四月五日至五月五日)

　　值得一提的是,佛门的行脚托钵提供大众一个提升信仰层次的因缘,让大家的心灵更清净、更善美,明白自己可以从内心自我改造,开发心中的佛性。最明显的例子就是,当民众看到佛陀圣像和行脚的法师来了,都不约而同地在门口摆上香案,以鲜花素果拜拜迎接。这表示许多人已经明白"慈悲心"就是最好的供养,不需要三牲五礼,一样可以表达虔诚的心意,无形中也为社会增添祥和之气。

　　行脚一个月,南北纵走十七县市七百多公里,并且举办十七场布教大会,这一百零八位行脚僧脚踏实地,确实是一步一个脚印走出了人间行者的风范。而这次南北行脚托钵所得的功德款项,经向"教育部"申请通过,隔年正式成立"财团法人佛光山文教基金会"。多年来,基金会已举办过多次学术交流、各项艺文活动、生命

新竹北大天主教会与苗栗基督教会以吟唱诗歌，欢迎佛陀真身舍利

教育、佛学会考，以及梵呗音乐会、人间音缘、云水书车行动图书馆等净化人心的活动，以回馈大众，造福社会。

那一次的全台行脚祈福，受到社会大众广大的回响，多年后，在二〇一一年，为庆祝辛亥革命百年和佛陀纪念馆的落成，佛光山不但传授"国际万缘三坛大戒"，在佛陀真身舍利安奉于佛陀纪念馆之前，我们也从十二月一日起到二十二日，安排佛陀舍利绕行全台，有五百名行脚僧随行托钵。所到之处，大家为了表示对佛陀的最高礼敬，无不殚精竭虑，以最新颖的创意恭迎佛陀舍利。例如：桃园的"百尊土地公迎佛祖"、新竹的"迎舍利放天灯"、台中的"万人提灯"和屏东的"微笑单车，与佛同行"等，结合各地丰富的文化、民俗活动，充分展现台湾民间的善美与活力。

这次佛陀舍利出巡，受到全台各县市政府与乡亲、宫庙的热烈支持，令我们感动不已，也更深切感受到佛陀穿越时空的威德力、慈悲力。为了使社会大众有更多因缘与佛接心，舍利行经暂奉的佛光山别分院，也将供奉舍利的佛殿彻夜开放，供大家前去瞻仰、礼拜。而"佛祖巡境・全民平安"托钵所得的净财，则悉数捐作"公益信托教育基金"，用于贫童助学、"三好"实践校园和其他教育、文化推展等相关计划。祈愿我们行脚参学的这份发心，能影响更多人走出自己人生大道的光明、信心、欢喜和希望。

回归佛陀时代

一九八八年三月初，有感于过去战争时期，有一批国民党官兵及他们的遗眷仍滞留在泰北，生活极为刻苦艰困，于是在十方大众的支持下，我发起"送爱心到泰北"，组成"泰北弘法义诊团"，前往泰国、缅甸、老挝三国的交界处关怀当地同胞。他们大多是抗战时期国军游击队第三军、第五军的后代，他们告诉我："尽管我们经常处于饥饿状态，但是宁可吃不饱，也要有佛堂可以拜佛。"

记得那天夜里，我们在万籁俱寂的山中经行，这段话让我思绪万千。想到佛陀住世时的慈悲，想到泰北民众坚韧的生命，想到当时因为股市暴涨、"大家乐"兴盛，使得台湾社会投机成风，民众价值观茫然若失。

返抵台湾后，我便向弟子们宣布：在南北行脚托钵之后，我们要举办"回归佛陀时代弘法大会"，带领民众重睹灵山胜境，重闻祇园法音，重与圣贤聚首，重沐佛陀慈光。借由认识佛陀，听闻佛法真理，让我们的人生有所安顿、有所归依。勇于任事的心平和尚、慈容法师，发心带领全山大众筹划这个盛会，经过一连串缜密的规划，我们自九月十七日起的三个周末，分别在台北中正体育馆、彰化县立体育馆、高雄市立体育场举行"回归佛陀时代弘法大会"。

在弘法大会开始前一周，为了让民众知道法会讯息，并引导大

我推展社会运动

划时代弘法创举——于台湾北中南三区举办"回归佛陀时代弘法大会"（一九八八年九月十七日至十月一日）

众端秉身心以迎接佛陀，佛光山的佛祖被请到货车改装的"佛祖车"上，车身两侧悬挂着"恭迎回归佛陀时代"、"佛祖莅临"的醒目布条，"迎佛"车队在北、中、南各区展开绕境祈安的行程。原本预定每天车程八小时、祈安法会四场，但经常为了地方上的热烈请求，而随缘加长停留时间。尤其，万华龙山寺从来不开的中门，为了迎接佛陀圣驾，不但敞开大门，该寺住持还亲自披上红祖衣，带领信徒身着海青排班迎接，可见"迎佛"车队，确实为"回归佛陀时代弘法大会"做了很好的前导。

说到"回归佛陀时代"，我们可曾见过佛陀是什么样子？可曾知道佛陀的性情？佛陀的生活？佛陀的感情？甚至佛陀的伤感？我们能否体会佛陀的"心"？我们要如何才能体会佛陀的慈悲、喜悦、无欲、平等？如果能深入认识佛陀，相信更能纳受佛法真理的可贵与美好。

当社会上有越来越多人愿意认识佛陀，这个社会必定是安稳、和乐、有道德的。堪以告慰的是，"回归佛陀时代弘法大会"有将近十万民众参与，无论是政府官员、民意代表，或者平民百姓，都借由活动的参与，在心田里种下了清净善美的菩提种子。我们也深信，所有欢喜佛陀教法的人都能拥有健全圆满的人生。

把心找回来

"国际佛光会"成立的时间，是在一九九〇年代。当时整个社会弥漫着一种令人忧心的气氛，例如：学生中辍、青年飙车、流氓横行等，青年不但不爱护自己，更不要说是为人服务了，警察对这些失序的现象也束手无策，无从管理。我就想到，人之所以为人，是因为人有心，心是主体，眼、耳、鼻、舌、身为客体；心是眼、耳、鼻、舌、身的主人，有好的主人来管理，眼、耳、鼻、舌、身才能各司其职，各安其位，因此，我便发起"把心找回来"的活动。

李登辉先生在任时，他也提出"心灵改革"，希望社会安宁。但是要社会安宁，必须提供一些人民做得到的方法，好比扫地要有扫把，洗衣服要有肥皂，我们要把心找回来，应该也有一些方法、工具。

于是在一九九二年，佛光山、国际佛光会中华总会，便联合"中华文化复兴运动总会"开始筹办"把心找回来"系列活动，借以呼吁重整社会治安、重视家庭伦理。承蒙"内政部"、"文建会"、"新闻局"、"劳委会"等担任指导单位，中视、台视、华视、中广、警广、《中华日报》、《台湾日报》、《台湾新生报》、《台湾新闻报》、《民众日报》、《自立早报》、《自立晚报》、《国语日报》、《普门》杂志、《联合报》、佛光山净土文教基金会、吴尊贤文教基金会等为协办单位,我们共同来发动这个运动。

为了引起社会大众的共鸣,我们还邀请时任"内政部长"的吴伯雄先生来登台高歌一曲,同时也和社会各界联合举办活动。例如:与《中央日报》副刊合办征文活动;邀请知名歌唱家陈晓霞、李亚明,以国、台语在各地演唱"把心找回来"的主题歌;我们也举办了七场大型讲座,由李艳秋、赵守博、叶树姗、李四端、朱秀娟、亮轩、梁丹丰等人和我主讲;台视、中视、华视三家电视台,同时播放国、台语"把心找回来"的公益广告。此外,有二十多位广播电台主持人访问一百位各行各业人士,不仅制作"把心找回来"的访谈节目,并集结成《从爱出发》、《名人证言录》两本书籍,其他多家平面媒体则协助印制海报、广告。

"中华文化复兴运动总会"与国际佛光会中华总会合办"把心找回来"系列活动,于台北市文山警察专科学校大礼堂举行,由张小燕主持(一九九二年八月二十九日)

除此之外,"把心找回来"的运动也延伸到监狱,为受刑人举行皈依典礼、传授五戒、短期出家等。虽然教界有不同的声音,认为怎么可以让受刑人短期出家?确实,失去自由的受刑人,没有出家的资格,因为他们犯了法律。但是人的业报、业障需要消除,人能改过,只要有忏悔的心情,愿意"放下屠刀,立地成佛",社会就会有进步;佛教愿意给他一点机会,给他一点空间,相信他就能回头是岸。

活动圆满当天,我们在警察专科学校大礼堂举行晚会,并邀请知名主持人张小燕主持,最后录制成大型电视节目于教师节播出。

"把心找回来"这一个社会运动,透过电视台、报纸媒体,推动到学校、工厂、机关团体乃至整个社会,都获得热烈的回响。后来我们又举办了"七诫运动"、"慈悲爱心列车"、"三好运动"、"百万人兴学"等运动,这些无非是为了延续"把心找回来"的运动,让社会能继续走向安定幸福。

七诫运动

除了"心"的运动,佛教讲到人身的修为,就是受持五戒。其实,佛教的五戒,相当于儒家的"五常","五常"者,仁、义、礼、智、信也。不杀生曰仁,不偷盗曰义,不邪淫曰礼,不妄语曰信,不吸毒曰智。儒家讲究三纲五常,认为"半部《论语》治天下";而佛教的三皈五戒,宣扬自由、民主、平等的思想,同样可以治国平天下。受持五戒,就是自我的管理,最主要的内容就是不侵犯别人的自由。如:不杀生,不侵犯别人生命的自由;不偷盗,不侵犯别人财物的自由;不邪淫,不侵犯别人身体、名节的自由;不妄语,不侵犯别人名誉、信用的自由;不吸毒,不侵犯人我健康、安全的自由。但是现在的社会,到处充斥着家庭暴力、赌博、毒品等,五戒的规范似乎也有所不足。

眼看着社会善良风气低落,道德沉沦,于是我在一九九三年便提出"七诫运动"。七诫是指:一诫烟毒、二诫色情、三诫暴力、四诫偷盗、五诫赌博、六诫酗酒、七诫恶口,希望能借此净化人心。因

于台北体育馆举办"净化人心七诫活动宣誓大会"（一九九四年一月三十日）

为今天社会之所以有问题，都是犯了"五戒"或"七诫"，以至于台湾的监狱人满为患。由此可知，社会需要深入人心的法治观念，才能逐步达成"人人守法，人人守戒"的目标。

为了响应这个运动，国际佛光会在同年十月于林口中正体育馆举行的会员大会中提出议案，并宣誓遵守七诫；隔年元月，又在台北体育馆举办"净化人心七诫活动宣誓大会"，有"监察院长"陈履安、"内政部长"吴伯雄、"法务部长"马英九、国民党社工会主任钟荣吉、"立法委员"洪冬桂、晨曦会牧师刘民和等贵宾参与。

由于"七诫运动"是以创造全民安和乐利的生活为主旨，为了引起社会大众的关心，佛光会也别出心裁地与"法务部"、《中国时报》、台北市篮球之友协会、黑松股份有限公司、佛光山文教基金会，联合主办一场前所未有的"七诫篮球义赛"。佛光山沙弥学园

国际佛光会中华总会举办"净化人心七诫篮球义赛",由台湾多位影歌星组成"梦幻明星队"。左前起:庾澄庆、赵宁、刘茵茵、本人、传达仁(主播)、刘俊卿(教练)(一九九四年五月二十八日)

的出家青年,组成佛光山队;洪浚哲、钟小平、魏镛、韩国瑜、曹尔忠、陈学圣、林瑞图等人则是民意代表队的队员;曾参加过佛光山短期出家的香港明星曾志伟,则号召谭咏麟、陈百祥、泰迪罗宾、吴大维、梁家仁、黎汉持、尹志强、刘勇等人,组织了一支香港明星队;台湾的演艺圈也不落人后,赵宁、裘海正、庾澄庆、邓志鸿、汪建民、周治平、萧言中、曾国城等人,合组了梦幻明星队。四队齐聚台北,以篮球会友,两千多名观众到台北市立体专体育馆共襄盛举,义赛所得,全部捐给戒毒、防毒的相关单位,为健全社会略尽绵薄之力。

除了篮球义赛,我们也发动全民参与七诫宣誓签名,到各地的戒护所协助戒毒工作等,都获得广大民众的参与和回响。

这些年来,社会的犯罪率确实减少了,人性的确也提升了。例如，佛光山每年在各地举行好几次的在家三皈五戒及菩萨戒会，每次都是数千人参与受戒，可见大家对自我的管理日趋重视。现在大陆同胞到台湾来，也提到台湾社会比较可爱，比方排队、搭车让座给老弱妇孺、公共场所不喧闹等，我想，这许多正面的声音，与佛教举办的这些社会净化运动，多少都有一点关系吧！

慈悲爱心人

从发动"七诫运动"的时间再往后推移，一九九七年四月，台湾发生一起震惊社会各界的"白晓燕案件"①。这个事件令被害人的家属痛不欲生，整个社会也为之沸腾。案发期间，媒体每天追踪报道这一桩惨案，对于绑匪集团的动向紧迫盯人，今天逮捕一个，不久又在哪里逮捕一个，过程像是一部侦探小说。警匪之间，好像以台湾为战场，从南到北，到处流言蜚语，使得整个社会人心惶惶。

台湾是个美丽的宝岛，物质生活固然丰富，教育程度尽管提升，道德不增进，总是社会秩序的障碍。有感于大众面对这起凶残事件，都一致认为这个社会有必要增进道德观念，因此在同年五月，我率领佛光会发动"慈悲爱心列车"活动，并以"心灵净化、道德重整、找回良知、安定社会"为宗旨，所有佛光会员当然都是"慈悲爱心人"。

"慈悲爱心人"这个名称，顾名思义，是要大家做一个慈悲的爱心人。如此一来，不但自己获得健全，家庭也获得美满，社会变得安全，台湾形象自然会提升。

"慈悲爱心列车"以环岛街头布教的方式，展开全台性的巡回

---

① 一九九七年四月，台湾演艺界名人白冰冰女士十七岁之女白晓燕小姐，遭歹徒绑架勒索，凌虐致死，震惊社会各界，为台湾有史以来最重大的刑案之一。

国际佛光会中华总会在台北中正纪念堂举办"慈悲爱心人"大会师,净化社会人心(一九九七年十月五日)

宣导。我们从台北出发,分两条路线行进:一条路线经花莲、台东到达高雄;一条路线从台北沿桃园、新竹、台中,到达高雄佛光山。也有的人从台北乘车,在一节一节的火车上一路宣讲到高雄;有的人沿着公路,一路上换乘车辆,不断地播撒慈悲爱心的种子。活动区域遍及全台,深入大街小巷、街坊邻里。只要肯接受"慈悲爱心人"的理念,不论是在市场、街头、火车站、学校、工厂、监狱,两千位慈悲爱心宣导师都非常乐意前往宣讲。它的内容如下:

一、开车不喝酒,喝酒不开车。

二、好友不劝酒,劝酒非好友。

三、烦恼不上床,心宽福寿长。

四、包容无心过,积福远灾祸。
五、好话是供养,赞美出妙香。
六、出门说地方,亲人心不慌。
七、酒色不沉迷,盗赌不流连。
八、不说是非话,不听是非事。
九、欢喜结人缘,融和无怨言。
十、见面多微笑,烦恼都抛掉。
十一、关怀残疾苦,才是大丈夫。
十二、大家来环保,污染自然少。
十三、身安茅屋稳,知足天地宽。
十四、人人做义工,家家会兴隆。
十五、宽恕是良药,施舍会快乐。
十六、帮助受刑人,行义又行仁。
十七、凡事莫慌张,多为别人想。
十八、常常买好书,天天看好书。
十九、用心要慈悲,行事要方便。
二十、人人有爱心,社会多温馨。

"慈悲爱心人"最初是以佛光会员为传递慈悲爱心的种子,后来感召了各地政要官员、青商会、生命线、狮子会、基督教门诺医院等团体纷纷响应。记得在同年的十月五日,我们有八万人在中正纪念堂的广场誓师,要做"慈悲爱心人",数十个友教团体也共襄盛举,连战先生更亲自出席主持大会。誓师之后,队伍从中正纪念堂起步,展开"慈悲爱心"的和平游行,我也跟着众人的队伍步行六公里到"国父纪念馆",一步一愿,愿社会充满光明希望,愿社会拥有安定和谐。

后来"白晓燕案件"破案,陈姓凶手终于伏法。记得最后歹徒在阳明山挟持南非驻台的官员卓懋祺（McGill Alexander）一家人，那天晚上，电视不断地实况转播。当时我在台北，心里很想前往阳明山和凶手面谈，但是那时候信徒众多，你一言他一语，正当争议的时候，我们看到台北市刑警大队长侯友宜先生和谢长廷先生进入卓先生的住宅和凶手面谈，谢先生以律师的身份答应为他辩护，陈姓凶手终于弃械投降，俯首就擒。

其实，社会是很需要"慈悲爱心人"这类活动的。慈悲爱心人，就等于劝善组织，可以让民众培养仁爱之心。若是民间出钱出力，政府能辅以有力的支持，长期延续下去，也不必规模很大，细水长流，涓滴穿石，社会安定的基础将更形厚实。

三好运动

一九九八年四月，当佛牙舍利从印度经泰国恭迎到台湾的时候，我忽然想起"说好话"的问题。

在佛陀的三十二相中，有一个"出广长舌相"，指的是佛陀的舌头伸出来，可以覆盖脸面。要修得这一相，必须要三大阿僧祇不妄言才能证得。佛陀经过累世的修行、说法，而具有"广长舌相"，自然无话可讲，但佛陀的"出广长舌相"，不单是消极的不说妄语，还要说真话，说实话，所以，《金刚经》提到，佛陀是"真语者、实语者、如语者、不诳语者、不异语者"。佛教对中国人的思想、生活影响最大的，就是要明因果，不要造业，所以自古以来，常可以听到教诫人的这么一句话："不要造口业。"口业，有妄语、两舌、恶口、绮语四项，在十恶业中就占有四项；反之，在十善业里，也包括了不妄语、不两舌、不恶口、不绮语这四个善行。

说到造业，能守好口业，对善良社会的建设，对人生道德的成长，都有很大的功用。所谓"欲知过去因，今生受者是。欲知未来

澳大利亚佛光山南天寺二〇一二年第十八届"佛诞节——三好运动",以"做好事、说好话、存好心"呼吁澳大利亚民众行三好,让社会更美好祥和(二〇一二年五月十二日)

果,今生做者是"。我们今生的命运好坏,乃至来生的祸福,都是自己的善恶业力所造成。

业力,就佛法的观点来说,有所谓身、口、意三业。身,可以做善事、造恶业;口,可以说好话、说坏话;心,可以有好念、有恶念。业的来源,源自于身口意,所以身口意称为"三业"。人生要想道德健全,要修身、修口、修心;人生要有美好的未来,当然更要修身、修口、修心。佛经里说的"勤修戒定慧,息灭贪嗔痴",是成就一个善良民族必要的条件,因此我就想到要发起"行三好"的运动。具体内容,就是身做好事、口说好话、心存好念,身、口、意三业健全,人生必定圆满,社会必定吉祥。

我提出"三好运动"以后,社会上一些团体单位也有意跟进,于是有的人提出"做好人、做好事、存好心",但这是不够的,因为遗漏了"说好话";还有人说"做好事、存好念、行好运",这也不圆满,因为佛说的身口意,是悟道者的发言,内容不能更改。有感于"三业"对我们的人生实在重要,于是我又作了一首"三好"的短歌:

人间最美是三好,学会三好最自豪,
做好事,说好话,存好心,三好无比好。
你看!做好事,举手之劳功德妙,服务奉献,就像满月高空照;
你听!说好话,慈悲爱语如冬阳,鼓励赞美,就像百花处处香;
你想!存好心,诚意善缘好运到,心有圣贤,就像良田收成好。
台湾,台湾,台湾是宝岛,
大家一起来,人人学三好;
你做好事,我说好话,他存好心,
你也好,我也好,他也好,
大家一起好,平安就是我们的人间宝。
人间最美是三好,实践三好最重要。

我将"三好"的内容和做法建构好以后,就在一九九八年交给佛光会,作为佛光会推行净化人心的社会运动。承蒙连战先生率先带头宣誓"三好",后来马英九先生也几度在凯达格兰大道举办的佛诞节暨母亲节联合庆典上,宣誓要"行三好",推动"三好运动"。

"佛光三好人家授证"，以一笔字相赠（二○一二年一月一日）

其实，"行三好"很简单，不要花钱，也不需要什么特别的宗教仪式，这是做人的根本；要爱护自己，就必须做好事、说好话、存好心。例如：家庭中，如果每个人都注重自己身口意的表达，必定带给全家幸福欢喜；如果把"三好"推广到社会，整个社会就会一片和乐。如果三好能够实行，则每个人都能成为好人，所以"三好运动"就是"好人运动"。

而现在"三好运动"已经成为国际性的运动。在全世界有心人的口边，"三好"的内容朗朗上口，真是美不胜收。台湾、马来西亚以及纽约的年轻学子，依着各自喜欢的音乐风格，谱出不同曲调的《三好歌》，甚至在大陆的一次论坛上，我听到青年学生唱着《三好歌》，并加上舞蹈来表达，获得上千位听众热烈的共鸣。尤其国际间，青年们传唱的《三好歌》，至少有五种以上的版本，其他像是大专青年的三好创意短片甄选、中学生的三好领袖培训营、小朋友

出席"提升阅听品味、建构优质媒体"座谈会,提及媒体不能太过重视新闻自由,也应负起社会责任(二〇〇二年八月二十八日)

的三好发光绘画比赛、老人家的三好啦啦队等活动,都在世界各地得到热烈的回响。

现在,"三好校园"运动也列入"公益信托教育基金"的推动项目之一,由曾任"教育部长"的佛光大学校长杨朝祥教授担任主委,鼓励全台的学校推行三好教育。每年对具体落实"三好运动"的学校给予特殊奖励。二〇一一年获奖的高中职校,有四维高中、普门中学等,连同小学和国中等,一共有二十八所学校获选。如果这个奖项一直举办下去,成为一种社会风气,那就不只有"三好校园"、"三好教育",更会有"三好台湾"。

目前,佛光会为了推动会员"行三好",希望家家户户成为"三好人家",想到自己老迈,无以贡献,我便写了多幅"三好人家"一笔字,赠送给这许多得奖的三好佛光人家。唯愿"三好"的理念,能借由家庭薪火相传,进而扩展到社会、国家,甚至到全世界。

媒体环保日

多年来,我们一直在推动环保,全世界佛光会的会员、信徒,举凡扫街、净滩、净山、植树等保护环境生态的活动从不落于人后,而且是甘之如饴。近年来,我提出"环保与心保",呼吁大家要共同来爱护我们的地球,不要任意开垦山林,砍伐树木,也要去除不当的放生,改为正面的护生。

其实,不只是环境需要保护,行为的环保、语言的环保、心灵的环保都很重要,特别是媒体,更需要重视文字语言的环保。在一个追求文明的国家里,媒体应该担当传播文化、引导大众追求真善美的使命。但是,有些媒体为了抢头条,不顾职业道德,不仅二度伤害当事人,也显示出社会轻义趋利的不当风气;有的媒体报忧不报喜,报道立场不够客观公允;更有甚者,还出现未经查证的不实新闻。每天打开电视,翻开报纸,都是令人心惊、存疑的画面。生活在这样的环境里,心灵怎么会宁静呢?

近几年来,我深刻感受到媒体染污大众的思想,所以有一次在对媒体记者讲话时,就说了一句话:"口中有德可以救自己,笔下有德可以救社会。"后来我嘱咐《人间福报》与人间卫视率先于二〇〇二年九月一日,在台北大安森林公园共同发起"媒体环保日、身心零污染"的活动,带动媒体一同"做好事、说好话、存好心",同时宣誓"不色情、不暴力、不扭曲",希望能借此唤起媒体自律,还给社会大众,特别是孩童和青少年一个清净的社会。当日,各大电视台与报社都签名参加,当时的市长马英九先生也亲自莅临参与。

二〇〇六年七月,我们创办的人间卫视经阅听人监督媒体联盟评鉴,获评为全台唯一优良频道;《人间福报》走过报业的低迷期,也迈向第二个十年;二〇〇八年起,佛光山人间通讯社,为了报

带领各媒体负责人,于台北大安森林公园发表"不色情、不暴力、不扭曲"的"三不"媒体净化宣言(二〇〇二年九月一日)

道世界各地的真善美新闻,聘请专业师资和经验丰富的媒体人,开始培训新闻写作暨摄影义工。佛光山人间大学在二〇〇九年,更进一步开办媒体传播教育学苑,培养具有国际视野、关怀社会的青年学子,长期投入新闻相关工作。这些都是推动媒体环保的具体行动。

当"教育部"将"媒体素养"列入小学、中学、大学的课程纲要同时,我们这些年来的努力,也让佛教徒可以更有信心地为社会创造永续优质纯净的媒体环境,并守护社会大众及下一代的心灵。

世界佛学会考

除了推动社会运动,我也想到了对社会展开佛法的弘扬,推广佛化社会运动。在这些运动当中,我倡导"人间佛教读书会",光是在台湾,就成立了两千多个读书会;在马来西亚,有五百多个读书会。至今人间佛教读书会在世界各地,都有佛光人积极推动读书运动。说到读书会的起源,可以追溯到一九九〇年,我发动举办

我推展社会运动

"世界佛学会考"说起。

"世界佛学会考"最初是从台湾起步,由佛光山文教基金会主办,慈惠法师、依空法师负责执行。参加者多达百万人,包括各级学校、各种公职人员,如:国民党社工会主任钟荣吉先生,"立法委员"潘维刚、丁守中等;还有不少县市长,如:高雄县长余政宪、花莲市长魏木村、基隆市长林水木等人,都曾参与过佛学会考。后来,佛学会考又从台湾扩大到全世界,试题也由中文翻译成英文和各国的语文。

我的目的无他,主要是鼓励大家多研读佛书,以净化个人的精神内涵。如果大家都能借由读佛书,"勤修戒定慧,息灭贪嗔痴",甚至进而皈依三宝,受持五戒,奉行六度十善,这个世界必然会更祥和、美好。参与"佛学会考"的对象,不限于某一团体、某一基金会、某一国家,不拘年龄、宗教信仰、学历,只要有心的人都可以参加。佛学会考的内容是人类良知的表白,就好像一面镜子可以借此反观自照:在人生的道路上,我对于真理,我对于道德,相应了多少?能够从中省思,必定能对自己的人生带来启发与增长。

然而佛学会考刚开始推动时,曾有异教徒向"教育部"抗议,当时的"教育部长"吴京也指示"佛学不可以进入校园"。现在吴京先生已经过世了,假如吴京先生还在的话,我要说"吴京先生你错了!"因为佛学不是佛教。佛教在寺院里、在信徒心中;佛学是学问、是道德、是自心,是无处不在、无处不有的。所谓"佛光普照",你能不要光明吗?所谓"佛日增辉",你能连太阳都不要了吗?所以我觉得,不要将"佛学会考"与"宗教"画上等号,应该把它视为社会的道德科目,多多给予鼓励才是。

记得举办佛学会考时,所有试卷都是一卡车一卡车运送到各个试场,有针对小学生而制作的漫画题库;不方便写字的老菩萨,也提供无障碍的口试问答考场,考场中还有监考老师。还有一位家庭主妇蔡红彩女士,当她听到佛光山要举办"世界佛学会考",觉得很有意义,便自愿担任义工。考试当天,她到一所小学协助监考,意外的是,小朋友进入试场时都向她行礼说:"老师好!"铃声响起,大家安安静静地开始作答,只有她内心非常激动,从来没想过自己会被称为"老师"。考试结束后,她说:"佛学会考真是太温馨了!"

佛学会考得高分者,除了有奖品以外,《联合报》、《中国时报》每天有数个版面刊载名单,一个版面就多达数千人,佛学会考所引起的热烈回响,可说是猗欤盛哉!

曾任"监察院长"的陈履安先生就说了:"我们都考过试,谁不是愁眉苦脸的?唯有参加佛学会考的人是那么快乐,而且年纪愈轻愈快乐,有些孩子十五分钟就答完了,问他们'紧不紧张?''不紧张。''好不好玩?''很好玩!'哪有考试会好玩的?唯独佛学会考。"政府官员、教育界的校长们都很讶异,想不到考试能考得那么

国共两党共同发起举行的"中正纪念堂"前,举行"纪念抗战"盛大活动,八万人参加(一九九七年七月五日)

群龙聚会入城游

一九九七年十月,于台北"中正纪念堂",举办"罗汉聚会入百年台北",邀请百位罗汉聚集台北城下,各宗教团体共八万人参与;并在"总统府"前广场,重装再现,其回娘家,却是面目全非!其巨型雕刻更令罗汉惊心不已,独拔参天矗立高楼的水泥林立,却不见坐禅小榭,亭台楼阁,市镇生活,已国面非,并谓"繁华之列车,已渐渐回首看,以某市的行为来掀起走民爱化自己,更休彼我。

罗汉聚会入城游

欢喜。不错,我们就是要把欢喜布满人间。

百万人兴学

在很多的社会运动当中,"百万人兴学"运动可说是最难能可贵的运动了。

我一介贫僧,平生不积蓄金钱,就是靠版税、义卖一笔字的费用捐给佛光山用来兴建社会大学,也只是杯水车

绵延近一公里的佛光大学百万人兴学功德碑墙

薪,无济于事。但我知道,社会上有很多的善良人士、升斗小民,他们虽然没有财富,但是对于做善事、做好事却很有心,基于这样的理念,我大胆地先筹措经费,买了土地,然后向社会大众呼吁,我要办大学。每个人每月只要出一百块钱,为期三年,我称之为"百万人兴学"运动,每个人出一百元,三年期间就有三十亿。

在这样的号召之下,南华大学成立了,佛光大学也开办了,甚至远在美国的西来大学,澳大利亚的南天大学,都因此登上国际学界,向世界招募学生。

我不敢与许多兴学有成就的人相比,我只想效法"武训兴学"的精神,难道出家人里面,就没有像武训这样的人吗?对于发心参与"百万人兴学"的人士,我们都一一将他们的名字刻在石碑上纪念,功德芳名绵延一公里以上,碑墙也成为学校一个特殊的景观。

"百万人兴学"运动里,有很多感人的故事。如:小朋友把一

个扑满搬来,说他要兴办大学;留学澳大利亚的青年王上元,捐出自己所有的奖学金来响应;来自美国五岁的钱艾文,新春期间由父亲陪同,在佛光山山门口,写着刚学会的中文"佛自在"义卖,一张台币五块钱,感动许多人纷纷慷慨解囊;有的老太太想到办大学要紧,把棺材本也捐出来。

年届八十的胡随女士,因早年未能接受教育,心有遗憾,于是发心劝募,直到八十七岁,往生前托付给女儿林银英。女儿很孝顺,会带母亲去佛堂,但自己不愿意进去,母亲舍报后,为了完成母亲的心愿,不但继续护持佛光大学,也加入佛光会,目前已经是佛光会督导长。高江凤娇女士,今年八十岁,十多年来,已劝募逾三千多人加入兴学行列,她说,只要想到很多学生在教育殿堂获得知识,就觉得一切都很值得。

对于这许多发心劝募,一百块、一百块去收取兴学功德的会员们,我觉得,他们这种发心、这种善行,不正是菩萨道的精神吗?

对于"百万人兴学"运动,也有人说:"一百块钱一个月,三年三千六百块,我一次给你好了,免得以后麻烦。"但是我不要,我一定会一个月去跟你收取一百元,要让你记得你是一个捐款兴办大学的人。就等于背书一样,你要记得你是大学的百万人兴学委员之一。台湾两千三百万人,假如有百万人兴办大学,这些人必定是有德之人、有道之人。这对社会的净化、美化、升华,不是有很大的贡献吗?

于是,我就发心,想要在佛光大学兴建"百万人兴学纪念馆",主要目的是为了树立感恩典范,感谢这群社会各界兴学委员长年来对教育的护持与贡献,以及发扬慈悲喜舍的精神,因为透过百万人的力量来兴建大学,是社会上少见的"人间奇迹"。二〇一〇年八月,我到佛光大学主持安基仪式,当时我们邀请了"教育部长"

与佛光大学校长杨朝祥(右一)、卸任校长翁政义(左二)及贵宾共同出席百万人兴学纪念馆安基典礼(邱丽玥摄)

吴清基、国民党副主席蒋孝严等多位贵宾,还有四位劳苦功高的兴学委员高江凤娇、陈嘉隆、赵钧震、宋秀喜,现场也来了将近六百位兴学委员。这座纪念馆内部空间除了有百万人兴学委员会纪念馆、佛光山宗史馆、校史馆、学术会馆、禅堂(学生心灵会馆)与滴水坊之外,未来也将提供世界各地的学者、教授与学生进行多元化学术活动。

我不知道办大学的投资,就像是一个无底的深坑。过去人们以为办大学就好像经营企业,可以赚钱,其实不然。像现在我办大学,至今虽还有人继续赞助"百万人兴学",但是每年,我对于每所大学上亿元的补助费、建设费,仍感到力有未逮。"百万人兴学"的理想并不容易达到,但是我们带着信徒做月饼、烙饼、酱油、宜兰豆腐乳;在台北、彰化、台南、凤山、佛光山等地,我们的佛光会员、信众力行环保,在烈日之下、在秽气之中与蚊蝇奋斗,积极实践资源回收,每个月竟也能有几万元来赞助兴学。

我一生没有做过赚钱的事业,都是一再地赔本,别人办电视台都能赚钱,因为有广告收益;可是我办的是公益电视台,没有广告,每个月筹款之困难,真是不足为外人道。我办报纸,甚至当今报业萧条如是,多少人劝我不可以办报纸,因为那是一片商场竞争的"红海",但我投身进去就不会再回头,十多年来,日日难过日日过。办大学也一样,从西来大学开始,已经二十年以上,就是南华大学、佛光大学,从申请、核准到今年,也已经有十五年以上了。

我们的毕业生,都应该知道我们的教育和一般社会教育有什么不同。我们办学不是商业交易,也不是沽名钓誉,而是真正要让现代青年接受以人文素养、社会关怀为主的大学教育。现代的教育专家们或许认为我们不懂教育,到这个时代还办人文科目?但我认为,教育不只是培养青年学子的技术、能力,主要是让青年学子有圣贤之心,愿做道德之人,这样的教育对社会才有帮助。

我们相信,"百万人兴学"是"把大学留给社会,把智慧留给人间,把功德留给信徒,把成果留给时代",当很多人看到佛光大学的美景,流连忘返,赞叹不已时,我心中所系念着的,却是那许许多多百万人兴学的功德主们,他们真是人间的圣贤、人间的菩萨。

公益基金

在我八十五岁的时候,心中始终还挂念着:"我还能为社会、大

第四届"星云真善美新闻传播奖"暨第二届"全球华文文学星云奖"颁奖典礼,于佛陀纪念馆大觉堂举行(二〇一二年十二月一日)

众做些什么事?"后来决定成立"公益信托教育基金",同时也跟徒众们宣布:"你们去发展佛光山,我要去成就社会公益了。"所以,我在台湾银行成立公益基金账户,每个月写书的版税,点滴汇归到银行,作为公益信托教育基金。

从二〇〇八年起,公益信托教育基金开始举办奖励社会各界的各种项目。例如:媒体界的"真善美新闻传播奖"、"全球华文文学奖"、"三好实践校园奖"、"教育奖"等,未来还将继续增设其他奖项。

为了使奖项发挥专业的公信力,从奖项名称到评选制度,我们都邀请各界先进前来主持。以鼓励媒体人的"真善美新闻传播奖"来说，我邀请天下文化创办人高希均担任主任委员，"总统府"资政汉宝德、台湾红十字会总会长陈长文、董氏基金会董事长谢孟雄、"中央大学"认知神经科学研究所所长洪兰、公益平台文化基金会董事长严长寿、大小创意斋创意长姚仁禄、趋势科技文化长陈怡蓁等社会贤达担任遴选委员。我乐见其成，尊重授权而不予过问。同时，内心也感到十分欣慰，有这么多人愿意为台湾媒体尽心尽力，这件事本身不就是真善美的聚合吗？

虽然这些奖项每年要支出许多的经费，但我一定会想办法筹募，让办理这许多奖项的教授、学者先生们放心，也让社会各界默默耕耘的各方人士，能得到公益信托教育基金的助缘，为社会发挥更多善美的力量。

公益信托教育基金来自于十方，目前在佛陀纪念馆的"六度塔"内，有设立我的"一笔字"义卖专区，义卖所得悉数归入公益信托教育基金。承蒙各界人士的爱护与支持，迄今也得到不少人的支持与响应。例如：二〇一一年十月二十日由北京企业家组成的"国学经典研修团"到佛陀纪念馆参观，当他们了解公益信托教育基金的宗旨之后，都很乐意和十方大众结缘。当中有尚若集团总裁杨大勇请了"当仁不让"、"花好月圆"；抚顺市金熙公司董事长李淑杰选了"明心见性"、"惜缘"、"心如明镜"；北京中航空港混凝土公司总经理王晓敏欢喜"有您真好"，他们总共义买了十五幅的"一笔字"。其他还有像泰富电气集团董事长杨天夫、女性企业家俱乐部武红、上海复星集团董事长郭广昌、鑫恒铝业集团联席董事长李涵、陕西知名企业家刘树怀、中国光华科技基金会公共事业主任赵冰、海南航空集团董事局主席陈峰等很多的企业人士，都热心响应。可见只要是为了社会，公益信托教育基金一定不虞匮乏，所以我有信心，这样的社会公益可以永续发展下去。

佛光山佛陀纪念馆的"六度塔"中,长年展出大师的一笔字(陈碧云摄)

结语

这许多的社会运动,虽然期限有长有短,但必定都发挥了一定的影响力,它让大家知道,这个社会上还是有很多人关心国家社会,他们不一定都是大富长者,像平民老百姓发心捐献的一块钱、一百块钱,同样是助长社会的好人好事。

期间,我们也陆续发起许多运动,如:"禅净密三修法会"、"佛光山假日修道会",让一些公务人员可以利用假日到寺院修持。现在每周日举办的"福慧家园修道会",又再继续维系这些运动于不辍。其他,像三皈五戒、短期出家、佛学讲座、学术会议、青年团、国际青年生命禅学营等活动,在佛光山蔚然成风,确实很丰富。加上国际佛光会的推动,每年从台北到高雄那些万人以上的集会,无非是希望让人们在生命中能有一天或一时,和两千五百多年前的大圣者佛陀有交会的时刻,让心灵回归佛陀时代。现在又有了佛陀纪念馆落成启用的因缘,今后像"回归佛陀时代"这类的弘法运动,我们必定会继续进行下去,让正法能永住世间,延续不断。

半部靜若經
提放自如

我怎样管理佛光山

说到"管理",
我的管理就是"不管理"。
这句话听起来好像不太合理,
不管理的社会团体,不是更混乱吗?
其实不然也。
"管理"没有办法用一个法就可以来总括说明,
全在于一种"存好念"、"与人为善"、"行善如流",
一切为人去设想。
所以我常说,我的管理学完全是顺乎自然吧!
因为我总想,
天有天的性格,地有地的性格,
人有人的性格,物有物的性格,
你能顺应天时、地利、人和,并且活用,
那就会皆大欢喜了。

常有人赞叹佛光山的管理有序,是一个无诤的团体,就问我:"你是怎么样管理的?"一时之间,叫我还真难以回答。因为"法无定法",管理哪里有一定的成规呢?假如要说有根据的话,那就是佛教的戒律了。但是佛教的戒律,又由于地理、时代、气候、习俗等等不同,也不能一以概之。若说要用清规,也由于人员的不同、事业的不同,各种性格,为了适应种种差异,需要有所变化。

　　因此,"管理"没有办法用一个法就可以来总括说明,全在于一种"存好念"、"与人为善"、"从善如流",一切为人去设想。

　　就好像政治,它是为民服务的,不是用权力来压制的;如果是服务的政治,一定是皆大欢喜;反之,压制的政治,必定也招致反抗。所以我常说,我的管理学完全是顺乎自然吧!因为我总想,天有天的性格,地有地的性格,人有人的性格,物有物的性格,你能顺应天时、地利、人和,并且活用,那就会皆大欢喜了。

台湾大学曾有人发起要我去讲授"管理学",很惭愧,你要我讲说,我还真不知道从何讲起,因为我平常待人处世,大概只有一个"诚"、一个"理",讲究信用、讲究尊重,若要讲学术理论,我就不知道如何讲了。

一般讲管理,大概不离管财、管事、管人。其实,人在世间上不是一定为金钱来服务的,钱再多也不能满足人的欲望,我想,给人尊重、给人方便、给人欢喜,那是最容易让人满足的了。所以我跟人相处不容易起纷争,主要是因为我总是因人、因事、因种种的不同,而给他适当合理的交代就好了。

说到"管理",我的管理就是"不管理"。这句话听起来好像不太合理,不管理的社会团体,不是更混乱吗?其实不然也。道家讲"无为而治",佛教讲"自我觉悟",每一个人能够自我觉悟,就是自己管理自己,每一个人都是管理师,何必要什么"管理学"呢?

现在的时代,管理学非常普遍,有学校管理、医院管理、工厂管理、财务管理、人事管理……到处都是管理学。管理学的类别很多,其实真正的管理,就是"不管理"。因为有的人越管理越乱,不管而管,才是高招;再者,管理的人固然要高竿,被管理的人也不能太自我,被管理的人要灵巧、要有自觉,这样就好管理了。如果一个再好的领袖,遇到愚钝者,他也会束手无策,或者优秀干部,遇到不好的主管,他也难以发挥才能,这对双方而言都很麻烦。所以,管理不是个人的事情,是需要团队一起成就的。

好比有一次我在美国西来寺,有一个徒众反应不过来,我问他:"你学什么的?"他说:"我是学管理的。"我就想到,管理财务容易,因为金钱不讲话;管理事务也容易,因为事也不讲话;管理人这就很麻烦了,因为人有意见,有看法。但事实上,管人也还容易,真正难管的是管"心"。所以我常说,管理的最高境界是"心"的管理。

说到管理,无论是金钱的管理、人事的管理、物品的管理,要想到管理,一定要了解到"因果",所谓"因地不正,果招迂曲",如果你一开始没有把方法、制度订好,当然问题就会不断地发生。假如事先订定的法制,都能够适合大家的需要,后面的情况就自然简单无事了。

金钱的问题,在佛教里,连沙弥都要受持"不捉持金银宝物",这在过去社会的僧团,没有银行存款储蓄的问题,当然可以做得到。但是,现在时代不同了,需要有合理的经济,才能有合理的生活。我自己出身贫苦,养成不要钱的习惯,但也有人穷苦多了,需求多了,就养成了贪婪的习性。所幸,我因为"空无"已经成为生活的重心,所以在金钱上,我也以"空无"来对付。

但是,个人可以空无,建寺安僧就不是空无能解决,必须要有一个健全的财务管理制度。而我的财务制度就是:"有权力的人不可以管理金钱;管理金钱的人不可以拥有权力。"也就是说,有权的人用钱,要用得有理;管钱的人没有权,管理也要管得有分寸。

佛光山早期的一级主管,他们参与建寺开山,有人负责建筑,有人负责教育,有人负责文化,有人负责生活,他们都握有很大的权力,但是他们不能涉及到金钱的存取。金钱都由小职事担任管理,而这个负责管理金钱的人,受有权力者的节制,使用的时候,有权的人不能随便动用金钱,一样要经过层层的沟通,才能动用大笔的金钱。

初期,我对教团的钱财是怎么管理的呢?曾经我把钱放在屏风后面,集合徒众,对他们说:"你们要多少钱,就到屏风后面拿。

你拿一块钱,我不会说你拿得少;你拿一万块,我也不会说你多拿了。钱,是给你们用的,你觉得自己需要用多少钱,可以到屏风后面去自由拿。"所谓"各取所需",就是用钱之道。

其实,徒众们都知道常住的财务是很艰难的,所有的物资都是来自十方,也用之于十方,特别是开山四十多年来,一直到现在,常住一再的建设工程,可以说,天天都在张罗款项,常住大众谁敢浪费金钱呢?

我主要的意思,不是要让大家不买、不用,但是在常住里,已供应我们有吃、有穿、有日常用品,也有医疗制度,金钱对我们来说还有什么用处呢?所以我记得,从五十年前一百多位徒众,到三十年前一千多个徒众,循序走到最后,放在那里的十万块钱,都没有减少多少。

所以在佛光山,不当的使用金钱、或贪污……一概没有这种事情发生。这都是因为小职事把关,有权的长老使用金钱的时候,他们也会向常住依法申请处理,财务清清楚楚,才能让有权力的人不随便使用金钱,大家才能相安无事。因此山上的职事,从当初的心平、慈庄、慈惠、慈容等,他们没有跑过银行,也没有记过账目,大家都只是想到常住没有钱,必须克勤克俭,佛光山才能有未来。

关于财务的运用,我是觉得国家应该要富有,我们团体应该要贫穷,特别是寺院道场。所以我的信念是要"让佛光山穷苦",穷苦才能生存长久。

因为金钱可以成事,也可以坏事,如果钱多了,会生事端,就会产生不肖的子孙,好比很多的有钱人家子弟,就是因为钱财太多,没有好的结局,这就是我主张佛光山要穷的原因。没有钱、贫穷,佛光山之所以无诤,这就是最重要的理由。所以数十年来,都没有人敢在佛光山说要当家管钱。但假如有存款了,也要周告大家,让大家知道应该要如何运用,必须集合众议,才能动用大额的公款。

不过,"不要钱"不是很圆满的观念,要知道即使有钱也是大众的,不是自己的。所以,有时钱来了,你也不能随便就把它花费了。

因此,我想到一些花钱的事业,那就是办大学、办电视台、办报纸等文教事业。这些都是无底深坑的事业,无论贴下去多少钱都不够用,所以佛光山永远都要为了要办这些文教事业,同时又要办救济、办施诊医疗、办养老育幼等等而努力,因此,佛光山几十年来一直闹穷。

但是,没有关系,穷才会奋发、穷才有力量、穷才肯上进。如果你贫穷,又不奋力上进,大学就没有了,电视台就没有了,报纸就没有了,一切都没有了,你还能生存吗?所以佛光子弟都知道自己的任务,任重道远,大家都得努力撙节开支、开源节流、大公无私,一切以社会服务为主。

贫穷还有一个好处,有的人一有了钱,修道就会出问题。例如:你稍微管理他严格一点,他就生气,一生气就走了,或者赌气说:"我有钱,我自己到别处去建寺庙。"或者说:"我可以买飞机票到海外去旅行,我不要受你管理。"这样就不能安住守道,这个人就会因为有钱而失败。相反的,假如他贫穷、没有钱,无处可去,可能他忍耐一下,过了明天,事情又有不一样的情况了。

所以,有钱会作怪,必须要有大道德、大智慧、大慈悲、大包容、大根器的人,才有资格拥有金钱。如果金钱用之于公家,用之于大众,大都平安无事;假如用于自己,有了钱,会使人自私好吃,有了钱,会使人懒惰玩乐,一个好吃、自私、玩乐、懒惰的人,你说,他还会成器吗?贫穷、淡泊是美好的生活,尤其一个修道的人不可以有钱,这是不变的原则。因此,佛陀一直警告我们要"少欲知足",就是这样的道理。

金钱不要是可以的,但是你要有道德、你要有学问、你要有能力、你要有智慧、你要有慈悲,因为那许多都可以化为金钱。就等于世间上的人,有的人只喜欢向钱看,其实比金钱重要的东西更多。例如健康,你有钱不健康,有什么用呢?例如欢喜,你有钱不欢喜,有什么用呢?例如平安,你有钱不平安有什么趣味呢?

所以,健康、欢喜、平安、幸福比金钱重要。你不可能用金钱来换取自己的健康、欢喜、平安、幸福。金钱多了,不见得幸福欢喜,要从平淡的生活里,找到幸福欢喜。就是有了钱,这也不会妨碍我们人生的观念,不依金钱作威作福,不依金钱恃财傲物。

二〇一二年十二月二日,世界佛教青年会一群比丘在佛光山传灯楼问我:"你怎么替佛教拥有这么许多广大的事业?"我说:"那许多事业都是大家的,我自己本身只拥有一个'空无'。"这是他们不容易了解的。

假如我个人有贪图的心,或者觉得这是我自己的钱财,我就会存到银行,我就会去买股票,我就会去放高利贷生利息……经营种种与钱财有关的事。

但是我知道,这些财富都不是我的,是十方来的,我应该用之于十方。因此,我是在"空无"的真理中,发展空无的事业,所以才能越来越大。

尽管如此,这些是不容易为外人所知的。几十年来,我没有一张办公桌,我没有保险柜,我没有存款,我没用过锁匙,我也没有开过支票,我没有看过股票,即使我有权力,我也有执行力,但我不能接触金钱。

尽管我本身实践"空无"的理想,但事实上,我的收入还算是相当。例如:我的"一笔字",相传在大陆慈善义卖上,有人用几百万元人民币标走；我在大陆出版的书籍，入选中国作家版税富豪排行榜名单内。但实际上，我都没有拿过一块钱。出版书的版税收入通知单，还没有寄给我，我就已经把它拿去建大觉寺、建鉴真图书馆了。

此外，我也经常跟其他人结缘。早期我在美国洛杉矶，就经常资助许多在美国留学生，有的信徒知道了，心里感动，怕我没有钱，塞一包钱给我，甚至警告我说："你不可以给佛光山，这是给你自己用的。"我的信徒他们怕我没有钱，不怕我有钱，其原因就是我不要钱。

但我自己要什么钱？我又不养家活口，也没有什么嗜好，对于这样热心的人，我不得办法拒绝的时候，只有说："我替你做公益基金。"公益基金的存款就是这样越来越多了。因此，我创办"真善美新闻传播贡献奖"、"三好实践校园奖"、"全球华文文学奖"、"教育奖"，希望让这些钱财"十方来十方去，共成十方事"。

最近，我还想再办一个"君子奖"，因为现在的社会，好人不容易出头。过去满社会都可以说是君子，甚至满街都是圣人；现在，我们不知道好人在哪里？我们不能让社会风气颓靡下去，必须让好人出头，让对社会有所贡献，对下一代有典范的、善良的、慈悲的、友爱的影响力等具有君子风范的人被看见、被重视。

在我认为，金钱不可以拿去造罪业，要把它用在有功德的地方。这是信徒辛苦赚的钱，他们到佛教里来做功德，我们做僧侣的人，有了点滴善款，为什么不可以归公呢？

当然，讲到金钱，也不是空谈理想，一味地"不要"，或主张"空无"，但事实上，徒众们他们要穿衣、要零用、要看病，偶尔也要回家探亲等等，他们还是需要一些金钱才能生活。所以，很早以前，我就规定常住每个月要发给徒众单银，发给大家衣单，各种日用品，让他不至于挂念生活上的缺乏、困难,而能可以安心修道。甚至于我们也鼓励徒众一年回家探亲一次,礼品都替他准备好,他就不必去挂念。古人有谓:"仓廪足,而知礼节;衣食足,而知荣辱。"我也是让徒众先解决生活上的顾虑,尔后,他就能全心全力为大众服务了。

"佛光山的账簿挂在墙壁上",图为佛光山如来殿功德碑墙

另外,我也替佛光山人众和佛光会的人事关系,订定一些共同遵循的规矩。例如:我规定彼此不可以共金钱来往。因为好朋友常常都是为了金钱而有纷争,为了金钱而有意见。又例如:在佛光山可以接受信徒的捐献油香,但佛光会只可以收取会员固定的会费,不可以自由捐献募款化缘。

在佛门,我们讲究因果观念,每一个僧侣,他都懂得金钱与因果的关系,所以佛光山真正的账簿,就挂在墙壁上,捐款芳名都可以让人看得到,让人了解。

这以上所说,就是我对财务管理的观念。

再来谈谈我对人事安排的一些想法意见。

说到人事的管理,在佛教里,为人所诟病的就是,有人出家已经六十年了,他称作"法师",如果你今天出家,明天也是有人叫你"法师",这六十年和一日,怎么能叫做平等呢?

它必定是平等中有差别,差别中有公道,这才是真平等。所

佛光山为一现代教团,男女两序大众平均发展,只要在事业、道业、学业上有所表现,都会给予定位。右为男众大师兄心平和尚,左为女众大师兄慈庄法师(一九九二年八月二十日)

以,凡在佛光山出家者,我们就以他们的学业、道业、事业,来分别制订序级,而不是以年资为唯一的标准。

序级有:清净士、学士、修士、开士、大师等五级。如果你是初入道的,就是清净士一级;如果已完成大学学业,可以是学士一级,如果是硕士、博士毕业,具有专才,视其能量、发心,也可以升至学士二级。原则上清净士有六级,清净士之后,受了戒,就可以进入学士了。

学士是每两年升一级,共有六级;接下来是修士,每四年一审,共三级;修士之后到开士,开士则五年一审,有五级。如果二十岁出家入道,经过四十五年,到六十五岁左右,五堂功课正常,对于学业、事业、道业精进,对常住、对佛教有贡献,那么就可以升到"大师"了。

我在佛光山被推为大师,也是经过这些岁月才慢慢成长的。我出家已经七十四年,今年八十六岁,在我五十八岁于佛光山传法退位的时候,佛光山的徒众就议论应该给我一个封号,以区别称

宗务委员选举开票

谓。因为我的学业、道业、事业，都合乎他们评论的标准，大家就称我为"大师"。所以，人事的立足点是平等的，可是发展了以后，如"三鸟飞空"，又如"三兽渡河"，大家就各有不一样的情况了。

佛光山的事业，需要什么样级等的人去担任，都有一个标准，所以设立"宗务委员会"，有各种人事的评鉴。至于人事的升迁，通道也很多，如宗委会、长老、各住持主管、传灯会等，都可以帮助你。因为人事公平、公正、公开，还有什么可以争论的呢？大家都是在人生的马拉松旅途上长跑，看谁有耐力、看谁有恒心、看谁有毅力，人人都有佛性，但是真正到"三觉圆，万德具"也不是人人都能到达的！

过去有人说"宁带一团兵，不领一堂僧"，其实不尽然也。因为佛陀当初制定"六和僧团"有六个方法，即：一、身和同住，是团

佛光山以制度领导大众,行政组织以"佛光山宗委会"为最高决策单位,图为第七、第八届宗务委员

队的和谐;二、口和无诤,是语言的赞叹;三、意和同悦,是心意的欢喜;四、戒和同修,是法制的平等;五、见和同解,指思想的统一;六、利和同均,是财务的平均。

为了让"六和"更生活化,所以我又再倡导人世间的"三好"。"三好"是指:身要做好事,口要说好话,心要存好念。此外,我也提倡"四给":给人信心、给人欢喜、给人希望、给人方便。尤其我倡导"五和",即自心和悦、家庭和顺、人我和敬、社会和谐、世界和平。因为我对于人事最重视的,就是大家不要对立。集体创作,集体成事,有分工,也要有合作,有合作,也要分工;人事是不可以对立,有上下的程序,大家要互助、互谅、互信、互解,才能集体创作。

在过去丛林的清规里,凡是举拳相打、破口相骂,就要开除;或者犯了杀、盗、淫、妄等根本大戒,就要开除迁单。但是现在的佛光山,我还没有看到犯根本大戒,也没有听过谁有举拳相打,破口相骂的情况。所以几十年来,佛光山的人事管理,基本上是建立荣誉制度。大概约每半个月,或是一段时期,就会集合一次,大家话说自己,有过自己举发,不要别人来说,一般人也都懂得自己忏悔改过。

我回想起来,过去在大陆丛林里,有一些沙弥犯了过,就罚他拜佛、罚跪香,但我觉得奇怪的是,拜佛、跪香是一种荣誉,是一件好事,怎么可以拿来作为处罚的工具呢?

佛陀制定"六和敬"来管理僧团

所以后来佛光山的沙弥们,有了过失的时候,我就"罚睡觉",不准他们拜佛、不准诵经。因为他是有罪之人,让他睡在床上听着别人诵经唱诵,他的内心会波动,会感到惭愧不已,他就会自觉应该要改过。

我是提倡自觉教育的人,凡事不要人家来指责、来教训,我们自己就先要有自觉,有了"自觉",才能"觉他",将来才能"觉满",才能与佛道相应。

佛光山也订有自己的清规,如:

"不违期剃染、不夜宿俗家、不共财往来、不染污僧伦、不私收徒众、不私蓄金钱、不私建道场、不私交信者、不私自募缘、不私自请托、不私置产业、不私造饮食等等。"

我们也自订有佛光人的性格:

"佛教第一,自己第二;常住第一,自己第二;大众第一,自己第二;事业第一,自己第二。"

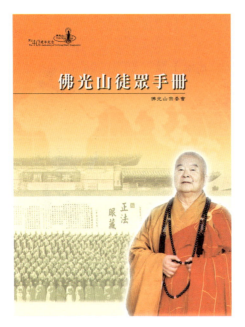

《佛光山徒众手册》(二〇〇六年六月出版)

佛光山与其他教界最大不同的地方,是我们建立比丘与比丘尼平等的地位,我们建立僧众与信众有平等的待遇,我们成立七众共有的道场和教团。

在佛光山里,你不知道某人的身分,你问他住在哪里,就可以了解他的情况。他说他住在东山,就知道这是属于男众僧部;她说她住在西山,就知道这是女众僧部;她说她住在大慈庵,就知道这是出家三十年以上;她说她住在慧慈楼,就知道这是出家二十年以内的;她说她住在妙慧楼,这是小姐、职员住的地方;住在师姑楼,就知道是师姑;住在三好楼,就知道是义工;住在朝山会馆、麻竹园,就知道是香客信众;住在佛光精舍,就知道是养老退休的;在育幼院,就是我们的小朋友。所以在佛光山每个人各有所用,各有所需,各安其所。

我与佛光山的大众交流,如果是属于行政方面的职事,我大部分都是开会讲话,给予原则指导;对于行单的大众,我常常亲自到现场,看看他们,跟他们讲几句话、见个面。假如信徒送给我吃的东西,聚集到一个程度,我就分给大众。真正实行佛陀的"利和同均"制度。

丛林规矩,农历正月十五日住持大和尚请大众吃普茶,慰劳大家的辛苦(二〇〇一年二月十二日)

在我们佛光山,凡是做住持大和尚的人,一定要领众熏修,清晨上殿、过堂,五堂功课跟大众一样不可缺少。都监院是掌管寺务,供应大众生活所需,不能有所差错。在僧团里,我们和世间的人一样,到了过年也有围炉团聚;过年以后,感谢大家的辛苦,我也会举行普茶(茶叙),让大家来交流联谊。

我在佛光山也开办好几处滴水坊,如传灯楼滴水坊、香光亭滴水坊、美术馆滴水坊、樟树林滴水坊。有时候徒众误餐,也要让他有个去处;有时候家人、客人来了,也让他有接待的地方。人总有朋友、亲人,你替他安排好,师兄弟之间,也可以相互交流,让他觉得身为佛光山的子弟,有很大的空间,他就会安心办道。

此外,有著作的人,我有出版社替他出版;写文章的人,我有报纸、学报替他刊载。传灯会和美术馆还为徒众的特殊才艺，举办"海会云来集——佛光山僧众才艺联合展"，优异者，我发给他们奖金给予鼓励。

有一项是我尤其重视的，假如你早课没有来得及参加，我可以不跟你计较，但是不吃早餐，我是非常不能原谅的。因为吃了早餐，今天一天的工作、修道才有了开始。这一切都是人性的管理，人性的生活。

山上有寺务监院，除了寺务行政管理外，还有管食品、管用物等等。管理仓库的人，经常要向大众报告仓库里的东西，或者在每半个月出刊《佛光通讯》通告。这当中，有一个专栏叫"仓库在说话"，举凡常住有什么东西，都可以在这个专栏内告知大众，让有需要的人，可以到寺务监院申请。

寺务监院里，大家的衣单袜鞋等储备充分，临时有一百人或两百人要出家，都能随时供应，因为寺务监院都有各种生活必需品储备，有专责的人员管理，无有匮乏。

平时，常住每年发给大众褂裤一套，每两年长衫一件，鞋袜一年两双。现在物质充裕，所以大家也不感觉到缺乏的痛苦；不像过去的丛林清众，总是穷困短缺的。现在本山的清众，虽是初出家的人，穿起衣服来也都整整齐齐、堂堂正正的，出家众走在人前，行住坐卧，都能威仪具足。

山上的米粮、蔬菜来源，也都与商家订下一定的契约，每周多少米面、菜量、油盐，都按时供应。因为本山一切都有储存，所以徒众不必、也不需要用钱，不需要上街购买，真是像西方极乐世界一样，心想事成、随意所需、随行所有。

尽管生活不需要徒众挂念，但是佛光山所有的徒众还是养成淡泊节俭的习惯，所以一件衣服，一穿就是几年，一双鞋袜，一穿就是多时。我也从来没跟大家宣导要节省,因为徒众已经做到了,何必要再加以画蛇添足的唠叨呢?

一般人认为我做事,说得好听,是很有魄力,说得不好听,就是很胆大。实际上,我无论做什么事情,主要是要思前顾后,要脚踏实地,要有必成的把握;凡是对人没有害处,对大众有利益,要能不得罪人,要能拥护大众的,我才会决定做这件事情。

但世间不是全面的,任何好事,总难免有一部分是有异议的,有的时候,这一点就不去计较了。因为世界上总有人有不同的意见,所以说民主时代,求其多数就好了。

例如:我办大学,很多人跟我说,这个时代少子化,不适合办大学了;但是我觉得,教育没有什么时候是不适合的,只要是人,永远都要受教育,我也就不去计较是不是时候了。

又好比办报纸,多少的专家警告我,这时候平面媒体纷纷收场了,你怎么又飞蛾扑火、自取灭亡?但我觉得,佛教需要一份报纸来传播,社会需要一个健康的言论,家里需要一份老少都能接受的报纸。这一份报纸能走进家庭,让家里的老少都能共同阅读而不会感到脸红。因此,我也就不去思考其他的得失,毅然的就去办报了。

现在《人间福报》、人间卫视虽然是经营困难一点,但是一路到现在,也是十几年的历史了,也没有差其他报社慢一时一分出刊。办大学,也没有说减少学生,年年只有增加。可见,做一切事情,只要大众需要、社会需要,不是只为自己,就能生存的下去。

我个人一直主张,佛教要可以给人家吃得起,像佛陀在世的时候,有所谓"普同供养"的制度。但你也必须要有学有德,才能获得别人的供养。假如你懒惰自私,是不会有人来跟你打交道的。

特别是我们出家人,要吃万家的饭,不可以吃一家的饭。现在,有的佛教徒觉得自己个人有了某某人的护法供养、某某人的支持,他就心满意足,不肯把佛法再去扩大,再去弘扬,实在很可惜。你纵然有你个人的才华,也不能让少数人的供养把你买断,这就没意义了。

因此,我们拥有的一切能量,都要把它用到极致,尽管自己本身笨拙,但是佛法给予我们的受用,给予我们的因缘机会,我们应该把它点亮发光,普照世界,毫不吝啬,让佛光普照。

我无论做什么事情,其实都很欢喜和人合作,但也有一些人都很畏惧我,认为我很霸道,或是怕我吃掉他们。其实没有,到了我这种年龄,审查走过的历史,我吃过什么人?我挤退过什么人?我欠过什么人?我有愧于什么人?大家都可以对我做一些严厉的批评。

一直以来,我都只是想把自己融入到众中,让大家皆大欢喜。如佛陀所说:"我是众中的一个。"把自己这一粒沙石,融入浇灌的水泥中,它才能铸造房屋,才能成为有力量的混凝土,才有坚定的力量。

所以,佛教不重视个人,重视大众。你说一根手指头,再怎么样有力量,也都不敌五根手指头合起来的拳头。同样地,个人再如何有才华,也总不及三个臭皮匠,如古人所说:"愚者千虑,总有一得。"

我很喜欢"集体创作",所谓"集体创作",我们并不是要大家去干涉工作的目标,而是大家只讲贡献,目标应由大家共同决定,不要先存有主观意识。

许多人认为的团结,他只想要人家来跟我们团结,没有想到我们去和人家团结。我个人喜欢和人团结,但是有时候人家不要我们,是怕我们。这也可能是我们自己的缺失,或者是他自己的胆怯,不够公义,不敢诉诸于大众。

我对于山上这么多的单位,大家做得很有精神,感到很欣慰。佛光山全球各单位,可以说数百个以上,这么多的单位,每一个单位都有主管,每一个主管我都必须授权,让他可以放手去发挥,不让

二〇〇六年花艺展"百犬迎春",每年春节的平安灯布置,都是佛光山僧信二众的集体创作

他感到缚手缚脚,所谓"疑人不用,用人不疑",因为我信任他。

像曾担任"教育部长"的杨朝祥先生,他肯到我的佛光大学来做校长;林聪明先生,"教育部"政务次长肯到我南华大学来做校长,高雄中山大学的吴钦杉教授,他辞去副校长的职务,到我们美国西来大学担任校长,我都心存感谢,充分授权。

在紧邻佛光山的义守大学校长傅胜利教授,他是基督教徒,有感于我对教育的行事作风,在他公务之闲,经常来佛光山,问我有什么事要他帮忙服务的,自愿要做我们的义工;最近数度到澳大利亚南天大学指导,贡献意见。这许多人士,他们都是有情有义的人,不是为了利益,不是为了金钱的关系而来。

我一向是尊重人才、授权人才、利用人才,让人才有所发展。一位年轻的比丘尼觉念法师,我把"人间卫视"通通付托给她,她一做十多年,到今日,能用极少的经费,在许多大电视台中拼搏,着实不容易。《人间福报》刚创办的时候,许多都是我们一群没有经

验的年轻法师,一参与到现在就是十几年。目前,虽然已经架构成功,但也要更加发挥影响力,所以我特地邀约《传灯》的作者符芝瑛女士回来担任社长,现在的《人间福报》日见进步,发行量也续有增加。

我和信徒是"不共金钱来往",对佛教,我自认我也是信徒,我有钱,也是捐给常住,我没有钱,就自己暂时不用,绝不会向信徒借钱,信徒也不会担心我向他开口。许多信众,他捐了钱,也不会为了要名、要求感谢,这就是无相功德。真正地说来,佛光山的信徒,像"千家寺院、百万人士"建的佛陀纪念馆,不就是奉行佛法讲的"无相布施"吗?

关于人世间,我主张无论做什么事情都不要对立。有一次有一个徒弟问我一生有什么所长?我就告诉他:"与人为善,从善如流。"我也敢说,我做什么事情都是考虑别人的利益,不完全为自己的立场着想。我不跟人对立,我也善于化除对立的纠纷,因为我主张人间应该要"皆大欢喜"。所以,像现在两岸谈判,我的意思是:大家都不要有法执、我执,能够"皆大欢喜"不是很好吗?

另外,我也不轻易动用义工,我也不敢轻易地劳动别人为我服务。我认为人与人之间,不是说一定要用金钱物品去交换往来,我想"情义"才是最重要的。

但是,光是情义也不足,因为"皇帝不差饿兵",凡是年轻的人,或者是一些没有事业的人,他来为常住服务,我们也必须要替他想一想,肚皮应该要吃饱,他才有力量奉献。

我在佛光山跟徒众相处,我主张"订法要严,执法要宽",我觉得不是处处都用权力、都用理由、都用法令,来置人于无退步之地。我总想,多留一点空间给他,很多事情不说破,反而会更有效果。

至于做事情,有的事情,我要求很快要完成,有的事情,我要慢慢做。因为急不得的事情,需要精雕细琢,如:编藏,草率不得,一做三十多年。快的事情,如打扫整理,我一夜之间就要把它完成。

在动物界中,蚂蚁的团队管理很成功,主要是它有领袖蚁王;蜜蜂也很会管理,因为蜜蜂群里有蜂王。因此,人类的管理,也是要有领袖,如果领袖不行的话,这一个团体就会很糟糕。

佛光山僧团的成长,是靠每一个人的发心,奉献自己的心力,集体创作而成。图为男众学部在春节之前集体出坡挂花灯

佛光山以人间佛教的信念来凝聚众人的共识,因此,僧团的成长,是每一个人的发心,慈悲奉献自己心力,集体创作而成。我们"非佛不作,唯法所依",所以所有的成就,都不是任何一个人的力量能单独完成。我们以人间佛教的信念,"给人信心、给人欢喜、给人希望、给人方便",就是利益众生,欢喜无悔,所以不管再怎么辛苦都心甘情愿。在我七十四年的出家生活中,我确实受过十年严苛的管理人生。但是从严苛的管理当中,我学会了"不管而管"、"自悟自觉"教育的管理。所以我这一生,可以说,我用宽厚、平等、公平、公正、公开面对人事物,我想,那就是最好的管理学了。

慈悲無敵

佛光人的救苦救难

在救度过程中,面对惊惶无助的民众,
佛光人尽力做到观世音现千手千眼的大慈悲精神,
视一切众生犹如己身,
病瘦者给予医疗,软弱者使其刚强,
贫穷者令有所谋,无所归者令有所归。
好比《法华经》所说:
"愿以大慈悲,广开甘露门。"
希望以佛法船筏,摆渡众生,
让受难者免除灾难带来的恐惧不安,
走出阴霾,
重新面对人生,重新生活。

我虽然出生在一个贫穷的家庭,但是感谢父母生养我,给我受用不尽的财富,那就是养成我两个良好的性格:一是慈悲心,另一个就是勤劳。

说到慈悲,我从小就爱护动物,曾经为了所饲养的一只鸽子飞失,投河自尽未遂。对于小鸡、小鸭等许多幼小动物,经常喂食,也从不伤害,与它们感到特别亲热。

我不知道这个性格是好还是不好,只是大人们常常责怪我,"小孩子!自己都没有饭吃了,怎么还偷偷地把饭菜给猫狗吃?"或是"小孩子!怎么可以把家里的东西拿给别人?"虽然大人们常常这样责备,可是这种性格与生俱来,难以更改了。

后来出了家,接受寺院丛林的教育,这样的性格依旧。记得我在栖霞律学院读书时,知道栖霞山做过一件伟大的事情,那就

佛光人的救苦救难

呼吁信徒及佛光会员，投入四川震灾救援工作

是一九三七年对日抗战南京大屠杀的时候，寺里曾经收容过二十万名难民。当时担任新六军军长的抗日英雄廖耀湘也落难其间，藏身在难民群中。

那一次的难民收容，听说家师志开上人出力最多，后来家师可以在栖霞山授记为监院，接着担任住持，我想应该与此事有极大的关联。处在大时代环境里，耳濡目染，我也渐渐懂得一些救灾的常识。到台湾以后，参与各项弘法利生的工作，特别是救苦救难的事情，也就更习以为常了。

一九五一年，我在善导寺编辑《人生》杂志，当时各方面条件都非常不足，我曾一度以骨灰柜为床。有一天晚上发生了大地震，骨灰罐子摇动得很厉害，我还跟他们开玩笑说："你们可不要打到我的头哦！"

把物资送到高雄偏远山区桃源、甲仙、三民乡等地

之后传来灾情,以花莲地区受创最大。我商之于杂志的发行人东初法师说:"我们应该给灾区一些救助帮忙。"他也很慈悲地首肯,因此就用《人生》杂志的名义对外募集救济金、衣服和生活用品等物资。

那个时候,大家都很贫穷,募集工作实在不易,我总感到自己人微言轻,还不够资格从事社会的慈善事业,只有从基础做起,点点滴滴尽一点微薄力量,聊表寸心。可以说,这是我在台湾第一次主动发起参与社会救苦救难的工作。

跟着来的是,一九五三年朝鲜战争结束,大陆被俘的军人中,有人想要回去大陆,也有人要到台湾,我虽然有意前往板门店帮助这些军人,但考虑到正值国共对立,也无法插手帮忙哪一方;于是就募集了一些金钱、衣物,送给处在天寒地冻,北纬三十八度线这些苦难的中国人,表达一点的帮助。

尤其一九五五年,浙江大陈岛居民来台,老公公、老太太们,还有正在学习走路的婴儿,大家扶老携幼,一对一对,一家一家,一团一团地来到台湾,我们也仅能给予一些资助。可惜,我们那个时候也不知要怎么提供服务,只有把别人捐出来的金钱,转手交给那许

佛光人的救苦救难

佛光人的赈济活动，不分种族、不分国籍，期让千万民众受惠

多苦难的民众。从中，点点滴滴感觉到什么是助人为快乐之本，也慢慢体会到这许多助人获得的欣慰和欢喜。

同年，我落脚宜兰，第一次遇到强烈台风侵台，造成宜兰不少地方屋倒人亡。当时宜兰县国民党党部主委黎元誉先生专程来找我，要我陪他一起到各个受难的家庭送慰问金。我很乐意却又惭愧，因为自己阮囊羞涩，一毛钱也没出，都是国民党出资，我只是跟在黎先生后面跑跑腿而已。不过，或许是要我做个样板，表示社会救灾、人人有责。

这许多初期的救灾活动，是我生命中学习慈悲的过程。我在慈悲里获得了欢喜，获得了力量，所以每到逢年过节，就想送年糕、月饼到监狱。因为每次到监狱弘法，自觉单靠讲说是不够的，尤其不好意思两手空空的去；因此，总想带一些零食和慰问金，表示我

慰问香港"芝麻湾越南难民营",并为他们皈依三宝、开示佛法(一九八九年十一月)

的心意,除了说法,也要让他们受到实惠。

一九五〇、一九六〇年代,社会苦难的人士仍然很多,经常有一些需要救济的人士。尤其是文化界里,某些人假借刊物的主编、发行人的身份,总要来跟我们化个小缘;此外有一些社会运动人士,想做养老、育幼的工作,也希望我们给予他们赞助。这当中,有真实的,也有招摇撞骗的,我们也分辨不清,但还是会结缘个两三百元,让对方欢喜。

大有大难,小有小难,我们能将自己积蓄的一小点滴布施给人,就表示我们富有。如佛陀所说,施者、受者,同等功德,我们接受人家的供养、施舍,也给予人家救济、帮助,人人为我,我为人人,不就是人间最美好的佳话吗?

"九二一"大地震

由三个板块(欧亚大陆板块、冲绳板块和菲律宾海板块)挤压产生的台湾,素有"美丽宝岛"之称。受到地形和气候的影响,从北到南、从平地到高山,台湾拥有了热带、亚热带、温带、寒带等不同的气候型态,自然景观、生态环境也因此呈现丰富而多样。因为持续的板块运动,造成频繁的地震;再者,夏季气候高温、多雨,经常有台风发生,因此每年大大小小的灾情不少。就先一说近几年灾情最严重的"九二一"大地震吧。

这是发生在一九九九年的九月二十一日,当时,我正带领着佛光山梵呗赞颂团在欧洲弘法巡回访问。德国的电视台在晚间六七点时,播出台湾的南投县在凌晨一点四十七分,发生了里氏规模七点三级的强烈地震,全岛都感受到强烈摇晃。这可说是台湾百年来规模最大的地震,后来就称之为"九二一"大地震。

地震造成严重的灾情,根据统计,有近二万栋房屋倒塌,二千三百余人罹难,受伤者高达八千余人。灾区里的道路扭曲,路基流失,桥梁毁坏,山崩地裂,满目疮痍,群山水土像是在哭泣一般。灾情最严重的地区包括:台中东势、南投各个乡镇等。

我知道这是一件惊天动地的灾情,不是一时之间就能够复原,于是立刻要"佛光山梵呗赞颂团"的总策划慈惠法师兼程赶回台湾,协助政府处理善后。感冒中的慈惠法师立即动身从德国飞回台湾,航程近三十个小时,慈惠法师的苦情和我们的心情交会在一起,直奔台湾南投县。当时,依空、觉居、满庭、永固法师,以及李耀淳、陈嘉隆、陈隆升居士等人,也都在震后第二天马上赶往灾区了解灾情,成立指挥站,并且提供热食给受到惊吓的民众食用。

同一时间,我透过国际电话,呼吁全球佛光人成立世界性的援

台湾"九二一"大地震时,佛光山法师至南投灾区现场洒净(一九九九年十月二十一日)

助震灾中心,在台湾的北、中、南各设一个据点,以及二十余个赈灾处,总救灾中心就设在距离灾区最近的"佛光山草屯禅净中心",以便联络、整合佛光山全世界各别分院、佛光会的资源,全面展开救灾工作,并且委任依空法师担任总干事,同时佛光山停止所有的法务活动,全力投入救灾工作。

灾区所需要的帐篷、睡袋等卧具,矿泉水、泡面等食品,医疗用品、日常用品,佛光山各别分院都是一车一车地运送到救灾中心统一发放。另外,我们捐出五千多个棺木、骨灰罐、尸袋等亡者用品。为了让罹难者有所安顿,佛光山万寿园、台北松山寺、大溪和平禅寺(现更名为宝塔寺)、北投安国寺、基隆极乐寺等,也都提供龛位安奉。

在匆匆结束欧洲"佛光山梵呗赞颂团"的演出后,我即刻搭机经美国赶回台湾共赴患难。当我抵达洛杉矶的时候,灾情大致都已经明朗,最重要的就是为死难者进行入殓。问题是,灾区就是有棺木,但谁来协助亡者尸体清洗,放进棺木,为他盖棺,结束人的一生呢?这时

佛光人紧急备办各项物资,投入救灾

候才发觉到,物质上的东西再多,精神上、心理上还是需要宗教,一定要有个宗教的仪礼来为往生的人入殓,家属才会稍许获得心安。

另外,几十万名经过这次浩劫的民众,他们心理上的恐惧、不安,就不是救难人员可以安抚的。历经灾难受创后,有的人感觉到日夜天地好像都在摇晃,有的人在死难的家人身边号哭,有的人面对废墟一般的家,不知从何着手重整,甚至地方上的公教人员,协助救灾的阿兵哥们,都需要心灵上的治疗与安慰。这时候,只有靠着宗教人员为他们洒净祈福,做心灵的辅导。

当时,针对台湾中部百余间学校的全毁,"教育部"对外发函,希望社会人士能够认捐学校协助重建。一间学校的建设经费,少说也要几千万,甚至上亿元以上,我们可怜的宗教,平常都是靠别人施舍油香来弘法、从事建设,如果这时候没有捐献,社会上的人又会说:这许多宗教有什么用?你们也要捐钱建设!或者质问:宗教捐献在哪里?

法师们沿着大街小巷洒净祈福,带给灾民安定安心的力量

所以,衡量一下现况,就请慈惠法师打电话到"教育部",表明我们要认捐台中市东势区的中科国小、中寮乡的爽文国小、草屯镇的平林国小等三间学校的重建工作。另外,还参与了一些半倒学校的校舍修缮,如南投县富功国小的礼堂,南投县光复、永和、新民国小,草屯、名间国中,台中市大同国小等。另外,还有乐助学童的营养午餐、炊具等,总计也赞助了好几亿的台币。

好在佛光会成立近十年已经很有组织,由基本的会员和佛光山的信徒齐心合力,撑持救灾的工作。在我们率先响应各项认领之后,第二天慈济功德会等社会团体也都参加了认捐建校。那一次佛光山率先发起,相信对"教育部"而言,应该是解决了当前最大的难题了。所以,救灾要有智慧,慈悲要有智慧。

记得我还在洛杉矶的时候,记者们趁机围住我,频频地问:"佛光会与慈济,您们是如何救灾?"我说:"救灾,慈济是专业,我们宗教团体在这种灾难的时候,也只能尽心尽力,聊表心意,谈不上什么功劳,只是学习慈悲。"

灾情发生的时候,也有人疑惑地问:"寺庙怎么会倒?佛像怎么会毁坏呢?宗教自己为什么不能自救呢?"我认为,真正的信仰是在于相信自己能不能保护自己,而不是靠佛祖来保佑我们。佛像有生、住、异、灭,有成、住、坏、空,地震震倒了寺庙佛像,却震不毁我们的信心;地震震毁了我们的色身,却震不毁我们的慧命。

佛光人搭建临时帐篷,供灾民居住

依空法师也告诉我:"师父!佛祖真灵,地震发生时,有一间寺院的一尊佛像倒下来了,翻了,再翻,又一翻,之后自己就坐起来了。"我说:"依空法师,佛像也是有为法。他是像,倒下来跌坏了,这很正常,怎么能要求有相的佛像不倒呢?这是外道的想法,不是佛法。佛法讲无常,无常是平等的,房子要倒,桌子要倒,人会死,佛像一样会倒,重要的是我们的信心不倒。"

我赶回台湾后,首先领导佛光山的比丘、比丘尼在灾区诵经、祈福,安慰民心,并且在碎瓦颓垣中绕场洒净,稳定居民不安的心情,帮助灾区秩序的恢复。

这期间,许多家毁受难的眷属他们住的问题如何解决呢?佛光会首先发放一千五百个帐篷给需要的民众,当发放一空后,佛光山发挥了国际救援的力量,紧急从澳大利亚、加拿大、马来西亚、菲

为震灾举行联合公祭

律宾、泰国、韩国和香港等国家地区购买帐篷,一批又一批送抵灾区。据了解,当时送出了近万个帐篷。

但这也是一时的,总不能让所有受灾的民众,长年累月地住在帐篷里,在佛光会潘维刚理事和佛光会员的发起下,我们在中寮乡兴建了"永平佛光村","永平"是连战先生的名号,所以几百间的组合屋完成时,特地请连战先生光临,主持落成启用,因为这个名称与他有关,他也欣然参与。

佛光山这一次救人、建屋救灾,一忙数个月,动员人力共计一千二百多位出家法师及十万人次以上的在家义工,提供一千二百栋货柜屋,二百多间组合屋、帐篷、睡袋、棉被、毛毯、口罩上万个,光是捐出去的金钱有五亿多元,另外的日常用品、食物等物资百余卡车以上。

佛光会随后也号召、训练了二百位义工,组成心灵辅导小组,

南投县中寮乡"永平佛光村"启用赠送仪式

深入灾区长期关怀和协助,同时动员弘讲师、檀讲师,投入心灵再造行列。并在东势、雾峰、草屯、集集、竹山、中寮、水里、埔里、鱼池、南投、名间等这许多灾区设立了十余个"佛光园心灵加油站",透过各种心灵咨商、医疗义诊、共修祈福、文艺表演等活动,协助灾区的民众心理复健。

此次救灾工作,共分三个阶段进行:在第一时间排除万难挺进灾区,救急救难;第二阶段重建家园、校园;第三阶段进行心灵重建。尤其第三阶段,佛光会慈容法师带领会员协助灾区民众心灵复健,经过三年之后,才陆续结束救援工作。这是佛光弟子学习"慈悲"所上的一堂课。

秉持着佛光山四大宗旨之一"以慈善福利社会"的理念,我在一九七六年,便特地成立了"急难救助会",对于突遭变故者给予物质、金钱的救助,协助受难者渡过难关。随着天灾人祸不断发生,佛光山慈悲基金会更联合国际佛光会,将救灾的面向延伸至世界性重大灾难的救援、灾后的心灵辅导、灾区的重建等。今依时间先后,略述几项重大灾难救助及慈善救济。

泰北弘法义诊

一九八八年我率领"佛光山泰北弘法义诊团"到泰北弘法,那是我首次前往泰北,承蒙台湾救灾总会谷正纲、杨龙章先生、泰北救总工作团龚承业团长多方的协助,以及周志敏小姐、慈容法师的策划安排,才能在短短的三个月内成行。

我们一行近六十人,团员除了佛光山的出家众、信徒外,还有医生、护士、新闻记者,前后十天走访了万养、金三角、热水塘、唐窝、美斯乐、密尔、满星叠、帕当等二十个华裔难民村。在那里,看到人民的生活、物资、教育、经济等各方面都相当贫乏。

这一批中国孤军,他们离乡背井,没有居留权,吃不饱、睡不好,自力救济,一过就是二十年。我到达的时候,许多人感动落泪,不少人双手合十,跪下闻法。他们说:"没有饭吃还不打紧,没有佛法,精神上没有依靠,才是最大的苦难。"看到他们那种对宗教的渴求、对信仰的认真,不禁令人鼻酸。

为此,我亲自主持观音寺的开光,也举行皈依典礼。希望佛法为他们带来甘露,身心都能获得清凉安顿。另外,为了长期照顾这群流落泰北的难胞,我们成立了"佛光山信徒援助泰北难民村建设功德会",多年来提供医疗物质与精神救助,希望为数万名难胞带来光明。此外也由大慈育幼院领养六十名在泰北、印尼、马来西亚、南非、越南等地区的难民后代。

率领"佛光山泰北弘法义诊团"前往泰北服务,与当地居民合影(萧碧霞师姑提供)

美国"九一一"事件

还有一件震撼世界的事情,那就是二〇〇一年九月十一日美国纽约世贸大楼、华府五角大厦,遭到恐怖分子撞机袭击,造成二千九百多人不幸罹难的"九一一"事件。当时,一经电视媒体播出,举世震惊,美国其他地区撞机的恐怖行为持续发生,全球笼罩在风声鹤唳之中,世界秩序受到极大的冲击。

当时,我们已经安排好美加弘法行程,为了安顿民心,不顾众人反对,我坚持依约前往,同时指示纽约道场成立急难指挥中心,发动佛光人响应各项救灾工作。我也率领僧众弟子,到双子星大楼灾难现场洒净祈福。

美国"九一一"事件,率梵呗赞颂团全体法师前往现场洒净,为不幸罹难者超荐祝祷(二〇〇一年十月十九日)

在祈愿祝祷的时候,我说:"在'九一一'事件中,你们无辜殉难了。你们大多是基督教、天主教的信徒,你们所信仰的上帝必定会来接引你们到天堂安息。我们是来自东方的佛教徒,此来一是表示关心慰问,同时也为你们诵经助念,希望为你们助长因缘,上生天国。世间一切的纷纭扰攘,也希望你们就此放下,你们的亲人将会因为有政府和爱心人士的协助而得到帮助,甚至为美国的安定富强而贡献力量,你们就放心去吧!"

同时,我也将那一次佛光山梵呗赞颂团美加巡回演出"恒河之声"所得二十万美元,赠予纽约市府协助"九一一"事件灾后重建。

这次的灾难,也碰巧让国际佛光会新泽西协会会长魏建国遇上,他上班的地点正是世贸大楼七十四楼,平时体弱的他,在灾难发生时凭着对佛菩萨的信念，称念观世音菩萨圣号，跟着大众一步一步往下逃生。走出大楼后，回头仰望上班的大楼，已经被熊熊烈火吞噬，这时心中起了一个预感，大楼可能会倒，于是再步行三条街，发现街上所有的人纷纷往前狂奔。转眼间，大楼真的坍塌了。劫后余生的他，对佛法的信心倍增，积极参与佛光会活动，珍惜把握每一份善因好缘。

事件既然已经发生，这不只造成美国伤痛与损失，也让全世界人民因恐怖攻击行为而感到不安。现在最重要的是如何善后，武力报复终非究竟解决之道，唯有以慈悲的力量来降伏暴力，才能达到永久的和平。

SARS 疫情

此外，二〇〇三年"SARS"（严重急性呼吸道症候群，大陆称"非典"）疫情风暴，袭击亚洲地区，造成民众身心陷入恐慌、焦虑、不安。尤其，台北市立和平医院爆发院内感染，造成多名医护人员的牺牲。疫情扩及全台北市，重创了台湾 SARS 医疗防护网。当时我正在日本弘法，听到这个消息，也感到相当的忧虑。为了安抚众人惊恐的心，特别发表《为 SARS 疫情祈愿文》和《写给和平医院遭隔离人士的一封信》。

SARS 疫情发生期间，全球各地佛光协会共捐赠 N95 外科医疗口罩四十余万个、美金二十二万元、隔离防护衣十万余件、体温计三千支给台湾，作为抗 SARS 之用。我们也出席由高雄县政府联合各宗教，在高雄劳工中心举办的"挥别 SARS，平安台湾"祈福感恩晚会；之后也应福建省厦门市南普陀寺住持圣辉法师之邀，前往厦门参加南普陀寺举行的"两岸佛教界为降伏'非典'国泰民安世界和平祈福法会"。主要告诉大家，非典肆虐乃众生业力所致，

与高雄县杨秋兴县长、单国玺枢机主教,于高雄劳工教育中心举行"挥别SARS,平安台湾"祈福感恩晚会,一同点灯为民众祈福(二〇〇三年六月十四日)

降伏非典的重要武器是净化身心,人人做好事、说好话、存好心,内心有了善的力量,就能消除恶业。祈求早日脱离SARS阴霾,人心安定。

南亚海啸

同样发生在亚洲的,是二〇〇四年十二月二十六日的南亚海啸,那正是我在台北"国父纪念馆"进行年度佛学讲座的最后一天。透过电视媒体播报,印尼苏门答腊发生了九级的强震,引发巨大海啸,重创了东南亚地区的印尼、泰国、马来西亚、斯里兰卡、印度等国,造成二十三万人死亡及失踪,百万人骨肉离散、家园尽毁的人间悲剧。

有过台湾"九二一"大地震的经验,我立即发动全球五大洲的

佛光人的救苦救难

南亚海啸发生，佛光山全球各道场，发起"百万佛光人世界同步念佛祈福超荐"（二〇〇五年一月一日）

佛光山信徒、国际佛光会会员，展开紧急灾难救援，用最快的时间投入大量的人力、物力，进入灾区进行救助，帮助南亚受灾区度过这次浩劫。

这当中，国际佛光会发挥了极大的力量，在印尼方面，苏北等佛光协会于灾区进行物资发放工作。印度地区，由马得拉斯佛光协会协助受灾民众紧急疏散，迁移到当地的学校、教堂等安全地区安置；安德拉佛光协会则全力支援灾区勘查，并即时赈灾。而泰国曼谷佛光协会则结合当地政府、军方进行赈灾，同时透过直升机，直接进入灾区救援。

救灾重点放在协助当地居民生活上的安住，提供住所、生活必需品，并给予罹难者家属心灵安慰，以及往生者的后事处理。同时，响应台湾"行政院新闻局"发起的"明天过后·一万个希望"系列活动,我们认养了五百位孤儿,让失怙的孩子得以平安成长,并有接受教育的机会。

灾后一年多,佛光山、国际佛光会从"赈灾、救济、重建家园、心灵辅导"四个方面,针对灾区幼童的教养问题,居民就业生计、居住、健康等问题,结合当地政府及其他非营利组织,协助重建学校、启建孤儿院、兴建房屋、成立"南亚海啸妇女和学子就职训练所"等,希望他们能够早日重建家园,生活恢复正常,同时也让他们知道,海啸虽无情,但人间有爱。

"五一二"汶川大地震

近几年在大陆方面最重大的灾难,应该就属二〇〇八年五月十二日下午二点二十八分,在四川省汶川县发生的规模八级的大地震了。这个相当于四百颗广岛原子弹能量的地震,在十万平方公里的区域瞬间爆发,造成甘肃、陕西、重庆等十六个省区市严重的灾情。据统计,这一震,有超过八万人罹难,二千三百万人痛失家园,两万多家工厂受灾,五千多个具有规模的企业停摆。

地震发生后,电视台迅速播报汶川地震所带来的惨重灾情,我知道这件灾情不容小觑,即刻拨打电话给国家宗教事务局长叶小文,表示捐款人民币一千万元,以及提供灾区相关需要的救灾物品,借此呼吁大众共同响应救灾。同时,也在台北紧急成立佛光救援指挥中心,由佛光会世界总会秘书长慈容法师担任指挥,觉培法师为总干事,发起"送爱到四川"赈灾机制,以实际的行动,支持汶川的受灾民众。

这次的救灾行动不是想象中的容易,在召集相关人员开会后,决定发动紧急救援计划,结合台湾、香港、马来西亚佛光协会,以搜

佛光人的救苦救难

前往四川江油市出席"二〇〇八一家亲·手足情心灵呵护之旅"开幕典礼暨七十二部救护车、轮椅捐赠仪式（二〇〇八年七月二十二日）

救、医疗、物资、人道"四合一"的机制，组织救援团队，并在四川省宗教事务局长王增建先生的协助下，带着募集到的百万吨医疗物资，深入驻扎重灾区青川木鱼镇，为偏远地区进行搜救、医疗、人道等各项服务。

随后，根据传回的消息，准备好灾区所需要的物资，在蒋孝严先生的协助下，经由扬子江货运航空直航成都，把救援物资送进灾区。这也是首次大陆直航台湾的航运机。

在紧急救援任务阶段性完成后，佛光人的脚步并未停歇，救援指挥中心再次指派觉弘法师、陈嘉隆、朱唐妹、李耀淳、宋耀瑞等人

马来西亚佛光人救援队发挥了及时救援的机制（蔡荣丰摄，二〇一二年十一月）

前往四川，与四川省宗教局、四川省政府签定《灾后重建计划协议书》，佛光山、佛光会将协助四川政府共同投入灾后心灵关怀工作，希望在最短的时间内，让受灾的民众身心获得安顿。

在灾情稍稳定后，我带领了百位佛光人前往汶川致意，协助重建江油市的彰明中学、彭州县的三昧禅林等佛教道场十六间，以及兴建三昧慈善医院；同时，代表全球佛光人捐赠四川省政府救护车六十七辆、轮椅二千台，并前往重灾区成都市彭州银厂沟、三昧禅林等，为不幸罹难者诵经、洒净。

在捐赠的会场上，我告诉所有四川的人民说："我不是来救济的，我是来报恩的。我从小就喜爱阅读李白、杜甫、苏东坡等人的文章，他们出生于四川，他们的学问、思想，营养了我、丰富了我，让我在文学意境中成长。甚至少年时看《三国演义》刘关张'桃园三结义'，诸葛亮'六出祁山'，都助我成长，这次四川有难，我是抱着感恩的心到来，感恩四川人给我的滋养和智慧。"

我认为，施者、受者本是一家人，毋须言谢。只希望借此因缘，愿四川的民众化悲痛为力量，奋起飞扬。

莫拉克"八八"水灾

除了海外的急难救助，在台湾，因为夏日多台风，挟带的大量

前往四川省成都市彭州市九陇双松村茶陇山三昧禅林,为佛光山赞助兴建的三昧慈善医院主持奠基典礼(二〇〇八年七月二十一日)

雨水,经常造成水患。小规模的灾害姑且不谈,在台湾南部造成的大规模灾害就有好几起,像:一九九四年的高雄冈山"八一二"水灾、二〇〇九年发生的莫拉克"八八"水灾都是。

　　一九九四年由于受到道格台风离台引进强大西南气流的影响,高雄地区降下八百三十五毫米雨量,受灾最严重的冈山嘉兴里,淹水深度高达三公尺,连日豪雨造成台湾南部的"八一二"水灾。那个时候,南部如汪洋,高雄就像一片水乡泽国,连佛光山也是满山狼藉,成为受灾区。当时李登辉先生搭乘飞机南下高雄视察,说出了一句话:"请佛光山和慈济赶快救灾。"

　　其实,佛光山早在第一时间内就在灾区进行救灾,除了不断运送便当、馒头等食物给灾区的民众外,也协助部队救援。政府行动

台湾莫拉克"八八"水灾时,佛光人投入救灾工作

后,我想慈济功德会,跟着也会不断地提供灾区的救助行动。

高雄的水患来得急,去得也快,动用军队协助,民生问题很快就复原。但"八八"水灾就不是这么简单了。

二〇〇九年"八八"水灾,根据"水利署"统计,这次台风最大时雨量在屏东地区,每小时一百三十五毫米,两天雨量共计二千五百多毫米;高雄一年的雨量,集中在三天内落下,也有二千五百多毫米,创下了台湾百年来最高的降雨量,使得高雄平地淹水,山地引发土石流,造成通行道路中断,屋毁人亡,计有六百八十余人往生,原本是欢乐团聚的"八八"父亲节,意外引发不少家庭破碎。

南台湾灾情陆续传出,屏东低洼地区水患连连,民众无法外出,受困家中,妙璋、觉培、妙喜法师在第一时间带领佛光人,在军队协助下,搭橡皮艇进入灾区,发送便当给受困居民。但发送到屏东佳冬乡时,因为四处是养殖场,四周布满铁丝网,橡皮艇一进入就被铁丝网割破,加上水位又高,装甲车也进不了,让救助工作一度陷入困难。

后来,佛光会员告诉我,水灾发生时,因为林边溪溃堤,而且又逢大潮,导致佳冬乡一片汪洋如海,海水挟带大量泥沙涌入佳冬乡,渔民损失严重。当大水退后,鱼的尸体膨胀腐烂,加上太阳日

高雄莫拉克"八八"水灾时,佛光山于总本山的福慧家园紧急成立安置中心,有床位、睡袋、枕头,及卫浴用品等,并有医疗人员驻站照顾灾民(二〇〇九年八月十四日)

晒,整个乡镇空气弥漫着腥臭味。屋内屋外,泥沙淤积几乎有半个人高,难以清理。为此,佛光会员、信徒们,每天出动三百余位义工,为屏东林边、佳冬、永乐村等十二个乡镇,协助住户、学校清洁整理。

而在高雄县旗山、六龟、甲仙、那玛夏乡,乃至嘉义、台南、台东山区亦传出山崩、土石流灾情。觉培、满益、觉来、觉禹法师以及佛光童军团执行长李耀淳等人,带领佛光人深入灾区了解各地灾情,并分送物资。

已经拥有多次救灾经验的佛光山、国际佛光会,在灾情传出后,立即成立"佛光山救灾中心",由总指挥慧传法师坐镇指挥,动员各个别分院道场、佛光会,全力配合投入救灾的各项工作。同时屏东南州也设置了"南区灾区前进指挥所",统筹调度所有救援物资。

佛光山及各个别分院每日每餐供应二千多个便当,总计十万余个便当给各地区需要的民众,甚至还连夜熬煮姜汤,提供高屏地

新西兰佛光山住持满信法师(右一)与佛光人开会讨论协助新西兰基督城震灾事宜(二〇一一年)

区救灾的军队、民众饮用。其他各项民生物资,如:衣服、睡袋、毛巾、矿泉水等生活必需品,也陆陆续续提供至灾区。

其间,通往六龟的二十七甲线公路,整个道路已经被冲断,觉培法师担心当地居民安危,仍不顾山路危险,带领着佛光会员前往。惊险的是,由于路基皆已被冲毁,只能靠着绳索攀着崖边通过。突然间河水上涨,救灾人员因脚滑,差一点连同食物掉下去。而慈悲基金会妙僧、妙仁法师更招募专业医疗人员,组成"佛光医疗队",每天前往十五个灾区据点,提供即时的医疗诊治。

这次救灾过程,动员了佛光山僧信二众千余人次,配合各地政府机关、军队协助下,搭乘救生艇、直升机、装甲车、四轮传动吉普车等各项交通工具,为的就是希望在第一时间内,完成救灾工作。

跟后,传来小林村、桃源乡等位于山区的民众,陆续在政府协助下寻求安置。面对如此庞大的群众，高雄县长杨秋兴请求佛光山支援安置受灾的民众。不说二话，佛光山立刻在旗山禅净中心、本山的福慧家园分别成立安置中心，提供重灾区民众一个安顿处，成为全台第一个最大的安置中心，以及收容人数最多的安置所，总计有三千四百余人次进住。

当时，我交代所有的徒众一个原则："这是让我们学习山上居民生活习惯的机会，居民已经失去家园，尽量让他们自在，不要让他们觉得有寄人篱下的感觉。"为此，本山特别为他们开辟一个"吸烟区"与"槟榔区"；为了尊重部落的宗教信仰，还设置"祈祷室"让牧师、神父、修女进来为居民祈福。另外，怕原住民吃素不习惯，由佛光山出资，协调山下的餐厅，两天一次为他们办桌，提供荤食。

此外，我们也由"云水书车"提供各类书籍给幼童阅读；大慈育幼院开设"儿童乐园"让小朋友有游乐的空间；佛光青年带着原民青少年打篮球、游戏。为了抚慰居民的情绪、精神，佛光山亦征召专业的医护师、心理治疗师，提供咨商服务；佛光山大众二十四小时不打烊，予以"关怀服务"。

负责工程的慧施法师也在短短十天内，协助完成三民国中在佛光山普门中学复学的各项住宿等硬体规划、装潢；普门中学校长林清波、副校长蔡国权则带领老师腾出办公室、教室、宿舍，让三民国中灾区学子安心就学。

佛光山也获得了这许多原住民朋友的感情。当他们住了近一个月的时间后，纷纷归去。之后，只要山上有什么活动，他们都会组团前来参与。例如春节义卖、园游会、各种的民俗表演，至今往来不辍。

在这一场救灾工作中，除了物资的救济之外，国际佛光会中华

总会捐赠一千万元台币予"内政部",作为此次莫拉克水灾的赈灾款项。为这许多受灾地区捐建九座图书馆,并且赞助五百万元台币邀请纸风车剧团为灾区的儿童演出,让灾区的儿童能观赏大型的艺术文化表演。同时,也启动了各种助学方案,"云水书车"、云水医院不定期前往关心。

政府为了对莫拉克台风罹难者表达追思、抚慰罹难家属,在高雄市综合体育馆举行"八八水灾追悼大会",由马英九、萧万长、"五院院长"及各县市长,代表全台同胞共同追悼。佛光山等各宗教也都派人前往祈福祝祷。在追悼大会中,不分党派、不分宗教,每一个人都是怀着为生者、亡者祈福的心而前来,人人同心携手,一起重建家园。

回顾佛光山自开山以来,不仅致力慈善工作的推动,并且推动育幼、养老、疾病医疗,到往生后的骨灰安奉等弘法工作,人一生的

佛光人的救苦救难

为了追悼二月二十二日在新西兰基督城地震的伤亡者，基督城市政府和基督教大教堂于海格利公园，联合举行全国追悼会，佛教界由新西兰佛光山住持满信法师代表出席（二〇一一年三月十八日）

生老病死都全面照顾了。

除了上述的灾难事件，尤其近十几年来，各种灾情的消息真是无日无之。例如：台湾在一九九四年的"凯特琳"台风、一九九五年菲律宾"罗辛"台风及日本阪神大地震、一九九八年棉兰佬旱灾、二〇〇二年华航"五二五"空难、二〇〇五年美国的新奥良市"卡特里娜"飓风、二〇一一年泰国水灾等。全球各地的佛光人，都在闻讯后第一时间前往，可以说哪里有灾难，哪里就有佛光人的身影。

此外，二〇一一年二月二十二日新西兰基督城大地震一发生，我们立即在新西兰南岛佛光山启动救援机制，由满信、觉西法师带领佛光人，每日免费提供热食、医疗用品、清洁用品、免费上网，以及为受灾民众消灾、为罹难者超荐。同时，配合警方支援翻译、寻人，提供办公场所及设备，协助媒体进行资料传输等相关工作，并且捐出十万新币给新西兰红十字会救灾。

而基督城市政府为了追悼这次罹难者,和基督教大教堂联合主办全国追悼会,计有十万民众参加。满信法师应邀代表佛教界出席,与新西兰总理约翰·基(John Key)、英国的威廉王子、新西兰总督萨提雅南(Anand Satyanand)、澳大利亚总理吉拉德(Julia Gillard)、毛利族纳塔胡部落(Ng aiTahu)长老,伊斯兰教、基督教、兴都教等各宗教界代表,共同祈福。

基督城大地震后不到一个月,日本东北地区于三月十一日也传出发生大地震,引发海啸,造成逾二万人往生、失踪,二十多万人流离失所。时值低温五度的寒冬,救灾工作更加艰巨。灾难发生后,日本东京佛光山立即成立救灾中心,由满润、觉用法师等带领佛光人,前往受灾最严重的宫城县提供热食,及各类物资的发放。

全球佛光人全力投入募集物资、募款,甚至位于佛光山台北道场前的五分埔商家,在佛光人招募下,所有业者二话不说,共同捐出了五万件冬衣、睡袋、干粮等,透过政府赈灾专机运往日本。海内外所有的佛光人,勉力给予急难救助,都是想尽一点佛子的力量,让佛陀的慈心悲愿,普润苦难的众生。

二○一一年五月,我们在台北凯达格兰大道举行"法定佛诞节暨母亲节庆祝大会"时,日本山梨县前议长深泽登志夫、日本净土真宗本愿寺代表藤丸智雄等人,特地组团到台湾参加,带来贺电与感谢状,感谢台湾各界对日本东北大地震全力的支援与协助。

在救度过程,面对惊惶无助的民众,佛光人尽力做到观世音菩萨现千手千眼的大慈悲精神,视一切众生犹如己身,病瘦者给予医疗,软弱者使其刚强,贫穷者令有所谋,无所归者令有所归。好比《法华经》所说:"愿以大慈悲,广开甘露门。"希望以佛法船筏,摆

佛光人的救苦救难

佛光人为日本"三一一"大地震,募集救援物资(二〇一一年三月)

度众生,让受难者免除灾难带来的恐惧不安,走出阴霾,重新面对人生,重新生活。

但我们不愿标榜这些,因为知道,再多的钱财,会有用尽的时候,济人燃眉之急,仍然无法息灭心中的三毒。唯有佛法的布施,才能更进一步净化心灵,获得究竟的安乐。

流水行腳
明月禪心

云水行脚走天下

今年我已经八十六岁,
回忆起数十年来,
当我在世界各地考察、讲演、开光,
或主持皈依、巡视道场、为佛光会授证时,
经常都会受到当地信众、人士的热心安排,
而有增广见闻的机会。
事实上,对于游览,我的兴趣并不高,
总觉得法界就在心中,
最重要的还是将佛陀的法音弘扬至各地。
尤其,历经了七八次的访问之后,
我凭借着各地旅行的见闻,
在世界五大洲建设了佛光山的别分院,
在意义上,应该已经超越旅行的价值了。

少年的时候,常听人说:"读万卷书,行万里路。"对于这种逍遥自在的人生,也就非常向往。出家以后,知道"一钵千家饭,孤僧万里游",更觉得云水生活,实在诗情画意。后来,念到《顺治皇帝赞僧诗》:"天下丛林饭似山,钵盂到处任君餐"时,更是感觉到出家的生活真是无比美好。但是,可怜的是,在我出家的最初十年,只有到过两个地方,一个是南京,一个是镇江。一直到了要来台湾,才经由上海抵达台北,那时候我已经是二十三岁了。

在台湾,社会上一般的人,无论老年、青年或学生,都向往出去,中老年人想要出去旅行,青年人则想要出去留学。台湾光复初期,我们眼看着天主教、基督教的教会,以道德重整、文化访问等各种名义,把青年人一批一批地送出去留学。可怜的,佛教界的长老们却都压制佛教人事,不准许人出去。加上政府对于佛教人事的管制也很苛严,所以一直到了一九六三年,拜国民党社工会之赐,要我参加"中国佛教会访问团",我才有这么一个机会,访问亚洲的佛教国家。

在我青年的时代,对于出访、参学,兴致很高,但是到了中老年后,却视出访为畏途。虽然如此,我还是走遍了地球五大洲。今借辛亥百年的因缘,也把一些参学旅行的心得,在此一叙。

亚洲

泰国

承如前言所说,我第一次出访,是一九六三年随着"中国佛教会"佛教访问团,到东南亚各个佛教国家做访问。

第一站到泰国,我们见识了属南传佛教的泰国,佛教在社会上的地位和力量。据说光是曼谷,就有十五所具有规模的华人佛学社团。此外,还有华僧教团的组织。

我们到泰国访问的行程是受泰国政府邀请的,所以初到泰国廊曼机场的时候,泰方就安排了两千多位比丘列队欢迎。在盛夏的七月里,南传佛教比丘披搭金黄色的袈裟,偏袒右肩,整齐的队伍,让我深深感叹中国佛教不容易有此盛况。

泰国政府为我们安排了十天接待的行程,和四天自由访问的时间,除了拜见泰国僧皇,接受普密蓬国王的宴请,也参观了只有国家庆典、佛教节日才开放的玉佛寺,以及湄南河畔的朱拉隆功大学、古色古香的云石寺,尤其目睹了南传佛教至今仍然保持的佛教传统——早晨"托钵乞食"的盛大队伍。

甚至,我还应泰国方面邀请,参加佛教辩论会。会中,我提出以团结、统一、动员做为讨论的重点,并引起了在场的大德、法师们一致赞成。直至今日,我仍然以此勉励僧信二众要集体创作,才能

率团前往泰北美斯乐、金三角、热水塘等偏远地区弘法义诊,并成立"佛光山信徒援助泰北难民村建设功德会"(一九八八年三月五日)

发挥弘法利生的力量。

印度

在台湾时,我们光是办理到印度访问的签证,两个月就花去几千美金的电报费,也还一无消息。后来到了泰国,真要感谢驻泰官员杭立武先生(一九〇三年生,安徽人),他只利用一个下午的时间,就替我们办好了签证。这是我最高兴的时刻了,因为我终于能到佛陀的祖国去访问了。

在泰国访问两个星期之后,七月八日下午,我们搭乘五时三十分的法国航空公司班机,前往印度加尔各答。飞机起飞时,正当太阳西下,我们的飞机一路追着太阳跑,经过两个多小时的航程之后,才终于抵达加尔各答,原以为已经天黑了,没想到,由于时差关系,此时,太阳也才刚刚沉入地平线。

我们在泰国、印度访问期间,都有许多华人接待,很感谢他们的盛情,但是我们的目的,并不是观光旅游,只是带着虔诚恭敬的心想到佛地朝圣。

那时候,台湾与印度已没"外交"关系,加之大陆和印度为了边界问题,正在纠纷中。因此,我们在印度朝圣的途中,也就显得格外紧张和肃穆。当我终于如愿踏上了佛陀成道的菩提树下、金刚座边的土地时,不禁也要激动得热泪盈眶。

于印度加尔各达博物馆前
(一九六三年七月九日)

那是一个清晨,天刚亮不久,满地都是露水浸淫的泥土。但是,我不觉得肮脏,只感觉到圣地的泥土都是芬芳的,都是清净的。当我缓缓地礼拜下去时,心中不觉油然生起了"佛在世时我沉沦,佛灭度后我出生,忏悔此身多业障,不见如来金色身"的慨叹。

之后,我们来到佛陀修道的苦行林中,我一直寻寻觅觅佛陀的身影;来到尼连禅河边,也怀想着当年佛陀过河的情况。我还到了鹿野苑佛陀初转法轮的古塔,以及他为五比丘说法的说法台;见识了灵鹫山的风光,也看到了频婆娑罗王建立的摩羯陀国竹林精舍。我在恒河边上沉思,也在佛陀涅槃塔的边上静坐,当然,也到了佛陀诞生的蓝毗尼园圣地。

关于朝圣的心情,在这里就不再多说了。不过,此行在印度最大的成就,应该就是和尼赫鲁总理的见面了。尼赫鲁总理是世界有名的领袖,一八八九年出生。关于我和他见面的情况,可以参见

印度"五比丘塔"。距离鹿野苑遗址公园西南方一公里处,为五比丘迎佛处(一九六三年)

《国际领袖们的交往片断》。

所谓"法不孤起,仗境方生",由于一九六三年在印度朝圣的旅程,经由我在《海天游踪》发表后,掀起了印度朝圣热。因此,入境最困难的尼泊尔,我还特地拜托他们的皇叔洛克达桑(Lok Darshan Bajracharya),放宽尼泊尔签证,结果不但获得他的慨然允诺,竟还送给我一颗雨花舍利。可以说,我对于之后前往印度的朝圣者,也给予了一些方便。

我第二次到印度,是在一九七九年。那一次,由于第一次朝圣行造成的影响,很多人都想到印度朝圣,所以,我们就组了两百人的大团,委托信达旅行社代办,一行人浩浩荡荡地就前往印度了。团员中有《读者文摘》的总经理陈嘉男先生,有康华大饭店的康万和总经理,有佛教学者杨白衣教授等。

信达旅行社为了我们这一个大团要去印度,还特地买了一部汽车要送我。我当然拒绝他们,总觉得,出门参访本来就应该给旅行社赚钱的。总之一句,我不要贪心就是了。

到欧洲,要有两千人去,不是问题;到印度,不要说两百人,恐怕连二十人都很困难。因为印度交通的不确定性,往往早上开车出门,到了深夜才能到达目的地。更严重的,沿途连一间厕所都没有。不过,台湾的佛教徒还是了不起的,虽然朝圣困难,大家基于

率领"佛光山印度朝圣团",于泰姬陵前合影。(慈容法师提供,一九七九年十二月二十二日)

朝圣的虔诚心理,也都不去计较。后来,有人索性地就发明了一个方法,在大树下,用一块布或一支阳伞遮挡,作为临时厕所。

　　印度朝圣的困难,还不只如此。天气的酷热,让过去不少到印度朝圣的人,由于水土不服,丧生异域。如近代的续明法师,朝礼完毕,因为肝病发作,四十多岁就往生了。而古代求法的高僧们,能可以平安到印度又平安回到中国的,更是不到十分之一二。例如:《高僧传》里记载法显大师和玄奘大师,一个由陆路去,海路回;一个由陆路去,陆路回,他们能够成功地回到中国,可以说是一个异数。想想,我还真是大胆,竟带领了两百人,乘坐着六部大型巴士在印度境内到处游览。

　　由于这一次到印度的因缘,我们随行的团员、信徒们在蓝毗尼园也捐了不少钱给尼泊尔政府,作为重建蓝毗尼园、复兴佛陀诞生圣地之用。后来,我们也有心要在印度办教育,经过僧信二众的努

率团前往印度朝圣,在佛陀成道的金刚座下合影。我左右两边分别为慈容法师和慈庄法师(佛光山宗史馆提供,一九八三年一月六日)

力,历经了十数年,直到现在,才完成印度佛学院和孤儿院的兴建。

继这一次访问之后,我又多次前往印度访问。由于大家朝圣的热忱,也启发了我在印度办理三坛大戒戒会的想法。那一次,在菩提迦耶举行的三坛大戒戒会,台上十师都是南北传佛教的长老,有斯里兰卡的达摩罗卡法师、印度的悟谦法师、马来西亚的达摩难陀法师、柬埔寨的僧王德旺法师、香港僧伽会的会长永惺法师等。戒子则有来自世界二十余个国家的一百三十余位沙弥尼。

能在佛陀的圣地,恢复两千六百年前的戒会盛况,真是要感谢佛光山护法信徒们的支持,才能完成这一件历史的任务了。

其实,早在佛光山于一九九八年在印度举行三坛大戒之前,透过依华法师的居中介绍,当地华人就把早期新加坡侨领李俊承居

为纪念印度佛教复兴之父安贝卡博士带领五十万民众皈依佛教五十周年,应邀前往印度安得拉邦省海德拉巴市,主持二十万人皈依三宝大典(二〇〇六年十月十四日)

士在鹿野苑兴建的一座中华佛寺,交由佛光山管理了。那时,佛光山派遣慧性法师前往经管。

慧性法师,马来西亚籍,为人耿直,我想必定是他讲话得罪了人,所以后来当地的华人就排挤他,把他赶走,中华佛寺也因而被信徒强占了,殊为可惜。

不过,佛光山僧团人多,大家也都有为教奉献的热诚。因此,前仆后继地,又有佛光弟子满净、觉明、妙如、慧思、慧显、妙轩等前往印度。尤其后来觉明在德里大学获得博士学位,妙如在菩提迦耶兴建孤儿院、佛学院,也接引了很多的印度青年学佛。乃至于他们在印度新德里、大吉岭拉达克,以及邻国尼泊尔、不丹等地也都成立了佛光协会。

二〇〇六年,为了纪念印度佛教复兴之父安贝卡博士带领五十万民众皈依佛教五十周年,阿难佛寺的住持僧护法师,在南印度发起二十万人皈依,我还应邀前往主持。但是,话又说回来,印度人对于数据似乎不太重视,二十万、两万、两千在他们看来,好像都是差不多的。不过,我在南印度还是捐助一间寺院五万美金,总觉得,发展佛教,也不一定都要由我们亲自去那里主持。

行程中,我们也参观了几个佛教圣地。尤其来到龙树菩萨的故乡,看到过去龙树菩萨在那里发扬大乘佛教教义,奉献佛教的精神,即使现在只余留下一点遗迹,剩下博物馆里的石头雕刻、碑墙,但是他的思想和智慧,依然为后人所敬佩。

现在,全印度都撒下了复兴佛教的种子,佛教成为救世的光明,未来佛光普照的一天必然会来到。我想,这也都是旅行、朝圣得来的成果吧!

马来西亚、新加坡

结束印度的行程,接着是访问马来西亚、新加坡。当时,正逢他们在第二次世界大战后,想要合组联邦政府,成为马来西亚联邦。虽然我对于马来西亚、新加坡的政治情况并不是很了解,却也能感受到大战后,希望团结、希望合作的人心思潮,真是为世界带来了一片和平、美好的气象。

我们的访问行程,一路从素有"东方花园"之称的槟城,往南到小镇太平、山城怡保、首都吉隆坡、大马最早的古城马六甲;再从南马的河口城市麻坡,乘坐三小时左右的汽车转往新加坡。

沿途,我们不仅参访了马来西亚佛教会,拜见了德高望重、在文艺方面深具修养的竺摩法师,也与世界佛教徒友谊会副会长、菩提学校校长毕俊辉女士见了面,还瞻仰了菩提学院、洪福寺、香林觉苑等慈航法师当年弘法的道场,不禁感佩于慈老当年在新马打下的弘法事业基础,希望未来能有更多的大德高僧继续给予发扬光大。

访问之行来到了新加坡后,我们又接受安排,前往访问当地佛教界最有名望之一的光明山普觉寺宏船长老,并且到了新加坡最大的丛林双林寺拜访。

在马来西亚、新加坡,由于有我很多的杂志读者,承蒙他们对我的厚待,以及和许多师友见面的欢喜,都令人感觉到旅行的意义非凡。但是,另一方面,我也看到了新马一带,佛教年轻后继者寥寥无几的情况,也就更加深了我注重教育,培养人才,以延续佛陀慧命的目标与责任。

菲律宾

新加坡的访问行程圆满之后,我们乘坐泛美航空飞往菲律宾。抵达菲律宾之后,更加感觉到华人强大的经济力量,也难怪这许多国家会有排华的举动了。因此,当我见到菲律宾总统马卡帕加尔时,就向他提出希望透过访问来增进彼此了解的想法,并且还表达了希望菲律宾政府能够支持华人,共同建设菲律宾的心愿。

马卡帕加尔总统真不愧是一位民主的总统,虽贵为天主教国家的总统,也表示非常欢迎我们到菲国传教。

日本

这一次访问,除了目睹泰国南传佛教盛大的阵容,感受到新马、菲律宾佛教徒的信仰热忱,也见识到日本佛教的教团力量。

日本虽然战败了,但是在美国的扶持之下,经济很快地就复苏,已可看出国家再起的希望。尤其日本新兴的教团,如:立正佼成会、灵友会、生长之家、创价学会等,都为二十世纪的日本佛教带来新生的力量。

乃至于日本传统的佛教,如:净土真宗、临济宗、曹洞宗、高野山的真言宗,以及奈良的佛寺等,也都让人感觉潜力无穷。只是,他们已经废弃了比丘的制度,僧侣的身分只有"和尚"、"亲教师"的意义,比丘尼的教团也已日渐式微。不过,一些佛教的学者,如:冢本善隆、水野弘元、中村元、平川彰等,还是很受整个国家和社会的尊重。

香港

此行的最后一站是香港。香港佛教起源得很早,相传东晋时期,杯渡禅师就已经在那里建寺弘法。今日香港最古老的佛寺青山寺,传说就是由他所建立的。

在香港,我认识的师友最多,不少人与我已分别了十年、二十年之久,如法宗、超尘、达道等法师,和我同是栖霞的法系。借由在香港访问期间,大家能在异地重逢,真是人生最欢喜的事了。

这一次的访问,让我开始沉思中国佛教未来的前途、走向,是要与泰国一样,走上原始佛教的路线,还是要如日本一般,干脆就让在家化的佛教来引导呢?但总觉得,中国佛教还是要保有它的特色,只是假如中国佛教的丛林制度,要想在未来的社会生存,在国际上和各宗教一较长短,势必要培养人才,重新整顿制度。

所谓"人能弘道,非道弘人",佛教一切的事业都需要人才。清末民初,佛教虽然衰微,但是僧众的僧团、信众的教团都仍然有一些重量级的人才;现在我们号称"台湾佛教的盛世",可是,我们的人才又怎么样才培养得出特色来呢?

不过,话说回来,现在佛光山在亚洲的泰国、日本、马来西亚、新加坡、菲律宾、香港等地都建有道场,不能不说是那次访问播下的因缘种子,现在都开花结果了。

美加

接着再把我五十年来,在世界各地的旅行,以年代顺序继续往下谈!

访问过亚洲后,一直到了一九七六年,美国开国两百周年纪念,我奉政府指示,组团到美加去访问。当然,重点是要给美国政府知道东方古老的佛教,也有派团前去祝贺。

我们一团二十余人,在美加访问的二十多天里,大部分的时间都是在飞机上度过的。因为美国、加拿大的领土,和台湾相较,实在是太大了,光是从美国西岸的洛杉矶,坐飞机到美国的东部,就要五个半小时以上;若是开汽车,据说走十号公路,从西部开到东部,也要开上一个星期。

率团至美国访问,于华盛顿国会大厦前合影(一九七七年)

在美国,我们见识到宣化法师度化许多洋人出家的万佛城。只是,我也看出宣化法师的弘法能量受到局限,他虽有心于美国传教,却难以高树法幢,大转法轮。我在旧金山访问期间,他总是跟前跟后地,希望我对他讲说在美国发展佛教的步骤和方向。只是,惭愧地,我也初到美加,并不了解当地的情况。不过,我倒是早就知道美西的佛教,已经有好多位中国的法师在那里开拓耕耘。例如:旧金山般若讲堂的智海法师,奥克兰法王寺的妙境法师,洛杉矶正信会的印海法师,及圆觉寺的文珠比丘尼。

不过,看起来还是日本佛教在美国的发展较具规模。尤其日本的佛教学者铃木大拙先生,于第二次世界大战后到美国讲说禅学,很早就开启美国人研究佛学的风气了。

我在美国西部访问时,遇到一位扬州的老乡王良信居士。王居士一家虔诚护持佛教,母亲精进修行,宛如是个出家的比丘尼。他一再说要把位于中国城的一块私有土地,贡献给我建立弘法道场。但是,人家一句好意的话,我总不能就把它当作是天上掉下来的福气,还是要按部就班地了解、分析,是否具足了到美国弘法利生的条件。

之后,我们从洛杉矶经过了凤凰城、丹佛,来到了纽约。在纽约,佛教的盛况,光是中国城里就有十余间寺庙,连有名的寿冶老和尚也在这里建寺度众。

这段期间,应金玉堂居士一心一意地恳请我主持她建立的大乘寺,并表示要为我办理二十个人众的移民签证。只是,从纽约市区前往大乘寺,大约要两个半小时的车程。我心里想,若真住到大乘寺了,我们怎么生活呢?况且我们一群人来到这里,总不能痴痴地住着,我们的任务、我们的使命如何落实呢?衡量大乘寺距离市区太远,接触群众困难,也就予以婉谢了。

我们初来乍到,也知道沈家桢先生在数十公顷的农庄里,成立有菩提精舍,并曾经邀请印顺法师驻锡。不过,那也只是如同关房般的静养之处,并不容易发挥弘法任务。

但是,沈家桢先生到底是有心人,他在世界各地出资,广播菩提种子,一心想要为佛教培养人才,复兴佛教。可惜,他手下的兵将、人才不够,也就难以发展。虽然他有意仰靠印顺法师、演培法师这一个系统,然而因为印顺法师的性格,请他著书立说可以,要他弘法利众,或许就没有这些想法了。

所以,综观美国东部,弘扬佛教的机遇很多,但是真正的大德人才仍然不足。

之后,我们访问了加拿大多伦多。那里有倓虚老和尚的佛教教团在发展,由他的两位弟子,一是性空法师,主持湛山寺;一是诚祥法师,负责加拿大佛教会。

那时,企业家詹励吾居士也有意要把尼亚加拉瀑布旁,一块一百五十亩的土地,交由我建立"世界弘法中心",他虽然是一片好心、美意,但是在我一无所有的情况之下,又要如何进行呢?所以,思前顾后,想到还是以扬州老乡王良信先生在洛杉矶的那一块土地,作为到美国发展佛教的基地,比较妥当。所以,我就继谢绝应金玉堂女士之后,也婉谢了詹励吾居士的好意,等候王良信先生进一步的消息。

没想到,一等就是一年多,他才来电话催促我们到洛杉矶去。在他再度盛情邀请之下,我勉强地凑足了两万美元,就请会日文的慈庄法师、会英文的依航法师到洛杉矶去开山,创立道场。

在美加,因为土地多,房舍也多,所以买房子、买土地都很容易,但是要建寺院就不容易了。西来寺前前后后花了十年的时间,经过六次公听会,一百多次协调会,从两万美金到最后花了三千万美元,才给美国的舆论称作"北美第一大寺"、"西方的紫禁城"。

在美国,自从有了洛杉矶西来寺之后,旧金山、休斯敦、奥斯汀、纽约、芝加哥,甚至于加拿大的温哥华、多伦多,也都相继有了建寺的因缘。

由于这一次访问美加的因缘,也让我深感英语弘法的重要。所以,回台后,我便开始筹备"英语佛学中心",培育国际弘法人才。

当然,在这一趟旅程中,也应信徒之请,一定要带我们到当地著名的景区览胜,因而得以亲睹闻名遐迩的大峡谷——尼亚加拉大瀑布的风采。当中,也有许多现代化科技,给了我日后弘法上的灵感。例如,让人大开眼界的好莱坞影城,坚定了我"佛教电影化"的理想;迪士尼乐园的声光、动态,激发了我在建设佛陀纪念馆时,以动态故事呈现"佛陀的一生"、"佛教节庆"的构想;拉斯维加斯的街景灯光,甚至启发了我在春节布置星光大道的构思等。

二〇一一年九月,我再度回到祖庭江苏宜兴大觉寺,同时获邀前往盐城参观"丹顶鹤国家级自然保护区",回想起三十多年前在美国欣赏的《丹顶鹤》影片,感动于丹顶鹤每年为了看望主人,南飞数千里的忠诚和义气,我欣然应允,也圆了三十多年来一直想要探望丹顶鹤的宿愿。

总之,这些都应该可以说是我第二次旅行访问的成果了。

欧洲

在我几次旅行世界,出访之后,到欧洲参访也是受信徒催促、邀请而去的。那时候,大家纷纷向我表示,想要到欧洲见识一下巴黎的凯旋门、英国的西敏寺、德国的莱茵河。刚巧,当时由于欧洲各国的信徒来到台湾,都是住在佛光山位于台北的普门寺,其中,有些人和普门寺住持慈容法师接洽,希望邀请佛光山到巴黎做一次法会。我们也就趁此,组织了八十个人的团体,浩浩荡荡地到欧洲做法会去了。

踏上欧洲的土地,第一站,我们来到了荷兰。在一个中国饭店里吃饭时,认识了罗辅闻先生,也就是促成十年后佛光山荷华寺兴建的主要因缘(另章叙述)。

其实,在我们来到欧洲建寺弘法之前,就有佛光山的弟子在英国、法国读书,等待因缘建立道场。最初我们在欧洲,并没有什么华人朋友,为了融入当地,接触的也大都是欧美人士。但是和这许多当地人往来,若说做朋友,他们都很欢迎;一听说我们要长住在那里,态度也就有所保留了。

一九九〇年,受巴黎明礼法师之请,我终于前往法国弘法。当时,有一位黄玉珊老太太希望我能到巴黎建寺,并且还热心地为我们介绍了一座位于巴黎的古堡。这一座古

摄于法国巴黎古堡

堡不仅有护城河,里面还有炮台,有豪宅,有农场,买价只要一百万美金,就可以作为欧洲的禅修教育中心。因此,在当地信徒合力帮忙凑足了一百万美元后,我们就非常欢喜地把它承购下来了。

但是,在台湾住惯的人,到了法国,要承受大雪飘飘,天寒地冻的冬天,也实在不容易。尤其古堡地处郊外,往来市区都要几个小时,加之于古堡难以发挥寺院的功能,所以后来还是经由信徒介绍,在我们足以承购的能力范围内,以最便宜的价格,买下了一栋空间还算大的房子。虽然这间房屋已经破旧不堪,整修也不容易,不过,在巴黎总算有了一个遮风避雨的地方了。

这个地方,距离意大利广场只要数分钟的路程;从前街到后街,都是我们活动的范围,要有一两千位信徒在里面活动,也不成问题。只不过,问题还是不能解决。由于法国政府不准许我们在

此地重建房屋,所以,光有这一块空地,等了多年,也是难有改善。最后,承蒙法国政府给了我们一块靠近法国迪士尼乐园的土地,在花了十几年的时间,与地方上诸多人士沟通协调后,终于开始兴建法华禅寺。这也就是法国开创道场的过程。

除了最初的巴黎古堡,我们在伦敦也接受了一所基督教的修道院。这个地方靠近牛津街,与大英博物馆距离不远,到海德公园也很近。

自此之后,我们在瑞典、德国、奥地利、西班牙、葡萄牙等欧洲国家,也在信徒资助之下相继建立了道场。过程中,总也要花上十多年的岁月,与当地政府、居民,不断地协调才成,并不是一天就能有成果的。甚至,在欧洲建寺院,也不是说八十个人一次头去打拼,撒豆成兵就能完成,都是经由佛光弟子,大家齐心合力,一批一批、一个一个,前仆后继地前往闯荡,才能完成这许多艰巨的任务。

在欧洲,因为旅行的关系,就有了那么多的道场。此中,也承蒙马英九先生的赞叹,我多次听到他谈说过去到荷兰访问时,见到我们两位比丘尼努力的情况,甚至连佛光山在当地弘法的成果,他也都能侃侃而谈。

另外,"八千里路云和月"的制作人凌峰先生,到欧洲拍摄外景时,也曾要我们给予协助。当时,我介绍了瑞士的觉如法师帮助他。后来,他在访问记里也叙述道:中华文化弘扬到全世界的情况,我并不了解,但是我看到了佛光山五位比丘尼在欧洲播撒中华文化的种子,受到当地人的热诚拥护。

确实,最初瑞士佛光山集会,连天主教的修女都来参加我们的共修,这也就不能不说佛教在海外传播的重要了。

不过,若要说最早我到欧洲,那应该是一九八二年,我率领欧洲考察团访问欧洲。当我在埃及首都开罗传教时,还曾经一览金字塔的风光,更越过红海,目睹了天地一片红的景况。乃至于威尼斯的夜景、巴黎的香榭丽舍大道、凡尔赛宫、梵蒂冈教皇驻锡处、希腊的神殿、意大利的竞技场等,也都有我们参访的足迹。在充满文化历史的名胜古迹之外,这块佛法尚称贫瘠的地区,还是希望未来有心者,发心来此开发、传播了。

中国大陆

尽管走遍了亚洲各国,也到过了美加地区和欧洲大陆,但是与我分别四十年之久的中国大陆,却始终无缘再相见。

一九二七年,我出生在江苏扬州一个贫苦的家庭里。我的家里,虽然经常无隔宿之粮,但我仍然觉得那是我可爱的故乡,甜蜜的家庭,它让我度过了一个非常值得怀念的童年。

一九四九年,我离开大陆,来到了台湾。虽然台湾和大陆只有一海之隔,但是政经大有不同。所以初时,还是让我有离开故乡家园的感觉。

中华文化是世界四大古文明的基地之一,但是,再好的黄金,里面还是掺杂了其他的矿物;再好的良田,里面还是会有一些杂草,我也就不认为要一味地照单全收了。所以,经常在世界各地云游弘法时,总也想要吸取各地的优点,来改善自己的不足。只是,再怎么说,大陆都是我的故乡家园,对它,我还是带着几分的情感。所以,自从离开故乡之后,我在世界各地云游弘化,只觉得自己像是一个游子,在茫茫的人海里飘来飘去。飘呀飘的,到了一九八九年,终于有机会飘回到故乡的山河。

那时,我的心情激动,亲情、法情似乎都不及心中对于故土的深情。感谢中国佛教协会的赵朴初会长,以及中央领导们,让我有机会拜访我受戒、读书的南京栖霞山寺和焦山定慧寺,也让我回到

一九八九年,登上万里长城参观(黄惇靖师姑提供)

了宜兴的祖庭观看遗址,虽然只有剩下几块石皮、几块砖头在那里,但是对我而言,却是有无限的价值。

此行中,我东至上海,西达敦煌,北到北京,南抵成都。除了返回故乡扬州探亲,也远到敦煌洞窟参拜;在北京颐和园浏览了园林风情,在城郊明十三陵见识了无常的道理;我们前去西安,参观了秦朝兵马俑的遗址,也穿过了巴蜀,体验了船行长江三峡的惊奇。湖北黄鹤楼,气象万千,杭州西子湖,婉约动人。但黄鹤已去,如何能安慰得了千年游子的悠悠离愁?西湖再美,又哪里能及得上岳武穆的忠魂烈魄呢?

当我们在西湖边上的岳王庙前,高唱《满江红》;在中山陵孙中山先生的遗像前,高唱《国父纪念歌》时,嘹亮雄壮的歌声,一时,还真让人觉得热血沸腾,倍感生命的活跃。大陆人士听到我们的歌声,也都惊讶地说:"你们是有备而来的吗?"其实,哪里是这样,这在台湾也是很流行的啊。

到了四川,大家只管看苏东坡、杜甫的家园,而我则只想瞭望太虚大师成立汉藏教理院的缙云山风光。过去,所谓世界"七大奇观",每一个奇观我都有去过,就只有中国的万里长城始终没能去。而这一次,我终于登上了万里长城。放眼瞭望山河大地,不禁心有所感,假如人与人之间没有这道"长城",彼此开诚布公,沟通交流,人间不就更加美好了吗?

之后几年,我也有因缘参访许许多多佛教的历史名刹,举凡黄檗禅师的祖师塔、鸠摩罗什的草堂寺、三藏玄奘大师的兴教寺、六祖惠能大师的南华寺、鉴真东渡的大明寺,西安供奉佛指舍利的法门寺、盛极一时的长安译经场所大雁塔,河南的白马寺、少林寺,四川的宝光寺、文殊院、江西黄檗禅寺,乃至隋唐至今的国宝——山西佛光寺、辽代的皇家寺院辽宁奉国寺等等,都让我惊叹流连。

实在说,如果现在的大陆没有四大名山、没有这许多佛教的胜地,恐怕也要减少很多人前往旅行参访的兴致了。所以,真要感谢祖师大德们过去的努力奋斗,才得以丰富我们生命的内涵。

想到社会上,无论是政治、经济、艺术、文化或是建设,各种历史中,都有佛教的参与。因此,在看着佛教初传的那许多辉煌历史的同时,我也在心中发下一个愿望,希望有朝一日,能再造佛教当年的光辉灿烂。

说到旅行,我觉得到了大陆,什么地方可以不要去,但是假如要欣赏风景,四川九寨沟、湖南张家界和广西桂林山水的大自然风光,应该是最美的地方了。假如要看佛教建筑的伟大,我想,除了敦煌的莫高窟、洛阳的龙门石窟、重庆的大足石刻以外,大同云冈石窟是第一座由帝王主持开凿的石窟,佛像刻工之美,实在值得参访游览。尤其,北魏时期云冈石窟大佛的修筑,在很大程度上,受到阿富汗巴米扬石窟艺术的影响。因此,在巴米扬大佛被无情地

参访大同云冈石窟(二〇一一年十月一日)

摧毁之后,现在或许只有从云冈大佛的身上,才能寻得一些当年修造佛像的蛛丝马迹了。

总而言之,祖国山河,固然有它可叹的感慨,但也有很多让人依恋的地方。

近几年来,也感谢大陆的政府,把我师父祖庭的那一块山地送还给我,让大觉寺的风光可以再现于世间。这不仅完成了我多年来复兴祖庭的愿望,也希望为未来留下历史。

大觉寺位于紫砂茶壶的故乡宜兴,邻近无锡太湖的边上。大觉寺的建筑全为无障碍空间设计,大雄宝殿内没有柱子遮挡视线,有缅甸的玉佛、东方琉璃世界和西方净土风光的彩绘玉雕,印尼的香木宝塔则分立大殿东西两单。未来希望大觉寺的十八罗汉,和万千的佛祖菩萨,都能与大陆十四亿的人口融和、与故乡的山河永远同在,让《佛陀行化图》也能在中国广结善缘,让欢喜禅悦布满全中国。

澳新

澳大利亚

从幅员辽阔的中国大陆,再说到简单朴实的澳大利亚风情。

两百年来,移民海外的华人第一代、第二代,生活都非常的辛苦。例如:十九世纪时,大批的华人移民美国,成为廉价劳工,为修建旧金山的铁路,日夜不停地劳动,到最后,几乎都是有去无回。

同样地,最初华人移民澳大利亚时,在"白澳政策"之下,也有很多人因此殉难。可惜,当时的大清帝国积弱不振,在上位者,忙着要做皇帝,忙于应付皇亲国戚,又有谁知道海外移民的痛苦呢?当然,世界的文明在进步,澳大利亚近五十年来的开放政策,也带来了繁荣。只是,过去的"白澳政策",曾经一度有死灰复燃的现象,好在敌不过澳大利亚多数有识之士的想法,认为"开放"才是澳大利亚进步的动力,方得逃过一劫。

澳大利亚的土地很大,人口稀少,只有一千二百万人。但是,澳大利亚人生性和平,尤其近年来,他们重视环保,推动社会和谐,成效卓著,可以说是世界的翘楚了。

来到台湾的初期,我对澳大利亚并不了解,总认为它不是华人可以安身立命的地方。所以,后来有一些信徒,如:依律的姐姐吴美智,弟弟吴光亮、吴光灿,妹婿陈春龙、邱锡宽等,举家要移民澳大利亚时,我只有在心中暗暗地祝福他们。不过,他们倒是都很争气,在澳大利亚经营农业非常成功。

一九九○年,"中国钢铁公司"在佛光山召开国际钢铁学术会议,澳大利亚卧龙岗国营的钢铁公司也前来与会。董事长看到佛光山的规模之大,非常欢喜,因而向本山提出,希望派人到澳大利亚建寺,发展佛教。

经由我们研究,澳大利亚一千多万的人口当中,有十四万人是佛教徒,并且也有比丘、比丘尼,既然有这么一个善因缘,后来慈容法师就带了永妙法师前往勘察。我还曾一度挂念她们的安全,但据她们回来报告澳大利亚的社会状况,那里人民和乐,社会安定,生态环保做得非常成功,信徒寸时娇女士等人也都非常热心,一心想要成就华人在当地建寺发展。

想到要让"佛光普照五大洲",既然有这种机会,就不应该退让。在因缘际会之下,承蒙卧龙岗市长赠予二十六亩建地,佛光山便开始筹建南天寺。为了确保南天寺将来能有一个宁静的环境,后面数百亩的小山丘,尽管不供人使用,但政府还是以象征性的每年澳币一块钱,租借给我们九十九年。

筹建的期间,我开始筹款,并且派了心定法师到悉尼视察,或买或租,先有个据点。心定法师也不辱使命,知道在澳大利亚火车站边,有一间制造新娘服装的工厂歇业,如果承购下来装修,也可以容纳数百人集会,旁边并且还有政府的停车场,拥有数百个停车位子。

那时候,以一间工厂的价码来说,也不很贵,所以,最后就用了美金不超过一百万元买下来了。后来,佛光山把这个地方定名为"南天讲堂",开启了澳大利亚弘法的机遇。不过,主要的,还是要等待在卧龙岗的开山建寺。

澳大利亚这个地方,没有凶猛性动物,到处都是美不胜收的公园。尤其公园里,不但设有民众烧烤的器具,还有盥洗的装备,以及家庭聚会的设备。最为惬意的,则莫过于森林里的鸟雀会飞来与你共餐，向人讨取面包了。甚至于，我还看过鸟雀会议，好几百只鸟定时在一起召开会议，叽叽喳喳个不停，真是可爱极了。

在南天寺，我也有数千只的海鸥朋友。每次只要站在湖边，把手往上一举，数秒钟内，就会有很多的海鸥从四面八方群集而来，而且越聚越多。当然，我也早已经预备了一些面包，等着与它们结缘。

奇怪的是，南天寺在山上，距离海边也还有数公里路程，但海鸥竟能从海边展翅一飞，忽地就来到了南天寺。它们或在空中盘旋，或在陆地求食。每回我准备的几百个面包，都不够应付它们的食量。后来我就托人做了咸味泡饭或米粉，海鸥也都一食而空。

于佛光山澳大利亚南天寺喂海鸥（二〇〇〇年）

这许多海鸥，我之所以称它们为朋友，是因为每到下午，我还没有抵达喂食定点的时候，它们就已经先我而到，在那里排队等候。甚至当它们饱食了以后，还会在空中旋绕，好似要展现舞姿供我欣赏，以表示感谢。

还真是不能小看海鸥呢！一块小小的面包屑，即使你随意地往空中一丢，它也是"噗"地飞来，就衔住了，速度之快、时间之准，是不会吃不到的。除非你对它做了手势，已经有了动作，却迟迟不把食物抛出,不与它配合,当然它就吃不到了。

在众多的海鸥之中,也有的海鸥是残障的。因为澳大利亚人有时在公园里野餐烧烤,那烧烫的锅子,偶尔有不知情的海鸥站上去,也就把它的脚给烫得残障了。剩下一只腿的海鸥,当然只能慢慢地在陆地上行走。

对于那许多残障的海鸥,要它们与一群海鸥争食,实在不易。所以,我都会特别准备一份食物,好让它们也能尽情地享受一餐美食。世界之大,众生之多,需要多少的发心,才能结上一份善缘,怎能独漏了缺脚海鸥呢?

偶尔我也会到海边看看它们,那许多海鸥见到我来,都会从很远的地方飞翔而来。但是要让芸芸众生皆大欢喜,还真是不容易,海边实在太宽阔了,几千、几万只的海鸥成群而来,我哪里有那么多食物供给它们呢?

不过,后来也有好心的面包店知道我有需要,很慈悲地,就把当天卖不出去的面包,通通都送来给我。反正他们一时间也找不到人去销售这许多面包,也就不愿收我的钱。不过,我还是会额外地向他们购买一些牛角面包,海鸥们似乎也都很欢喜带油的牛角面包,甚至有的海鸥吃得太多,食物都卡在颈项里了。

每回我要离开澳大利亚时,都不忘交代南天寺的负责人满谦法师,即使我不在这里,也请他们好好照顾海鸥,因为它们实在是南天寺的奇景。甚至,我也经常在电话里询问,海鸥在南天寺的生活情况。我已多年没有前往澳大利亚,对于那一群海鸥,也经常还在怀念着它们美丽的丰姿。不过,后来听说有一位来自马来西亚,叫作"英姐"的老妇人,发心为我照顾这许多海鸥,真是由衷地感谢她。

除了海鸥以外,我还和大嘴鸟结了缘。大嘴鸟的嘴巴很长,就是一斤肉,你丢了过去,它也是"咔啦",马上就吃下肚了。

从南天寺开车到大嘴鸟聚集的海边,大约只要三分钟就到。起初,它们都站在对岸的小码头上,遥遥地和我对看,就算我呼喊它们过来,它们也都不为所动。不过,我当然是有备而来的。有时候从袋子里才拿出一样东西,眼尖的它们看见了,如果是爱吃的东西,很快地,它就飞过来了,还一直想要挨近你。但是如果你拿的是一个它不爱吃的东西,它也就只在海洋上空盘桓飞翔,一副无所谓的样子。

澳大利亚的鸟类实在很多,只要你手上拿着一点食物,它就会飞到你的头顶上,或停靠在你的身上。曾有一次,算一算,竟在我身上停了十一只鹦鹉,我动都不敢动,深怕惊吓到它们。只是它们的爪子之锐利,还真是有点让人吃不消。还有一次我在吃饭,才正拿起一个面包要朝嘴里送,一只鸟飞了过来,"啪"地就把食物抢走了。看来在澳大利亚,不是人的天下,而是它们的天下了!

除了悉尼的南天寺,在布里斯班的中天寺每次在早晨的时候,总有几只袋鼠一蹦一跳地来到门前讨取食物。此外,一副懒洋洋,好似永远睡不饱的无尾熊,尽管每天休息的时间很长,但是在它们活动的时间,爬起树来,动作之快,还真是和平时的慵懒模样形成强烈对比。它们全都是国家级的保护动物,在世界其他地方可以说是难得一见,我们能在这里和它们做朋友,自是令人感到欣喜了。

实在说,澳大利亚真是个天堂啊!要想观看大嘴鸟、海鸥、袋鼠、无尾熊,只要花个一两块钱的门票钱,到动物园里,或是游乐区,就能欣赏到它们的表演。但是,这哪里能天天看?看一次就够了,看多了,也就不得意思了。

新西兰北岛佛光山落成开光,与贵宾剪彩庆祝(二〇〇七年十月二日)

甚至于黄金海岸的景色优美,堪比天堂。为了佛光会员的假期休闲,佛光山也在那里设立了一间禅净中心。它就位在河流的旁边,小屋的边上并且还停靠了游艇,何时想出海,只要引擎一发动,呜、呜、呜地就可以把游艇开出去了,随你想开多远就开多远。

航行在海上,有时遇到泳士,对他们摇手招呼,也都会获得善意的回应,自然而然地就感染了一股愉悦的气息,也感受到了澳大利亚人民的善良。不过,在那里过一天或许很美好,若是天天享受悠闲的生活,恐怕最后也要觉得无聊而住不下去了。所以,忙,就是营养;人活着,还是要让自己忙碌起来。

新西兰

有了澳大利亚的据点之后,佛光山在新西兰南岛、北岛也相继兴建了道场。

在南岛,很早就有华人采金子的遗迹,虽然淘金的荣景不在,但至今仍有华人在从事淘金的工作。不过,我对于这许多事,都不太感兴趣,为什么呢?总觉得世间无常,有什么好计较、执着的?何况世间一切,也不一定都要是我的。人家给,我就接受;没有给,也不必强求。再说,自己也不缺少什么啊!

除了南岛基督城的道场,北岛佛光山所在城市,是新西兰第一大城市奥克兰。它是一座天然的港口,素有"帆船之都"的美誉,许多国际帆船赛事都是在这里举行的。

大体而言,新西兰的自然景观特殊,特别是环境保护措施做得很好,置身在几近零污染的环境中,宛如就在人间仙境里。

俄罗斯

在世界上旅行,曾经有人说我平均一年要绕地球两圈半。确实,在我当初还没有现在这么老迈的时候,也曾应莫斯科及圣彼得堡协会之请,远到俄国访问。那年(一九九三年),正逢戈尔巴乔夫下台不久,我们还下榻在他住过的房子里。旅馆之大,彼此要互相联络真是都不容易。

俄罗斯的土地广大,马路最宽者有十六线道,从这一头望向那一头,每个人似乎都变小了。在俄国,我参观了莫斯科的地标红场、历朝沙皇的居所克里姆林宫,也到过圣彼得堡的冬宫,这个全世界最大的博物馆,收藏品的内容不差大英帝国博物馆和法国的罗浮宫,真让人叹为观止。据说,如果每件作品观赏个一分钟,每天花个十小时,也要经过十一年才能全部看完。

所以,过去苏联能成为世界两大强权之一,也不完全是凭借共产党就能出头的,在很大程度上,还是受到它深厚的历史文化底蕴所影响。

率领弘法团抵达俄罗斯,于莫斯科"红场"前留影(一九九二年七月十二日)

在圣彼得堡,让我印象深刻的,不只有它的建筑规模。由于圣彼得堡靠近北极圈,所以每年到了六至八月夏季期间,尽管是夜里十一点,天空依然一片光明灿烂,真可以用"日不落城"来形容这座城市了。

当然,我在俄罗斯访问期间,最重要的事情之一,莫过于为一群圣彼得堡大学的教授,如陶奇夫(会长)、索罗宁(副会长,目前任教于佛光大学)、安德列叶夫、鲁多义等人,共同发起的圣彼得堡佛光协会授证了。

虽然东正教在俄国势力极为强大,但也由于过去女皇叶卡捷琳娜二世曾宣布,佛教可以在俄国的土地上弘扬。所以,这许多学者教授,纷纷将佛教经论翻译成俄文,也引起了当地学界的重视。在佛光会的讯息传到俄国后,他们更是开始积极筹划成立佛光协会,如今终于能够实现愿望。

与弟子在巴西亚马逊河丛林中乘小艇(二〇〇三年九月三十日)

南美洲

除了欧亚大陆的俄罗斯,我也曾踏上距离台湾甚为遥远的南美洲。听说南美洲亚马逊河森林,有许多未开化的民族,对外来客有过伤害的纪录。尤其,还有人带了食人鱼回到日月潭放生。我有心想看看这种原始林地,究竟是怎么样的一种情况?感谢巴西如来寺的住持觉诚法师,和圣保罗州联邦警察总监巴德纳斯夫妇(Dr. Francisco Vicente Badenes),终于让我有机会一探亚马逊河。

最令人感到奇特的是,亚马逊河上游的黑河与普利芒斯河交汇处,一边是黄色的水,一边是蓝色的水,如同被刀削成两半,奇妙无比,不禁也要令人赞叹大自然的鬼斧神工。

我还到过南美洲最远的智利,承蒙天主教圣多玛斯大学颁给我荣誉博士学位。就因为这个访问的因缘,今日的智利佛光山,也等待有缘人继续到那里共同努力,法传于南美洲。

非洲

从神秘的南美洲，再说到早期有"黑暗大陆"之称的非洲。

一九九一年初，佛光山依来、觉仲等到了南非布隆方丹、新堡、开普敦考察。那时候，正逢南非政局变化最大的时候，所有在南非的白人纷纷地撤退回国，把非洲让还给原住民，由曼德拉总统治理。当时，曼德拉总统由于政治因素被囚禁了二十多年，释放后，以民族斗士之名，获得了"诺贝尔和平奖"。一时之间，非洲到处都是原住民当权执政。

不过，我也经常听到他们的报告说，非洲并不是我们想象中的那么可怕，非洲大陆虽然有的国家很贫穷，但是有的地方还是非常进步的。例如：南非的高速公路又直又长，方向盘不必转动，就可以一开几百公里。尤其，路的两旁都是旷野平原，辽阔茫无边际。在二十年前，可以说，除了美国、德国之外，南非高速公路的发达程度是世界排名第三的。

甚至他们还告诉我，非洲的房地产好便宜。那时候，南非的社会，一栋占地两公顷的花园洋房，只要十万美金就可以买得到。因此，台湾、大陆不少华人，都纷纷前往非洲投资，找寻他们未来美丽的家园。特别是，南非的大自然风光很美丽，野生动物园更让外国游客非常地好奇，大家都希望到那里一探非洲真正的主人——野生动物。

直到有一天，听说佛光山来了一位客人，是南华寺所在城镇布朗赫斯特市（Bronkhorstspruit）议长汉尼·幸尼柯尔博士（Dr. Hennie Senekal）来访。此行，他的目的是要向我说明，南非有一个地区要开发，每一个住宅区有三百坪，只需台币一万五千元就可以买得到。

二〇〇一年国际佛光会世界总会第三届第一次理事会于南非召开,主持开幕典礼(慧延法师摄,二〇〇一年四月十九日)

一万五千元,在台湾,要买到一坪地都不容易,到南非,却能买一块建地,当然是很具说服力了。旁边参与听讲的出家、在家弟子,听了市议长的介绍以后,都纷纷动了念头,大家也就你一言、我一语地说:我买三块、他买五块。一下子,就有了五六百个人要购地。也因为这样子,就定下了南非建寺的因缘。

原先,在佛光山询问有谁愿意到非洲时,男众部的慧礼说他愿意。明知慧礼不按牌理出牌,不过我心里想,南非是一个初开发的地方,需要有人发心,慧礼既有埋骨非洲的雄心壮志,让他去试试也好。因此,他就继依来法师之后到了非洲。哪知道,两三年后,土地是买了几千公顷,可是与他人签约建寺,竟得要花上几亿元,并且规定于三年之内全部完工,如果不建,就要赔偿。

这可是很吓人的事情,不得已,只有在二〇〇一年,于南非召开国际佛光会理事会时,动员全世界的徒众救苦救难,同心协力帮助南非建设。好在佛光山于全世界有这许多别分院,大家动员起来,力量还是很相当的。

我们初到南非弘法时,虽然办了非洲佛学院,也有几十个黑人发心出家;在当地妇女劳工一个月薪水只有台币三五百元的情况下,也可以找到很多的妇女管家。却由于非洲人过惯了与大自然共生的生活,没有"你的"、"我的"的概念,认为世界都是他们的。所以,那许多在寺里服务的人员,就连华人的祖宗牌位,也都拿回家里祭拜,希望求得发财。

甚至不只在寺院,在华人家庭里工作的当地妇女劳工,也总是随手就把东西带走。在他们想,你的就是我的,并没有偷窃的意思。或许是因为空中的飞鸟,他们随时可以打猎;水中的游鱼,他们随时可以垂钓;山上的果实,他们随手可以攀折,没有什么你的、我的。所以,在初去南非的那一段时间,我们与当地的文化,也就有一番的磨合了。

后来,国际佛光会在非洲很多的国家、城市陆续成立,有一些早期移民的华人,例如:众议员黄士豪、参议员陈阿蕙等,也都成了佛光会的会员,对佛教在当地的发展,多所协助。

只是,由于慧礼好大喜功,不计后果地想要在非洲建立佛教的王国,佛光山大众嫌其超越理性的开发,加上他出了车祸,骨头折断,只有换在美国出家,中英文俱佳的满亚法师前去接任。继她之后,又有依淳前往,现在由慧昉在那里主持寺务。大致上,南华寺已经在稳定中发展了。

现在的南华寺,土地面积有四千公顷,汽车绕一圈,至少也要十五到二十分钟。但是,尽管拥有这么一大片土地,建筑也用不到那么多地方,只有拿来种玉蜀黍,还有个收成。实在说,当初是不应该那么快地发展的。

二〇〇一年于南非弘法,为了佛教本土化,希望南华寺能成为非洲的佛教中心(慧延法师摄,二〇〇一年四月二十一日)

不晓得是在哪一本书上看到的,一个宗教传播到一个地方,要想在那里落地生根,至少也要经过三百年的时间。好比秦始皇的时代,佛教就传到了中国,但是一直到了东汉明帝,佛教才成为一个公家承认的宗教,前前后后加起来,也经过了两百年的时间。

我到非洲去弘法,由于时间匆促,大多只是定点停留,但也有因缘看看非洲的美景。

在我的见闻之中,开普敦可能是地球上最美的地方了。开普敦是南非的立法首都,也是南非的第二大港,以美丽的自然景观闻名,依山面海的景致,实在美不胜收。唯一的不完美,大概就是开普敦整年刮风。只不过,风一吹,市容也会变得出奇地干净清洁,可谓是有一得,就有一失;有一失,也必有一得啊!

来到开普敦,不能不看闻名世界的好望角。好望角是一四八八年,由葡萄牙航海家迪亚士所发现的。由于这里经年不断的滔天巨浪，因此初名"风暴角"。后来，葡萄牙国王若昂二世为了鼓舞航海士气，以求更快打通前往东方的航道，便将它改名为"好望角"。过不了几年，航道也果然就打通了。看起来，世间一切成败得失，与我们的"一念之间"，是有密切关系的。

南非是世界上唯一拥有三个首都的国家，除了立法首都开普敦、司法首都布隆方丹，行政首都就是比勒陀利亚了。南华寺距离比勒陀利亚约摸五十公里，车行在这个城市的路上，听闻此地是世界最大的"紫楹花都"，每年到了春天，主要街道两旁，到处都盛开着紫楹花，成了这座城市的标志，不禁也要沉醉在一片紫色花海的想象里。

在南非，我也游过两个野生动物园。一是南非最大、占地近两万平方公里的野生动物园——古鲁格国家公园，一是占地约八千公顷的马布拉野生动物园。

据马布拉野生物园的解说员告诉我们，园区里，至少有五十种以上的野生动物和两百五十种以上的鸟类栖息。只是，车行了两个多小时，我们也才绕了园区的一小部分，而且只看到了温驯的素食动物。

初时，大家怀抱着"舍身饲虎"的雄心壮志前往园区，尽管最后没有看到狮虎猛兽，不过倒是听说狮子最怕的是牙签树，只要一根牙签树枝刺进它的皮肤里，渐渐地，皮肤就会腐烂、发炎，最后也就死亡了。所以，这个世间，真是一物克一物，即使是狮子这么凶猛的动物，也还要害怕小小的牙签树。

说到动物，我也有短暂的因缘驻足在好望角海边，观看企鹅的行动。白天，成群结队的企鹅下海吃鱼，到了晚上上岸，当中必然会有几只成为鲨鱼的食物。只见它的伴侣在岸边喊叫，不断地徘徊，看了真觉得可怜，不由地让人感叹世间的悲欢离合，不只存在于人类的生活里,所有的生命也都是如此。

在南非,有一句话叫人听了很伤感:"动物界是靠残杀才能生存的。"狮子不吃羚羊、不吃斑马,怎么生存? 又有一个论调,"在非洲生产羚羊的地区,一年至少要生产二十万头以上的羚羊,如果不吃它,这个地方岂不是容纳不下了吗?"

以台湾来说,屏东地区,每到了伯劳鸟过境的季节,许多人都设计了陷阱要来捕捉伯劳。在一般人看来,这是很残忍的事情,候鸟经过,它只是过客,怎能对它如此残暴,还用不正当、欺骗的手段捕捉它,要它的命呢? 在舆论一片哗然之下,政府只有下令不准捕捉伯劳。

但是,反观高雄的渔民,到了乌鱼盛产的季节,撒网捕捉,政府却是以"为国生产"的理由,颁赠奖状。当然,也就有人要提出抗议:"靠山吃山,靠海吃海,他们靠海能吃海,我们靠山为什么不能吃山呢?"

这种既不公平,又让人觉得矛盾的情况,就如同我过去在报纸上看到的一则新闻。在美国,有一只鸟被一个小孩子的小箭射中了,它带着这支箭,在美国的上空到处飞翔,引起了全美国电视台、报纸的报道,民众们纷纷发动要抢救这只鸟。可是,反观感恩节一到,火鸡大肆地被人捕杀,这又是怎么个说法呢?

世间上纵有这许多令人费解的事情,但是在我的理论里,世间是一半一半的,好的一半还是可以去影响坏的一半。当然,影响力能有多大,也不必抱持太大希望,只要有人愿意接受好的一半,坏的一半自然就会减少了。

话再说来,这一趟行程,让我对非洲土地有了实地的了解。实在说,非洲这个地方,气候好,土地又大,可惜就是原住民的生活,多半是树上的水果采下来就尝,河中的鱼抓上来就食,动物野兽抓

于柬埔寨吴哥窟(二〇〇二年)

来了就吃,谈不上要聚积、要勤劳。即使有耕种,在他们来说也只是一个副业。

但是,从另一个角度来看,非洲人民乐天知足,一切够用就好,此等天真善良的性情,真是比南非出产的黄金、钻石,还要宝贵。所以,对于南非,我觉得还是要有另一番客观的看法。

今年我已八十六岁,回忆起数十年来,当我在世界各地考察、讲演、开光,或主持皈依、巡视道场、为佛光会授证时,经常都会受到当地信众、人士的热心安排,而有增广见闻的机会。但受限于篇幅,文中未能提及的,例如:我也到过泰国的金三角、热水塘弘法救济;到过柬埔寨的吴哥窟,看到了古代和现代无常兴亡的见证;到过印尼的婆罗浮屠,对于印尼穆斯林能让古迹保存的心胸,觉得比较起阿富汗塔利班毁坏巴米扬大佛的举动,真是要开阔得多了。另外,我也去韩国参访了有"三宝寺"之称的海印寺、通度寺、松广寺;到缅甸那加来古寺主持过轮椅捐赠仪式,甚至在缅甸的世界最大卧佛,我也都有机会去参礼。

话再说来,在我口述平生的旅行经验时,也有这么一段小插曲。有弟子问我,我怎么说着说着,就偏离主题,谈到建寺弘法去了。当时,我还一度为他们的"问难",挫折了讲说的兴致,只有努力地把重心移回到主题"旅行"上。不过,事后想想,我这一生做任何事,不都是为了弘扬佛法吗?

事实上,对于游览,我的兴趣并不高,总觉得法界就在心中,最重要的还是将佛陀的法音弘扬至各地。尤其,历经了七八次的访问之后,我凭借着各地旅行的见闻,在世界五大洲建设了佛光山的别分院,在意义上,应该已经超越旅行的价值了。

云淡风轻的事件
——从挫折中发展

佛光山经过了四十年的努力,
山下兴田村大部分的村民才愿意和佛光山表示友好。
过去围山的情况,
才终成历史事件,如过往云烟。
开山四十余年来所发生的特殊事件,
可说是不胜枚举,还有许多灵感的事迹等;
然而,站在宗教的立场上,
提倡人间佛教的我们,
也不便去过度地宣扬。
我们相信:
多少的烦恼事,最后都成为菩提;
任何不净的污泥,
只要我们真心,也会生长出清净的莲花。

我出生于一九二七年,八十六年来走过人生的风风雨雨,如今回首往事,无喜无忧,但有一些特殊事件,总也让我体会到人生各种酸甜苦辣的味道,在此就记忆所及约略一谈。

　　我出生的时候,正逢蒋介石北伐和五省联军总司令孙传芳在江苏会战。那一天,在扬州的一个小镇上,我母亲说:"门外正在杀人,你就呱呱坠地了。"少年的时候,听母亲这样说,我还幽默地对她讲:"我是不是那个被杀的人来转世的?"被杀的是什么人,我也不知道。总之,世界上今天少了一个人,明天又多了一个人,还是不增不减。

　　六岁以前的事情,大概都已不记得了;七八岁的时候,知道自己很喜欢小动物,性格也很勤劳,欢喜帮忙做家务;再大点的时候,甚至于想做童工,帮忙父母赚点钱。横竖也没有钱读书,也不知道读书的重要,只觉得在家中很受父母疼爱,更应该力争上游,做一个好孩子。

十岁那一年(一九三七年),卢沟桥事变发生,抗日战争开始,日军很快地就攻打到南京城。我在扬州的家乡,都可以看到南京大屠杀的火光冲天,熊熊烈火烧红了半边天。我随着家人跟在难民潮里开始逃亡,家里都是孤儿寡母,即使逃难,也逃不到很远的地方,于是就在附近的兴化暂时住下来。外婆、母亲舍不得家中的家当,逃亡的途中,经常和家人争执着要回到沦陷区看看。

大概这一年的年底,日军把江苏全部占领了,在外婆的坚持下,我跟她花了两天的时间,偷偷返回江都老家,途中虽不是尸骨如山,但说尸骸遍野一点也不夸张。因为久没有生人活动,加上大地覆盖一层白雪,整个空气显得清爽,却又一片死寂。偶尔,为了躲避日本兵的追赶,就睡在死人堆里,几次日军从旁走过,幸好没有被发现。但在我幼小的心灵里,因此有了怕死的心理。尤其经过这些生死现场的感受,深刻体悟到生命的无常与恐惧,有好长一段时期,我躲藏在乡间不敢到镇上。

在那样动荡的社会中,十岁的童年,我已经深谙世故,感觉人生没有前途,曾经想去当游击队员,但年龄太小;也想着将来要做警察,除暴安良,又没有读书不认识字。这时心里闪过一个画面,记得小时候跟随外婆到佛教道场走动时,我见识过许多大和尚,他们穿着大袍,法相庄严、飘然洒脱的身影,曾经让我生起仰慕之心。就这样一直到十二岁的那一年,父亲外出经商,生死未卜,母亲为了要找寻失散已久的父亲,带着我动身到南京,虽然自始至终完全不知他的行踪,但在找寻父亲的路途中,经过南京栖霞山寺,因缘成熟,我就在栖霞山出家了。

在出家前的十二年人生岁月,也多次在死门关前徘徊。尤其约在八岁那一年,正值严寒的冬天,我独自在结冰的河面上行走游玩,突然"轰隆"一声,整片冰块应声碎裂,我整个人也随之掉进冰冷的河里。按照常情来讲,必死无疑。接下来的什么情况,我已不复记忆,只记得我回到家门口敲门,哥哥出来一看,大吃一惊,他说:"你是怎么搞的?"我自己也不知怎么搞的。总之,命不该绝吧。这次意外,算是我人生中几件特殊事件的开头。

出家后,历经寺里断炊、劳动、苦工、贫穷、疾病等艰困的岁月,甚至于飞机不定时的轰炸,往往因为震动过大,人就从床的上铺掉到地面,门窗则像天崩地裂一般,应声倒塌、碎裂。

一九四五年抗战胜利,那一年我十八岁,大家盼望着国军胜利还乡。当时,我正在焦山佛学院参学,忽然来了数百名国军说要搜查寺院。把我们集中在丹墀里,后来又把我们押至江边。这时有人传报,我们所有的毛巾、肥皂、牙刷、手表、日用的东西全都不翼而飞,全寺大众日用的东西也都不见了!

教务主任芝峰法师一听,义愤填膺,怎么会有这种事呢?毫无畏惧地就向军队的长官反映。不意,芝峰法师竟被部队长打了几个耳光,甚至部队长发出一声我也听不懂的口令,所有部队的枪杆子都对着我们,作出要射击的样子。

就在那千钧一发,我们的青年教师介如法师非常勇敢,大喊:"谁敢?国家胜利了就没有法令吗?"那一声叫喊,空气霎时凝结,数百名军人、百余名僧侣,都忽然静下来,不知道怎么办。部队长这才又呼喝一声:"让这些和尚回去!"

感谢介如法师勇敢地大声一呼,不然,若被一枪打死,人就在江边,正好喂了鱼虾。

不过,那个时候我看到这种情况,实在感觉到叫人寒心。所谓箪食壶浆,正盼望王师归来,竟是如此行为,让人失望之余,也感到生命的脆弱，真是应了佛经所说"人命在呼吸间"。其时，我在枪林弹雨中已经躲过八年，当然这样的阵仗也不是一下子就能吓倒我的，只是对于在动乱中人命尊严的微薄感到唏嘘不已。

二十岁时，我在祖庭宜兴大觉寺边上一所国民小学担任校长，当时国共内战又起，白天是国军进出，晚上则是共军出没，总令人胆战心惊，不知道谁是谁非。只要听到"砰"一声枪响，知道附近又枪杀人了。每天都处在忧虑里，终于有一天半夜，我被逮捕了。

关在牢里期间，天天有人被带出去枪毙。这时想到，所谓"眼看他人死，我心急如火；不是伤他人，看看轮到我"，关了十多天，好像就只是在那里等待一颗子弹。有一天，忽然叫到我的名字，心想，应该是要被枪决了。

但侥幸的，不知什么原因，我竟然被释放出来。回寺途中，感觉到所经过的道路好像凹凸不平似的，一路上像跳舞一样，连平时最简单的走路都不会了。我并不是因为害怕而颤抖，而是被关了十多天之后，我的双脚已不听使唤了。其实，也不过是被释放后一时的感触而已，试想，人生路不就是这样的崎岖难行吗？

二十四岁，是我来到台湾的第二年，为了感谢中坜圆光寺妙果老和尚收留我，每天清晨四点半，我就到镇上备办油盐米菜等一寺生活所需，来回总要花费五六小时。为了争取采购的时间，我也学会骑脚踏车。有一天，正当我骑车准备上街，路经羊肠小径，忽然看到远方迎面来了两位幼童，一时闪避不及，我连人带车腾空弹起来，从高空俯冲而下，人车一起栽撞到二三丈的沟渠里。

沟里全都是石块，我掉下去之后，头直接朝地撞上了石头，顿时头晕目眩，眼冒金星，只觉天旋地转，昏过去的刹那，我想：应该是头破血流，必死无疑了。

但是，很奇妙的，不知过了多久，我清醒过来，看见脚踏车摔碎一地,我人却毫发未伤。我摸摸头,拍拍手脚,确认自己还活着,又一次感觉到命不该死。因为舍不得摔得粉碎的脚踏车,于是把它叠成一叠,绑成一捆,扛上肩膀带了回去。我想,把它作废铁卖,也许还能卖得一二块钱。途中一时之间,还真让我有种错觉,是人骑车?还是车骑人?其实,世间一切都是有相互的因缘关系!

一九六七年我四十岁,当时我在佛光山开山建寺。这期间又是我另一波苦难的开始。现在约略记述经过如后。

"共产党"的大本营

那个时候我很想办好一所佛教学院,因此在师资的邀请上,就特别地用心。我像武训兴学一样,几乎是作揖磕头地拜访,因而感动一些学者、名教授到佛光山来教书。如:杨国枢、李日章、林政弘、陈鼓应、韦政通、李亦园等等,以及成功大学、高雄师范学院、陆军官校等许多教授。但有一天,突然从台北传出谣言,一位名教授说佛光山是共产党的大本营;接着又有传言,说佛光山藏有长枪两百支,这些说法真是不知从何飞来?

若说佛光山是共产党的大本营,我想共产党也够倒霉,竟然找这么样一个穷苦的地方做基地;若说我们收藏两百支长枪,也真惭愧,因为佛光山两百支棍子都找不到。

一九七九年高雄"美丽岛事件"发生时,我人在海外,回来的时候,台湾当局为了审判"美丽岛事件"的涉案人,名律师、名法官、名检察官对簿公堂,每天报纸上都有刊载。在这种风雨满天的时刻,刚巧在高雄有一场喜宴,我是证婚人,警备司令常持琇将军是主婚人,我们同桌吃饭。席间,我为"美丽岛事件"请命,并且拜托他,政治案件要用仁慈的方法来化解,请常将军建议蒋经国先生特赦。我说:"人,捕也捕了,审也审了,那许多受难的人士,有很多是国家的菁英啊。"

常持琇先生听了我的话后,表示我的想法有难度;过了一会,他又告诉我,他说:"关于你被投书的案件,在我们的部门里起码有一公尺高。"我听了一点也不害怕,反而很奇怪。我觉得一公尺也好,一百公尺也好,那都不是我,我挂碍它做什么?

常持琇将军虽然是轻描淡写的一句话,在我,生活里虽然平常,但现在回想起来,还是值得在此书上一笔。

围山事件

假如有人问我,佛光山开山以来最大的困难是什么?我想,购地最为困难。过去由于佛光山附近的土地都是政府放领的农地,要买卖并不容易。虽然法令上有些困难,但还是可以解决。

记得过去一分地,大概只有两千块钱的价值,对方一开价就是要五六万元。我觉得太贵了,议价没有成功。过了两个礼拜,心中想:"算了,就贵一点跟他买吧!"他又涨到一分地十万块。到现在,原来以一分地作为议价单位,变成以一坪地来计算了。这些农地、山坡地,只因为靠近佛光山,价码才会那么高,这当然苦了佛光山。因为佛光山随着弘法的发展,因应来山者的需要,建设必须扩大,困难也就不断增加了。

除了购地的困难以外,山下的民众硬是要以佛光山山内开的道路"菩提路",作为他们的产业道路,当然佛光山有维护私有产业的权利,也要维持佛地的清净庄严,因此不允许这些农用拖拉机、水肥车来往其中,干扰信徒的行走安全。

那个时候,民进党籍的尤清、尤宏兄弟在佛光山的后山拥有最多的土地,他们也日渐有力量,趁着一九八八年农历二月初一的"信徒香会"来山人数最多的时候,发起数十人包围佛光山的大门,不许佛光山的出家人、信众游客进出。这些围山的民众,显然已经妨碍到人身安全、侵犯到别人的自由了。但是,前来处理的百余名警察,不问事情的始末,只是袖手旁观,不禁让我们感慨社会时代的变化。

其实我们知道,这不是针对道路的事件,也不是为了利益的取得,而是慢慢演变成了"族群问题"。对于当地民众的无理,处理单位的漠然,我们也莫可奈何。其实,在开山之始,我们即本着敦亲睦邻、为民谋福的心,争取地方上的公共设施与建设,几十年来,都是有目共睹。例如:

一、大树乡位置偏远,经常当天都收不到邮件,因为过去邮差的脚踏车骑不到这么远的地方。我们向邮政总局争取邮政代办,还替邮政局购买一辆吉普车,以便他们收发邮件。

二、一九六〇、七〇年代,大树乡还没有电话可以使用。我们特地到台北总局申请。当时还是戒严时代,蒋经国先生偶尔会来山访问,没有电话,怎么能有安全呢?藉助这个理由,电信局才应允安装电话。

三、过去居民大多使用地下水,后来请到自来水厂安装自来水。

四、争取客运公司设立站牌,每天有"民生号"来回高雄,便利村民交通。

五、前公路局第三工程处倪思曾处长来山礼佛,要添油香时,我婉谢他的好意,但要求他添大一点的油香——为还是以砂石路为主的大树乡,铺设一条柏油路。

六、山下警察派出所的围墙破损,门口的地崎岖不平,我们捐献水泥铺设,表示警民合作,便利民众行走。

七、一九七七年开办的普门中学,是乡内唯一的综合高中,优惠本地学生学杂费。

八、设置幼稚园,免费提供村民的幼儿就读,解决附近孩童就学问题。

九、开办诊所,为村民义务看病不收费。

十、提供佛光山上的会堂给村民召开里民大会,让里民举办相关活动。

十一、逢年过节举办围炉,送春联、红包,招待村民同乐。

十二、争取架设路灯。

以上林林总总,但村民都无动于衷,认为这是理所当然,佛光山应该要回馈当地,帮助乡民。

过去,居民怨怪"麻竹园"这个名称给佛光山取代了。直到最近,"佛光山的香蕉"、"佛光山的凤梨"、"佛光山的玉荷包",慢慢地,"佛光山"成了叫得出去的名字,往来社会各界、国际人士多了,带动地方的景气,山下村民才承认"佛光山"三个字。

佛光山经过了四十年的努力,山下兴田村大部分的村民才愿意和佛光山表示友好。比方,上一任的村长,在佛光山开山四十周年纪念的时候,送来一盆高贵的百年盆栽表示祝贺;又如,最近以来佛光山的义工中,也有部分来自兴田村村民。过去围山的情况,才终成历史事件,如过往云烟。

"二二八"平正法会

回想起一九四九年初到台湾,我就听说"二二八"事件。当时,心里一直很想为这些受难的同胞做些什么,来化解这段历史的悲剧。早在一九六一年代,我就经常向国民党中央建议,"二二八"的问题是台湾的噩梦,是一件令人遗憾的事,应该要早一点化解。我的意思是,对于"二二八"受难的民众,要让他们放下仇恨,

国际佛光会中华总会于台北剑潭青年活动中心举行"佛力平正二二八死难同胞慰灵法会"

有关单位应该到受难者家里拜访,挂个红布,鸣炮锣鼓当众致意。我想这样受难者能得到特赦,给予他们平反,毕竟"冤家宜解不宜结"。

后来,又听说大陆"文革"后,也有很多案件获得平反。我觉得若我建议政府为"二二八"事件平反,他们可能会以为我们是学习大陆的方法,不如来当个中间桥梁;因此,就在一九九一年国际佛光会中华总会成立不久,发起一场"佛力平正二二八死难同胞慰灵法会",为受难者做一个平正超荐,也对受难家属做一些慰问。

这件事情,获得当时"行政院长"郝柏村先生的赞成,也获得"国防部长"陈履安先生的支持,于是就在同年二月二十八日,在台北剑潭青年活动中心举行"二二八平正法会"。我们邀请政府官员、民意代表、受难家属一起参加,并且受理登记,将受难者遗骨奉安在佛光山万寿园,定期上香祭拜,希望借此消弭过去的裂痕,将历史的教训化为和平的力量。

一九九四年,我们又再举行"二二八纪念音乐会",希望借此安慰受难家属,以及为冤屈的民众慰灵。希望在举办之后,大家能不分省籍,不分党派,互相尊重,互相为建设台湾社会而努力。

只是我人微言轻,我们办的这个活动得不到社会广泛的支持报道,当然影响有限。不过,我们总是祈愿台湾社会能够和谐,族群能够团结。因为台湾人口不多,不能再为族群问题产生撕裂,应该抱持"居住在台湾的人都是台湾人"的想法,泯除对立,社会才能安乐。

《台湾时报》事件

前面说到一些新闻媒体的报道,不禁让我想起十几年前佛光山受《台湾时报》无中生有诋毁的事件。

我也搞不清楚谁是《台湾时报》的老板,谁又是《台湾时报》的背景,佛光山平时也没有订阅《台湾时报》,也不知道《台湾时报》每天报道什么讯息。不知什么原因,在一九九六年二月左右,《台湾时报》几乎每天全版刊登批评佛光山的文章。我们还在寻求管道了解的时候,就已引起全台信徒义愤填膺,认为报道不实,有失公允。一连数天,每到夜晚报纸发刊时间,就有千名以上的人以静坐、念佛的方式包围《台湾时报》大楼,不准报纸发行,藉以唤醒媒体的道德良知。

人民群众和报社对立,我想这真是社会的不幸了,我试图寻找发起这个运动的人,从中了解情况。后来得知是由一群热心护持佛教的知识分子,如陈潮派、林宗贤等人发起这个包围运动。他们知道跟我讲也没有用,不想连累佛光山常住,于是就自己先行动,对《台湾时报》表示严正抗议。双方僵持不下,最后由"监察院长"

《台湾时报》连续两日以全版不实报道诋毁本山,引发护法信众发起三天"台时静坐念佛"抗议行动,共计三千余人参加。(一九九六年二月十四日)

陈履安先生出面协调,《台湾时报》才表示歉意。

其实,在我一生当中,不知受过多少人毁谤中伤,年轻时虽然极力隐忍,不免也会有些难过。有一位长老知道后,安慰我说:"不要难过,佛陀也会被人毁谤。世间上的人,只要他认同的,就觉得是善美的;不认同的,就斥责为丑陋。毁谤有时也是逆增上缘。"我闻言释然,想到佛陀慈忍的精神,不禁再鼓起信心,勇往直前。

退位传法

佛光山开山至今已四十六年,转眼即将跨入"知天命"之龄了。走过开山、弘法等种种困难历程,虽不是事事圆满,但也无愧于心。我想,一个团体要永续下去,一定要有传承,唯有"世代交替",注入新血轮,才会有新生命、新活力,才会更进步、更成长。因此,在一九六七年开山伊始,对于佛光山的制度化,我就着手擘画"佛光山组织章程",作为大众行事的规章准则。其中之一,对于佛光山住持的任期,采六年一任,可以连续两任。

佛光山寺组织章程

之所以这么订定,在我心想,佛光山不是建大丛林,应该不用十二年的时间就可以建筑完成,之后就可以交棒了。因为社会已进步到民主时代,我很不喜欢过去那种皇朝制度下,那种呼喊着"天子万岁、万万岁"的万年帝位。尤其,看到一做"中国佛教会"理事长,就成为终身理事长;一做寺庙住持,就是终身住持,更觉得应该自我扬弃这许多专制时代的陋习。

哪里知道,十二年下来,佛光山越建越大,债务越积越多,没有人敢接任住持。再者,佛光山的徒众虽然经过了十年八年的教团生活,但是要在当中选任适当的住持,其时间的酝酿、经验的历练、养深积厚的火候也都还不够。在万分不得已之下,应大家请求"开山宗长可再连任住持一次",我就做了三任十八年的住持。

十八年时间一到,我认为佛光山的建设已经大体完成,为了佛教法脉的永续、人才的培养,我再也不肯继续做下去,决定交棒。

一九八五年"退位",由一九五七年在宜兰随我出家的心平法师,升座担任佛光山第二代、第四任住持

就在一九八五年,我宣布"退位",由一九五七年在宜兰就跟随我出家的心平法师,担任佛光山第二代、第四任住持。那一年,我五十八岁。

哪里知道,"退位"这两个字,竟也成为敏感的问题,政府相关单位打电话给我,说:"不可以叫'退位',要叫做'传法'。"因为那时候,政府顾忌我喊出"退位",是影射蒋经国先生不退位下台,所以执意要我更名。唉!我只是一介僧侣,哪里想到那么多呢?

不过,确实不错,佛教本来也就有"传法"、"传灯"之称,因此,在大家的认可下,更改这个名称,我也从善如流,乐于接受了。

在传法大典中,我向大众说明坚持退位的原因:

一、法治重于人治。人有去来、生老病死;"依法不依人",才能常住。

二、世间之事,不是"非我不可"。佛法的弘扬、社会的净化,是要靠大家共同来成就的。

三、退位不是退休。退位一样可以弘扬佛法,服务社会,普度众生。

四、加强新旧交替。佛光山寺交给第二代住持,正表示一代胜过一代。

典礼中,由栖霞山临济宗第四十八世传人法宗法师、悟一法师、达道法师及我四人,共同将象征传法的袈裟、钵、具、法卷等,传予第四十九世传人心平法师,同时也有心定、慧龙、慧开、慈庄、慈惠、慈容、慈嘉、慈怡、依严、依敏、依融、绍觉、依恒、依空、依谛等人受法。从此立下佛光山"恪遵佛制,薪火相传,以制度管理,以组织领导",树立常住道场民主化的规范。

当时社会的舆论、报纸、电台,纷纷以我的"传法退位"为话题作报道,发表看法。尤其《中国时报》社论、《联合报》专栏,以及名学者如柴松林教授等人,也都发表专论回应,一时之间,引起台湾企业界回响,也觉得应早日学习交给第二代继承,才会创新、富有朝气,不易滋生流弊,又可以培养新血轮,社会更加进步等等。

我也不知道一个"退位"会引来这么大的骚动,当日在佛光山"传法"给心平法师的时候,确实盛况空前,人山人海,前来祝贺此一盛事。我觉得,自己虽不能改变什么,但是能为社会做一个率先之举,有益于社会公义,这也是我一生的愿望了。

心平法师做了近两任的住持,可惜因病圆寂,欣慰的是,佛光山的制度已然成形,很快地,便选出心定法师继任第五任住持,以及后来连任做了第六任住持。现在,已经到了第七任、第八任的心培和尚。在此期间,并由六年一任修改为四年一任。

总之,佛光山虽是新兴的寺院、初创的丛林,但它的一切很多人都很关心。现在,已经到了第八任的住持,甚至二〇一二年第九

佛光山第七任住持心培和尚（站我左侧）升座典礼。我右二为第五、六任住持心定法师（陈碧云摄，二○○五年）

任住持也已选出，这个制度已可以灯火相传了。如同我一再跟徒众强调的，佛光山不是我个人的，是大众的，佛光山不会因住持换人而改变人间佛教弘法的方针。所谓"丛林以无事为兴隆"，以制度公平公正，僧事僧决。我想，季节有春夏秋冬，生命有生老病死，只有"法"是万古常新，永远长存的。

封山开山

佛教有很多种的性格：有山林佛教的性格，有社会佛教的性格；有出世佛教的性格，有入世佛教的性格；有只求自利的佛教性格，也有发心利他的性格。在佛光山，我们只是本着佛陀的本怀，也接受太虚大师的倡导,有着所谓"人间佛教"的性格。

人间佛教的性格,就是要兴办佛教的事业普利苍生,就是要提倡积极服务人间,推动社会的福祉。但是,这样的取向不是当今流传二千多年的佛教所完全能接受。保守的丛林、消极的观念,对"菩萨道"几乎只是口号的实践。例如,佛教的四弘誓愿,"众生无边誓愿度,烦恼无尽誓愿断,法门无量誓愿学,佛道无上誓愿成",数千年来,仅是在佛殿里面唱诵,没有人敢说:"我来度无边的众生,我来断无尽的烦恼,我来学无尽的法门,我来成就无上的佛道。"没有愿力的佛教,在现代人间社会无法流行,不能深入人心,不能走进人的家庭生活。

佛光山开山以来,打着佛陀人间性格的旗帜,弘扬以菩提心为本的人间佛教。所谓"以文化弘扬佛法":办了多少出版社、流通处,出版各类书籍、辞典、影印大藏经等,把二十二年佛陀的般若智慧贡献给现代社会。"以教育培养人才":创办小学、中学、大学、佛学院等,主要的就是要让佛教徒都能成为人天师范。"以慈善福利社会":开办诊所,布施救济,急难救助,兴办养老育幼院等;并且发起"我出钱,你治病",送医疗到偏远地区;"我买书,你读书",让云水书车走遍乡村郊区;"我发心,你吃饭",我们"以粥代茶",让人间到处洋溢着温暖;"我订报,你看报",鼓励大家阅读书报,增广见闻;"我出钱,你修行",我出车资,你去修持念佛等等。

我觉得人间佛教就是互助互惠、施受平等的社会。但是在这人间,不管你怎么样美味、怎么样好吃的菜色,也有人觉得不合口味。就好像佛陀所说的,刚挤出来的牛奶,你不一定喜欢,加一点水分、糖精,或许你才会认为可口。所以,佛光山开山以来的表现,虽然都已经在实践人间佛教了,但还是招致一些口头上的议论、批评。我也很惭愧,只想到为了佛教,其实许多地方为了佛教的美

佛光山在开山三十周年时宣布封山（一九九七年五月十六日）

名,也一样会得罪别人。

在佛光山出家的比丘、比丘尼之中,拥有博士学位者五十多人,拥有硕士学位者二三百人。甚至于在家信徒中,是翰林学士、硕士、博士、檀讲师、檀教师者不计其数,实在讲也太过张扬了。

所以我想,在人世间到底还是要低调才能生存,要低调才能平安。因此,我在佛光山的净土洞窟里,最初设计的理念就是,极乐国土的大门只有五尺高,你一个六尺高的身躯想要进到净土世界,必须要谦虚、要低头。

我虽然懂得这样的说法,但自己在人间弘扬佛法的道路一直是昂首前进,没有低头,也没有低调。有时候,清夜扪心,不禁也会想到对不起很多的人,所以,在一九九七年五月十六日,在佛光山开山三十周年纪念的那一天,我毅然宣布佛光山"封山"。所谓封山不是封闭,是遵照传统佛制闭关修行,安居办道;是让本山大众沉潜学习,充实道业,加强弘法度众能力。

消息一经发布,震动社会,甚至中国佛教协会的会长赵朴初居士都来信赞美我的决定,可见得封山之举在教内、教外的人看来,

云淡风轻的事件——从挫折中发展

佛光山封山，僧信二众于不二门前合影（一九九七年五月十六日）

他们也同意、接受。

佛光山确实需要封山，因为跟随我的青年徒众没有假期，每天周而复始，从事教育、文化、慈善、共修种种活动，都是发菩提心为佛教服务，为众生服务。那些跟随我数十年的青年弟子，现在已慢慢迈入中年、老年，我也应该留一点时间给他们修身养息。封山，他们就可以暂缓奔忙的脚步。

但是，佛光山不像过去的丛林，有良田万顷，有房舍千间，有山林生产，佛光山什么都没有，封山就等于是断绝人群往来。平时我们赖以生存的是源于信徒在佛前施舍的油香功德，忽然说封山，一切都断绝、一切都停摆了。我也知道，这对山上是一项很大的考验。不过，在海外的徒众也纷纷支持封山，他们都说："师父！你封山，所有的食用物资，我们在海外可以辛苦奋斗，可以为常住补助，

我写的封山法语手稿（一九九七年五月十六日）

"可以供养本山。"

好在佛光山多年来，在海外各个国家建立了别分院，现在，发挥了团队的精神，给予封山后的总本山支援，使之屹立不动，大家一样可以安心办道：著作的著作，教书的教书，参禅的参禅，念佛的念佛。

在封山期中，佛光山的禅堂、净业林念佛堂、佛教学院，大家各自修行，特别精进。例如，一打禅七，就是七七四十九天；一启动念佛，就是七个七永日。佛学院中，长年累月书声朗朗，经声不绝。佛光山突然间社会气、人间味减少了，道心增加了，道念增加了，感觉到"封山"也未尝不是一件好事。

然而，封山三年后，政府提出愿望要我们重启山门。因为基本上政府护持佛法，佛法应该也要辅助政府净化人心，加强社会道德的建设。经过三年的封山，信徒也希望佛光山重开山门，佛光山是僧信共有的，既是信徒发心建设，我们僧侣也不能为己过甚。在佛光山重启山门时，已经是二十一世纪新的时代来临了。

光阴似箭，从重启山门至今，不觉也有十多年了，但是有些人士还是告诉我说："佛光山不是已经封山了吗？"可见，封山在大家的记忆中留下深刻的印象。

所谓"封山！封山！常住责任一肩担；封山！封山！佛法的山门永不关。"但是社会人士以为佛光山到现在还在封山，这个讯息不知道是什么意义？这就令人难以揣摩了。

回忆这三年的封山期间，我们办《普门学报》、办人间卫视、办《人间福报》等。再开山后，我们对人间佛教的推动更加积极；再开山后，看到佛光会十多年在国际间的活跃，参与的信徒、会员对佛法也都逐渐信心成熟。青年的歌声、电视台的新闻转播、《人间福报》各种的报道，也都因为开山，好像人间佛教又再活络起来了。

在弘法初期，由于佛光山办了许多创新的佛教活动，经常被社会

沉潜三年后，佛光山重启山门接引众生（二〇〇一年一月一日）

误解，被同门批评。有时为你戴上红帽子，有时又为你戴一顶黄帽子。红帽子，是解严以前的台湾足以让你砍头的罪名；黄帽子，是在教界里置你于死地的居心。对于这些，我并不急于争辩，只是为了佛教尽己所能，为所当为。

早年，我为佛教发声建言，多次被教界人士议论为异端分子；后来，又因军工商各界官员前来请益佛法，我又被新闻媒体说成与政治挂钩，众说纷纭，我也没有理会，只是淡然处之，默然以对。因

二〇〇四年佛光山南天寺三坛大戒

为,凡是只要是对的、有益于社会大众的,我还是要勇敢去做,就像为"二二八平正"举行的相关活动。

结语

佛光山开山四十余年来所发生的特殊事件,除了上述这些之外,可说是不胜枚举,比方还有许多灵感的事迹等;然而,站在宗教的立场上提倡人间佛教的我们,也不便去过度地宣扬。不过,许多民间宗教的神明、信徒经常来山拜佛、访问,倒也是一件有意义的活动。

此外,佛光山在一九七七年传授国际三坛大戒,被誉为"模范戒期",后来为加强佛弟子的训练,分别于一九八八年在美国西来寺、一九九八年在印度菩提伽耶、二〇〇四年在澳大利亚南天寺等传授国际三坛大戒;甚至,一九九一年在佛光山举行为期三个月的罗汉戒期,都为佛教写下一些殊胜的纪录。

乃至,两岸的往来交流,佛指舍利的迎请供奉,学术会议一次一次的召开,我们相信:多少的烦恼事,最后都成为菩提;任何不净的污泥,只要我们真心,也会生长出清净的莲花。

大巧若拙

风波不断的社会
——我的排难解纷

在台湾数十年的弘法岁月里,
体会到在佛门中,尤其面对佛教会的一些欺厌与排挤,
我觉得"忍耐"是解决纷争最好的方法。
但在社会上,一些政治的团体,
人我利益的争执经常不断地发生。
我经常给人推派去排难解纷,
检讨自己的性格,
也自觉很适合扮演这种角色。
要做一个排难解纷的人,
主要的,不能让双方中有某一方吃亏,
如果有某一方觉得吃亏,
那就不能解决问题了。
所谓排难解纷、种种谈判等,
都需要有公平正义,才能皆大欢喜。

我的个性从小就不喜欢纷争,在幼年的时候,像少年的打群架、斗争,我一直都没有过这许多事情的发生。对于家族中父系和母系的长辈,他们彼此有意见、互相批评的情况,我都暗自不以为然。我觉得世间上"和平"是非常重要的;纷争的人生,一点意义都没有。

常有人赞叹中华文化的优良,固然说中华文化美好,但我觉得,历史上的战争残杀导致民不聊生,无法计算,真是教人不忍卒睹。一个朝代的更换,就要死伤几百万人;平时的冤案牵连,更是难以估算。像是明朝的大学士方孝孺,他因为不肯为燕王朱棣写诏书,不只是遭到诛灭九族,更被燕王下令诛灭十族,连过去的老师都不能幸免。光是这件历史案件就死了八百余人,其他的残杀事件,可说多得不胜枚举了。另外,像族群的械斗、地方利益的纷争,甚至盗匪猖獗、军阀横行,都说明了人间的惨事。

　　所幸,我幼年就出家,在丛林寺院里成长,虽有严格的要求、虐待的事情,但我将它视作是一种教育、一种法制规矩,也不以为意。慢慢地,经过岁月的成长,看到社会上许多纷争、诸多不平,但也无可奈何。就是到台湾来以后,遇到佛教界里的明争暗斗,我总是避而远之。甚至于我离开台北,最初选择落脚在宜兰,后来到了高雄,都是因为不喜欢在人文荟萃的台北所发生的诸多纷争。

　　我初到高雄,当时高雄是一个台湾发展中的大都会,也有许多纷争。例如:同一所佛堂里,里面的信徒就分了盐埕区、苓雅区、新兴区等派别,彼此相互地抵制、相互地批评。我曾经集合大家说:"你们这样子一个大高雄都不能团结,分成这里、那里;如果这样的话,你们礼拜的释迦牟尼佛,最好也请他回印度,何必要待在我们高雄呢?"

　　所幸的是,无论在哪里,信徒没有排斥过我,社会也没有排斥过我;但是佛门里面有一些人,所谓"同行是冤家",也还是免不了。不过,遇到的这一些批评纠葛,有的是为了利益,多数都是因为嫉妒,所以慢慢地我也学会了"老二哲学",学会了"低调",在人生处世上,感觉到受用不少。

　　后来,在台湾数十年的弘法岁月里,体会到在佛门中,尤其面对佛教会的一些欺压与排挤,我觉得"忍耐"是解决纷争最好的方法。但在社会上,一些政治的团体,人我利益的争执经常不断地发生。我经常给人推派去排难解纷,检讨自己的性格,也自觉很适合扮演这种角色。要做一个排难解纷的人,主要的,不能让双方中有某一方吃亏,如果有某一方觉得吃亏,那就不能解决问题了。所谓排难解纷、种种谈判等,都需要有公平正义,才能皆大欢喜。

　　记得第一次的排难解纷,就是宜兰县第七届的议员选举。那是在一九六七年，信徒余简玉婵女士是一个地方上知名的助产士，生得美丽大方，个性也温柔和善。她的先生是宜兰县警察局消防大队的队长，当时，她已经担任过县议员，这一次再度参选，寻求连任。

宜兰这个地方，由于当时党外运动人士郭雨新的声望很高，所以国民党在这里的选举都不是很容易过关。余简玉婵女士在选举开票过后，多了四十二票，把一个国民党预备规划为议长人选的张学亚先生，挤到落选的名单中。国民党宜兰县主任委员非常地着急，连夜找我，要我帮忙劝退余简玉婵，好让张学亚可以递补上来。

这件事情应该是很为难的，因为名利当前，人所好之，尤其是一场选举劳师动众，花费的金钱、精神不知多少，已经获得的利益，忽然说要放手给人，这谈何容易？但是国民党对我千万地拜托，这个艰难的任务我也苦思无策。因为平时我们宗教所倡导的是我要把利益给人，这时我怎么能叫别人放弃利益？我实在是说不出口。

我在万分困难之下，只有找余简玉婵女士，我好言安慰，要她放弃这一次的当选。我跟她说："你也是党员，党外的力量很多，议会中总要有一个强力的议长，为了党的利益，张学亚是应该能担任的。"张学亚是东北人，身材魁梧，曾经担任过县议会主任秘书，也在军友分社做理事长。他做事果断，看起来适合做议会的领导。

我劝余简玉婵顾念国民党的大局，就做一次牺牲。不过，我也跟她说："我刚刚从基督教手中接办'兰阳救济院'（即后来的'仁爱之家'），我请你来担任院长，虽然院长不及议员那么的风光，但是在宜兰县也是一个政府立案的慈善团体，正正当当的。尤其你是助产士,再接任'兰阳救济院',慈善再加上医疗,对你也是非常适合。"

她似乎显得为难,但是她还是开口说:"师父您这样子说,我就不敢拒绝了。"我松了一口气,心里的石头总算放了下来。终于替国民党完成了一件艰难的排难解纷。后来,余简玉婵和宜兰念佛会关系非常密切,也带领救济院不断地成长,还替兰阳救济院建了长寿馆,帮助许多老人安养晚年。

说到人我之间的纠纷,它其实就是一个"结",也是一个"解",就看你如何能解开这个结。有的人愈解愈是纷乱,真是难解难分。但是只要你懂得人性、懂得人心,这也不为难也。

此事了结以后,说来政治是很无情的。因为记忆中,后来张学亚对余简玉婵从来没有表示过感谢,国民党也没有对余简玉婵再给予提携。作为代表国民党的这许多人物,实在应该要有公平正义,也应该要有道德良知。

前面说到我避开台北的纷扰南下高雄,在我这一生云游世界的岁月里,过去曾有人替我统计,说我每年的弘法行程算起来总要绕地球两圈半。但实际上我已经有半个世纪以上的时间,经常都居住在高雄。举凡高雄的一切,我不但熟悉而且关心。

例如,一九五〇至一九六〇年代高雄市长的选举,从谢挣强,到陈武璋、陈启川这三大派系分别出来竞选,谢挣强代表澎湖派,陈武璋代表台南派,陈启川则代表高雄派。不过,那时候大家虽有地方派系之分,竞争并不激烈。但是到一九六八年,杨金虎代表民社党参加高雄市长的竞选以后,高雄市的社会竞争就愈来愈激烈了。从杨金虎手中夺回高雄市长政权宝座的,就是被称为"南霸天"的强人——王玉云了。

王玉云,原本是台南人,一九二五年在高雄出生。听说他出身高雄市的刑警,一路奋斗,登上高雄市议会议长的地位。一九七二年,他以议长之尊参选高雄市长。这时候,遇到一位天不怕、地不怕,二十三岁就步入政坛竞选省议员的赵绣娃小姐。

赵绣娃,一九四九年生,父亲赵善标在当时也是高雄市议员。女儿赵绣娃就以党外人士代表出来竞选台湾省议员,而且是高票当选。那时候,省议员的地位和市长相较,几乎不分上下,各有他们权力的行使内容。

说到选举,就有纷争,王玉云和赵绣娃,就为了各自的选票辖区而短兵相接,演变成互相毁谤、互相批评,甚至于互相谩骂,最后两个人虽然各自当选,但是也各自都告到法院,准备对簿公堂。

这两个人,都是高雄的高级政治人物,拥有各自的群众,一再的纷争,实在非高雄之福。加上媒体的推波助澜,使得这两位政坛的一男一女,甚至到神庙前斩鸡头、发毒誓,信誓旦旦地说要让高雄市民来评鉴谁是谁非。这样子的斗争持续约有半年之久。当时,高雄市的国民党市党部主委许引经先生便找到我,希望我能帮忙协调。

许引经主委是江苏泰兴人,一九二六年出生。他对我说,高雄市这样一雄一雌的诉讼,对社会风气会有不良的影响,虽然也经过很多的人调解,但目前看起来,双方的执着势难罢休,希望我能出面,看看是否可以融和化解。

我想到,王玉云先生从他做议员、议长到市长,和我们就常有来往;而赵绣娃,应该在她二十岁左右的时候,就在佛光山的怀恩堂皈依了。在那时候,佛光山所有的佛殿都没有完成,只是暂借怀恩堂举办皈依典礼,皈依的信徒中就有赵绣娃其人,而我们在高雄寿山寺举办的法会活动,赵绣娃也都经常前来参加。

这样一个美丽活泼的小姐，她对政治的热衷不下于她的父亲赵善标先生，而且竟然在高雄一选成功，可见当时的社会大众对于年老的政客也有诸多的不满，所以赵绣娃能以清新的年轻人面貌，获得广大的群众支持。这就透露出大家希望现实的政治，能有焕然一新的局面。

我也了解到，其实王玉云和赵绣娃两人的诉讼，只是意气之争，可以说都是因为一些误会产生，或者是相互的批评，甚至是给选民的舆论鼓噪、新闻媒体的过多炒作引起的仇恨，就越结越深了。

基本上，要劝说这两位政治人物，我也没有把握，我只能给予他们一点晓谕：所谓二虎之争，最后必有一伤，甚至双方皆有损伤。其实，彼此也不是有什么恩怨情仇，政治是一时的，人生平和的生活才是永久的。斗争，只会造成相互损失，假如能放下计较、执着，是何等的轻松自在。

由于国民党党部主委许引经已经告诉王玉云，高雄市的政局要安定不要斗争，等到我再跟他说明的时候，王玉云已有意放弃执着。而赵绣娃小姐，在我跟她说了以后，她满口地说："既然师父您出来开示，我完全听您的吩咐。"我想，这就是信仰的力量。

有了这样的因缘关系，我就邀约他们两人准备做正式的调停和解。因为法院的诉讼案第二天要开庭了，我必须要在他们出庭的前一天解决问题。

那一天，正逢我们在寿山寺举行浴佛法会，因为这是佛教的大事，我不能脱身；而王玉云先生大概也忙于拜会各个佛寺、宫庙的佛诞节法会和各处的妇女会，电话都不容易接通，一直等到下午四五点，才相约在佛光山朝山会馆光明十二号的客厅见面。

在这之前,事先我都已经替他们写好了和解书,并且给他们双方看过,得到彼此的相互承认。我想最重要的是,和解书中不去触动他们的问题,判定谁是谁非,只要让大家都能有尊严的台阶可下,所谓的争讼就容易平息。在这同时,他们也在撤销诉讼书上签字了。

当天,我就这样牺牲了一顿晚餐,解决了这一件重大的纷争。那时候台湾的三大报系《中央日报》、《联合报》、《中国时报》都纷相刊载这条重要新闻。所以,后来在高雄地方上的排难解纷,就知道有我的一份了。

除了在南台湾之外,在一九九四年,台北也发生了一件大事,那就是"观音不要走"事件。

这尊引发佛教徒挺身护教的七号公园(今大安森林公园)观音圣像,大概两尺多高,连基座总高近三百公分,是国际知名艺术家杨英风先生的雕塑作品。在一九八五年由大雄精舍创办人邱慧君居士发起恭立,当时土地所有权人板桥林家的后代林宗贤先生,允诺无条件提供土地供奉。于是,观音就在公园里的一个角落,从此安座下来,与对面的大雄精舍相互辉映。周围并有柳树、绿地,成为台北市民一个可以围绕、跑香散步休闲的好去处。

早在一九九二年,台北市政府征收土地计划辟建公园时,大雄精舍住持明光法师便代表民众向市府陈情,希望能保留此一观音圣像。经市长黄大洲的裁示,在一九九三年九月发文给明光法师,明确指出:"有关本案大安七号公园用地内的观世音像乙尊,经查系名雕塑家杨英风教授作品,经本府深入研析结果,为维护艺术、文化气息,在捐给本府维护管理原则下,准予保留……"

这本来是一件很美好的事情,但是大安公园附近的基督教灵粮堂,里面的牧师看不习惯,便上书市政府,要求清除大安公园的观音像。最初,市政府并没有采取行动,但最后经不起灵粮堂的催促、抗争,市政府便有意要把观音像迁移到淡水关渡去。这时候,明光法师才真正着急起来,与昭慧法师以及有"小霸王"之称的"立委"林正杰,发起"观音不要走"运动。

实际上,观音像要迁移这件事,在市政府里面已经有了腹案,这时候再发动"观音不要走",情势并不是那么有利。尤其佛教的护法并不多,因此明光法师、昭慧法师他们非常着急,三番两次到台北道场求助于我,希望我能出面协助,寻求解决的办法。

当时,我也感到为难,因为我和政界从未攀亲叙旧,像这样的事情,都要有人力才能处理,所谓"朝中无人莫做官",你在当朝没有力量,讲话就不算数了。

台北市大安森林公园"观音不要走"事件,最后由我出面与市议员、市政府协调达到共识,观音终于留下来了。右为台北市长黄大洲(一九九四年三月二十七日)

经过多次的协调,甚至昭慧法师他们在观音像周围挂起布条,诉求"观音不要走",并且发动信徒到那里日夜静坐称念观音圣号,祈求观音自己能发挥威力,从"观音不要走"到"观音不肯走"。到最后,看到政府无动于衷,灵粮堂也不肯让步,演变成昭慧法师他们就地绝食抗议。

我为了此事,特地到灵粮堂找一位林牧师谈判,希望取得双方的和解。我表示,这尊观音像已经供在那里很久了,既不妨碍景观,也不妨碍交通,又是享誉国际的艺术家杨英风的作品,让他在公园里,倍增公园美丽和平的气氛。但是那时候,林牧师志在必胜,不肯让步。他说,他们的信徒认为,公园是一个公共的地方,不可以让某一个宗教有一己的宗教色彩。双方僵持不下,但仍然没有人出面处理。

不得已,我请台北市议员江硕平协助,由他邀约基督教周联华牧师,一同和台北市黄大洲市长在市政府里会议。那一天,黄市长因公务非常忙碌,一直到晚上七八点钟,协调会议才开始。

我开宗明义告诉市长,这件事情已经引起佛教信徒的气愤,他们认为,市政府已应允在先,现在又要观音离开大安公园,实在欺人太甚。明天他们将发动全省各地三百部游览车的人员,从南部北上,到台北来静坐抗议,诉求"观音不要走"。

黄市长一听,吓了一跳,他说:"这还得了,假如这三百部游览车上来台北,台北交通要瘫痪了。"确实,因为那时候,台北正在进行捷运地下化工程,又有市民大道的建设,可谓交通黑暗期。那时候的台北市,连一二十部的游览车都没地方停放,哪里能再容纳从外县市来的这三百部游览车呢?

黄市长深知事关重要,反过来要求在座的佛光会秘书长慈容法师说:"你们的游览车万万不能上来,关于观音像,我们再从长计议。"

就这样,一场谈判直到十二点多才结束,三方达成共识:观音可以留下来。我们即刻赶到大安公园,把这个喜讯告诉在场静坐的许多法师和居士们约百余人。大家听了欢喜雀跃,许多人流下感动的眼泪。而此时,已经是午夜两点多钟了。

后来,台北市政府正式发文,承认这尊观音为艺术品,将永远保留在大安公园里。此事至此,终于获得一个圆满的解决。

其实,这件事情所以能获得急转直下的解决,主要的要感谢昭慧法师以及佛光会的会员。那时候,在一九九一年成立的佛光会,到一九九四年,在全台湾已经成长为拥有四百多个分会,以及百万名以上的会员团体。如果让佛光会的这许多会员们都来参与"观音不要走",一定会造成社会群众运动。所以,市政府后来再也没有谈起要让这尊观音离开,自然的也就符合了大家的希望:从"观音不要走"到"观音不肯走"了。

仁爱救济院门前的石碑

这个事件,几乎要引起宗教的对立。其实我这一生,对于人我之间,就是诉求不要相互对立。例如,我们在宜兰接办基督教创设的兰阳救济院(即仁爱之家),一进大门,就可以看到一块"感谢天主"的石碑。这表示这里原由基督教设立,只是现在换成佛教来管理,但一样是为大众服务的。

当时,许多佛教徒要把这块石碑去之而后快,但我持反对意见。因为历史不可毁灭,现在我们能把基督教的单位改成道场,这不是很荣耀吗?所以,不只他们"感谢天主",我们也要感谢。后来,尽管仁爱之家经过多次重建,这块牌子至今还仍然存在。

这些政治上的纷争,都有关"权"、"利",比较难解决,尤其有"名"在里面,有关到"面子问题",就更不容易摆平。至于民间也有一些纠纷,不过,大部分只是为一个"利"字,或一个"理"字。为了利益不均,为了理不平,有时候,有很多事情,只要大家肯花一点钱就能消灾了,我也曾经协助解决过很多这样的事情。

比方,一九九四年,高雄大树乡和海军为了水权问题,双方起了抗争。原来,海军部队、军舰的用水,都是由大树乡的八口井的井水供给军用。后来,大树乡换了非国民党人士执政,他们要封锁这八口井,要求海军给付使用回馈金,否则不准海军前来大树乡取水。军区里有数万人,忽然没有水用了,这是一件很严重的事情。

记得那时候,海军负责人高法鹏前来跟我说明情况,我觉得这件事情容易解决。我就跟他们说:"你们付一点费用给大树乡不就了事了吗?"高法鹏也接受我的意见。因为大树乡是一个穷乡,能得到海军的这一点费用,也算是对大树乡的建设有所帮助,而海军也能取得用水,彼此不是皆大欢喜吗?

同在一九九四年,也发生一件著名的纷争。名电视制作人凌峰和演艺界的名经纪人夏玉顺先生,两人不知什么原因,在台北"国父纪念馆"大打出手。夏玉顺提出验伤单要求凌峰道歉,否则就提出告诉。那个时候,凌峰因为主持"八千里路云和月"节目,气势正红,哪肯先声道歉?两人僵持不下,夏玉顺一状真的告到法院去。

后来这件纠纷是什么因缘来到台北道场要我帮忙和解,我也记不清楚了。不过,凌峰倒是我很欣赏的人物,尤其在一九九〇年代,台湾正是掀起一股大陆探亲热的时候,一般人对于大陆的风光圣地,虽不能到,心向往之。透过凌峰的"八千里路云和月"节目,他那种带着感性的文采,对于家国山河的介绍,令人听了心生向往。因此,每次电视上放映"八千里路云和月"的节目,总不愿意错过。当然,对制作人凌峰先生我不禁钦佩万分。

艺人凌峰

说到这里,我也想起,我也曾经建议电视制作人周志敏小姐,邀她拍摄关于大陆风土民情的介绍,后来,她制作了"大陆寻奇",引起热烈的回响,至今播出不辍,成为电视史上最长寿的社教节目。后来,"大陆寻奇"获得了金钟奖的最佳社教节目奖,周志敏小姐在台北"国父纪念馆"参加颁奖典礼时,她甚至把奖项归功是我的建议。对于"八千里路云和月"以及《大陆寻奇》这两个节目,可以说,我都是非常欢喜收看的。

话说回来,凌峰和夏玉顺先生,他们从语言的冲突到肢体的冲突,甚至从口角之争到法院的诉讼,这中间的过程造成当时社会的轰动。夏玉顺先生眼看着已经争出了胜负,但像他们这种社会的知名人物,如果按照法院的判决有了输赢的结果,那在名誉上实在也不好看。

这时候,我商之于凌峰,凌峰态度已经转为柔和,只要夏玉顺同意,愿意息事宁人,双方和解。夏玉顺他也提出两个要求:一是律师费十余万元,要让凌峰付出;二是凌峰一定要说声抱歉。

我把他们两个人约到台北道场聚餐,握手言和,当然要凌峰说一句"对不起",这也是容易做到的事情,这一场纠纷也就这么平安落幕了。只是关于律师的诉讼费用,我就自己掏腰包默默地解决了。

说到排难解纷,我想,我对于宋楚瑜和吴伯雄两个人共同竞选省长的这件事情,可以说是最用心良苦了。这要从一九九四年,先是担任"内政部长"的吴伯雄宣布要竞选台湾省长开始说起。

因为那个时候,台湾实行地方自治,第一次要落实民选第一任省长,各方群雄都眼睁睁看着,希望能跻身其中。吴伯雄宣布了以后,时任省主席的宋楚瑜,也跟后宣布要参加竞选,并得到时任领导人李登辉的支持,当时李登辉还兼任国民党主席。

当时,吴伯雄已经发出豪语:"我一定要竞选省长!"那时候,政府已经有意分出台北市、台中市、高雄市作为特别市,特别市的级别就和省一样,因此,台湾省的范围就缩小了。他甚至说:"就算台湾省只剩阿里山,我也要竞选到底。"这话中的意思就是表示他竞选的决心。我们局外人也不知道其中的利害关系,只觉得无论是上台、下台,都不是那么严重,但是这许多当事人都非常认真。

当时,我们与宋楚瑜先生还不常来往,但他的声望极高,而吴伯雄先生和我们常相接触,尤其他还是国际佛光会世界总会的副总会长,一时瑜亮!这让我们陷于两难,是要支持宋楚瑜呢?还是支持吴伯雄呢?

其实,这二位都是国民党的政治明星,国民党让他们两人出来竞争,实非人民之福。尤其对手是宜兰的陈定南,陈定南代表民进党出来竞选;如果国民党让两雄相争,必定渔翁得利;而国民党的胜选,必然会遭遇困难。

我记得,在国民党党团会议要提名宋楚瑜做省长候选人的时候,吴伯雄都不被允许进会场。此举更加激励吴伯雄要竞选到底的雄心壮志。我们看在眼里,知道在台湾的选举中,党团还是有很大的力量,一个人失去党的支持,必定对自己不利。可是,个人有个人的盘算,我们身为旁观者,明知二雄相争,必有一伤,但也无可奈何。

刚好,我去"国父纪念馆"参加反毒总动员大会师的授旗仪式。会中,吴伯雄起身来到我的座位前,他希望在大会结束之后能和我谈话,我立即应允。那天,正逢"提姆"台风过境,于是,我们就在风雨中一起回到台北道场。

谈话一开始,吴伯雄向我诉说为竞选省长之事苦恼,因为参选会伤害国民党,不选,又会得罪多年来为他造势的朋友。这时,我趁势告诉他,选举有胜有负,败了固然不好,但是胜了又如何?我认为人生中,前面的世界只是一半,在退让当中,往后一看,后面的一半,还是美好的世界!一个伟大的人,要能做一个皮箱,当提起时提起,当放下时放下,当前进时前进,当后退时后退。

我告诉吴伯雄,他和宋楚瑜两人都是高手,争取参选省长,这场竞选的后果,对国民党与个人来说,都会很难堪。其实,佛法中的慈悲,就是当没有人愿意做的时候,我们就要奉献;而当已经有人在做了,我们就让贤。两个高手,一进一退,大家都有利。总之,我的意思就是要表达,"退一步想,海阔天空,让他三分,何等自在"!

三小时的长谈中，吴伯雄时而凝神细听，时而哈哈大笑，相信他对于未来的方向已有自己的琢磨。

隔日，国民党台中省党部动员月会要我去做一场讲演，我在阴雨的天气里从台北到了台中。当时，省党部的主任委员是钟荣吉先生，和我一向交情深厚。因为他从《联合报》的采访主任要出来竞选"立法委员"的时候，就是从佛光山誓师出发，所以他一直把佛光山当作是他政治生涯的起点。

钟荣吉先生见了我，自然就谈起了省长选举的事情。不知怎么地，触动我一个灵感，于是在讲演中，我谈起了"老二哲学"。我说，做老二也不比做老大更差，我在家上有一兄，下有一弟，我是老二，我根本就不要父母烦心，老大长大了，穿过的衣服，当然让给老二继续穿；出家以后，上有一个师兄，我也是老二，凡是师兄不要的东西，都是我来接受，所以我也不要师父烦心。我觉得做老二的人，看起来输老大一分，但在另一方面得到的更多……

隔日，各大报纸的头条新闻，都是刊登吴伯雄退选省长的有关消息，《中央日报》、《中国时报》、《联合报》、《民众日报》等都指出吴伯雄的退选，与前天我和他的一番长谈有直接的影响。而国民党省党部主任委员钟荣吉随即发表谈话，引用我在省党部的讲话内容，赞叹吴伯雄的胸襟与气度，印证了我所说的"老二哲学"。

大家各说各话，不过我所知道的，吴伯雄真正的退选，我的影响力固然是有，但最重要的是他的父亲吴鸿麟老先生要他退让。所以一场风波，就此烟消云散。在我认为，吴伯雄退选是一种难得的智慧与勇气，因为心中放下了长期以来的烦恼，足见他有了相当程度的领悟。懂得舍得、放下，才真是了不起。

风波不断的社会——我的排难解纷

钟荣吉先生(右)及国际佛光会中华总会荣誉总会长吴伯雄(左)来山拜访(二〇〇七年三月三日)

由于吴伯雄的退让,后来宋楚瑜才有那样子的力量打败陈定南当选首任省长。之后,宋楚瑜与佛光山也有些来往,他参加竞选台湾领导人时,曾在山上住过;在台北道场,我们也有过几次餐会见面;甚至,他也要我帮他力劝吴伯雄做他的竞选副手。

尤其,在二〇〇〇年,宋楚瑜要我替他新成立的党起一个名字。我曾经有为店号、信徒的儿女取名的经验,但为党起一个名字,这还是头一次。不过,当他的党叫"亲民党"的时候,我觉得有一个更好的字眼,叫"公党",取自"天下为公"的意思。

因为国父孙中山先生就是主张"天下为公",这是人民可以接受的。你既然要参与政治,就要有这种"公天下"的胸怀,为"公天下"的发心。如果只是"家天下",就会变成是自己的事业,像王永庆有"台塑王国",张忠谋有"台积电王国",郭台铭有"鸿海王国"。但是企业王国,都是集团的人所共有,集团的人所参加,而参与政治的王国,一定要有"公天下"之心,国家是每个人都有份的,如果"民不在吾心",那参与政治有什么意思?所以,所谓"民在吾心",是不容易做到的啊!

行文至此,让我想起了佛陀当初在印度也有调解诤讼的证录:

当时,阿阇世王想要征讨越祇国,不知道这场战争胜负如何?他为了慎重起见,特地派遣雨舍大臣去请教佛陀。

雨舍大臣因为战争要去请问爱好和平的佛陀,感到非常为难,但也不敢有违王命。佛陀请雨舍大臣坐下之后,没有跟他讲话,就只是与阿难做了一番对答:"阿难!你见过越祇国的人谈论过政治吗?他们的政治是不是自由平等呢?"

"我听过他们谈论政治,他们的政治非常自由平等!"阿难回答。

佛陀又问道:"阿难!你听过吗?越祇国的人有教育,从来不做不法的事,一切都很合乎礼度。"

"佛陀!我知道越祇国的教育非常普及,无论男女老少都很守法爱国。"

佛陀说:"如果是这样,全国老少都受教育,尊崇礼教,他国的侵略必定是不会胜利的。"

佛陀陆续向阿难询问有关越祇国的信仰、民风、言语等等。最后佛陀慈悲严肃地对阿难说道:

"阿难!你和我到过越祇国,知道那边的国情,越祇国并不畏惧他国侵略!"

雨舍大臣听到这里的时候,没有等到佛陀说完,就站起来向佛陀顶礼说:

"佛陀,我领教了。我懂得越祇国的人民,他们有道德、有同一信仰、思想、意志、行为,他们全国上下团结一致,是不会被征讨而亡国的。谢谢佛陀,失礼了,我先告辞了。"

这就是佛陀为国家之间所做的排难解纷。现在,我辈弟子也是满心祈望世界和平,人民安乐,不要有纷争。

和警察捉迷藏
——我初期弘法的点滴

在我一生弘法的历程中,
也曾遭遇诸多困难。
早在我要来台湾的前一年,
人在南京华藏寺,
就曾经为了佛教的革新运动,
和教内、教外的恶势力几次过招。
隔年,一九四九年来到台湾之后,
弘法利生的困难之路更是于焉开始。
六十多年来的弘法生涯,
我没有比别人多一分享受,
每天都是工作、工作,照相、照相,
访问、访问,讲话、讲话,
尽管如此,不管遭遇什么境界,
我一样过得很自在。

身为出家人,所谓"弘法是家务,利生为事业",这也是我一生的职志。我觉得,我所以出家,"弘法利生"本就是应有的使命感。

弘法,是将佛陀的真理普利大众,这对道德的提升,对人心的净化,对社会风气的改善,对人我次序的建立,都有正面的影响。只是,弘法的过程,经常也会遭遇困难。

例如,当初佛陀在世的时候,虽有万千信众的欢迎,但也有少部分的人给予刁难。乃至于佛弟子,神通第一的目犍连尊者,给外道用乱石打死;说法第一的富楼那到输卢那国布教,遭受抵制;在印度佛教史上,龙树、提婆、无著、世亲等尊者,他们在传播佛陀真理的生涯中,也都遭遇到许多的困难。

甚至佛教传到中国之后,也历经了许

和警察捉迷藏——我初期弘法的点滴

在云林县北港弘法留念(一九五八年十月六日)

多教难,从"三武一宗"法难,一直到近代太平天国的破坏寺庙、冯玉祥的拆寺逐僧、邰爽秋的庙产兴学,以及"文革"的毁佛等等。但是当中也有很多的古德先贤,他们抱着"但愿众生得离苦,不为自己求安乐"的发心,和"将此身心奉尘刹,是则名为报佛恩"的立愿,牺牲奉献、奉献牺牲。每每在我读到这许多高僧大德的事迹时,不禁也要热血沸腾,兴起效法的愿心。

在我一生弘法的历程中,也曾遭遇诸多困难。早在我要来台湾的前一年,人在南京华藏寺,就曾经为了佛教的革新运动,和教内、教外的恶势力几次过招。隔年,一九四九年来到台湾之后,弘法利生的困难之路更是于焉开始。

先说我在新竹青草湖"台湾佛教讲习会"教书的时候。那时承蒙新竹县佛教会要我每个星期六到新竹市城隍庙前的广场讲说佛法;但是,青草湖的派出所不知奉谁的命令,却毫无理由地不准

新竹青草湖台湾佛教讲习会师生。前排左起：志定、性定、慧定、善定（右一）等法师，后排左起：心然、心悟、煮云、本人（时任教务主任）（一九五一年）

我前往。我想，我并不是张学良，也不是孙立人，还不够资格被限地居住，因此就向派出所提出抗议。当时蒙受一位警察好意，对我说："你可以去讲，但是每次去的时候都要先到我这里备案。"横竖我们光明磊落，就是报备了也不会坏事，所以每一次出门，我都会去向他请假。

在这之前，我于中坜圆光寺居住，警察先生大概是碍于妙果老和尚的面子，都是白天前来查对户口，探看我们是否安住寺中；但是到了新竹青草湖，警察则经常是半夜三更来敲门，说是要查户口。甚至到了一九五三年，我初到宜兰的时候，也经常在半夜被叫起来对户口。本来很平静的生活，就给这样的干扰弄得风声鹤唳、草木皆兵。

我从新竹来到宜兰，目的当然也是为了宣扬佛法。不过那时候，我知道光是口头讲说，并不能引人入胜，所以就买了一台扩音机，大小几乎如大鼓一般。透过扩音机扩散出去的音声，也就更为好听了。同时，为了引起信众的注意，我从日本买了一些佛教故事

和警察捉迷藏——我初期弘法的点滴

的幻灯片,如"贫女的一灯"、"鬼壳的面具"等等。只是,那些幻灯片的画面,难免有日本文字出现,一位派出所的警员看了,当场就叫我停止放映。这也很难怪,因为那个时候台湾才光复不久,正要去除日本文化,我怎么可以放映日本的幻灯片呢?

但是,话再说回来,教育并不是政治,实在不应一概地泛政治化。不过无奈于时局,我也只有服从指示了。没过几天,不可思议的事情发生了,这一位姓郑的警察跑来找我,说是长官指示要举行警察考试,想要借用我念佛会的讲堂作为考场。我想起他不准我播放幻灯片,以及半夜藉故查户口的事情,也就不客气地说:"不借!"

当然,他只有把我的拒绝回报给他的长官分局长。分局长知道了,也不避讳地就跑来找我。我一见到是分局长来,赶紧藉机就说:"分局长,你要借用场地举行考试啊!没有问题,欢迎、欢迎!我只是因为刚才那位警察经常来找我们麻烦,才不肯借给他。现在分局长你出面,一定是没有问题的。"

没过几天,那位姓郑的警察就跑来跟我说:"你害得我好苦哦!我现在被调到太平山去了。"那时候,太平山和宜兰之间,来回都要一天半天的,交通不是那么方便。听了他的话,心里想了一下,我说:"郑先生,给人方便,就是给自己方便;你给我不方便,当然你也就得不到方便了啊!"

总之,我在台湾的弘法活动,经常要和警察应对,甚至偶尔来个捉迷藏,到后来也变得很有经验了。

记得是一九五四、一九五五年左右,我们在宜兰县一个叫作"龙潭"的村庄,利用临时找来的汽油桶,上面铺盖二块木板做成舞台,再以十二块钱装了一盏电灯泡照明,就开始说法了。

说法途中,有一个警察忽然出现在汽油桶旁边,也就是我的脚边,对着我说:"下来!下来!"我低头一看,是一位服装穿戴整齐的警察,心里立刻料想到,他叫我下去,必定是不准我在这里说法,如果我不下去,恐怕会惹上"妨碍公务"的罪名;可是如果这时候下去,又怎么对台下的听众交代呢?不得已,我就叫了在一旁的吴素真小姐,也就是现在的慈容法师。我说:"你先来唱个歌,安抚一下信徒,我下去一会儿。"

到了台下,我劈头就问:"你叫我下来做什么?"

警察说:"不可以集众!现在是戒严期间,你违反戒严法!"

我说:"这是一种社会教育,也是民间的娱乐,对社会是有帮助的。"

他却说:"不行,你赶快上去,叫大家解散!"

我看他那激动的样子,知道没有办法再和他多说些什么道理,只有说:"若要解散,你上去宣布!"

他一听,责怪地说:"我怎么可以上去解散?应该由你上去宣布!"

我说:"不行!是我叫他们来听我说法的,我怎么能叫他们解散?如果你不上去宣布,那就只有请你让我继续讲,讲完了以后,自然解散。"

他听了以后,也觉得没有别的办法,就狠狠地丢下一句话:"你可不要出了问题!"

我说:"不会有问题的!"

看他口气松下来,我就又回头上了台,把这一场弘法大会做一个圆满结束,最后大家当然是自然解散了。

最初我在台湾的弘法布教,到处遇到困难。其实,警察为了阻挠我们弘法,常说的"戒严",也只是一句借口罢了。实际上,那时候基督教可以随意打鼓吹号,牧师传教可以到处拉路人听讲,他们都没有遭受为难;只有佛教,因为风气未开,所以经常遇到困难,不但不准我们在露天广场集会,有时候连要去监狱布教也遭受阻碍。

监狱向来允许各宗教为受刑人施予感化教育。像我初来台时,在新竹、台北都有过监狱说法的经验;到了宜兰,也是照常热心地为社会服务,到监狱里,给予受刑人一点佛法教育,帮助他们改心向善。但是后来,宜兰监狱有一位姓屠的教化科长,竟然叫我不可以讲佛教,只可以讲儒家。我说:"牧师都可以讲基督教了,我为什么不能讲佛教呢?"他却说:"你如果老是'阿弥陀佛'东、'阿弥陀佛'西,不断地提'阿弥陀佛',我只有不准你来。"

当时,我很喜欢宜兰监狱里的教诲堂,里面供奉的一尊一米高阿弥陀佛圣像,非常庄严,是我过去所未曾见。我经常借着讲演的因缘,来看这尊佛像。现在既然他感到为难而不准许我进出,我也只有作罢了。

但是,后来他却托人来询问我:"这尊阿弥陀佛像卖给你,要不要?"我一听非常欢喜,筹措了两万元就请回了这尊佛像。后来,我还把这尊阿弥陀佛圣像翻版复制。假如说现在佛教界里,哪个地方立有一米多高的阿弥陀佛像,大概就是当初宜兰监狱阿弥陀佛圣像的千百亿化身了。像现在宜兰佛光大学光云馆里供奉的阿弥陀佛圣像,就是这尊佛像的复制品。至于原版,我则已不记得到哪里去了。

过去,我年纪轻,体力充沛,活动力强,所以在宜兰、头城、罗东等地都成立了念佛会,后来甚至远到台北、虎尾、龙岩,也都分别设有念佛会。尤其宜兰到花莲虽然路途不是很遥远,只是苏花公路惊险万状,也就让一般旅客视为畏途。但是在我的想法,既然说要"佛光普照",那么我就应该到花莲去弘法。

宜兰佛光大学光云馆内供奉的阿弥陀佛圣像

其实,一九五二年花莲发生大地震时,我就曾经代表佛教会到花莲结缘、救济。只是那时候,我的能力有限,没有办法,只能尽一点心意,给予一些旧衣服、一点金钱的救助。

应该是一九五五年左右,我终于到了花莲弘法。那时候我们弘法布教,既没有广告,也没有据点,更没有预先的联络、通知,到达花莲以后,弘法队的青年一起坐上三轮车,车上放了一部放声机,就出去宣传了。宣传的词句,还是我替他们撰写的。我记得是:

咱们的佛教来了!咱们的佛教来了!

今天下午七点钟,在某某广场,有某某法师,跟大家讲说佛法。

咱们的佛教来了!咱们的佛教来了!

但是,还不到晚上七点,花莲警察局就派人四处在找我:星云法师是谁人?在哪里?最后他们找到了我,还把我送进警察局。警察见到我,第一句话就说:"你怎么可以到花莲来传教?"

我也很不客气地就回答:"我在台北到处传教,花莲是什么化外之区,不能讲说佛法吗?"

"嗯?"他一听我的话,原本强硬的态度即刻缓和了一些。

我想,大概是因为听说我从"台北"来的吧!台北是一个卧虎藏龙的地方,眼前的这许多人究竟是何方神圣,他难以料知,在摸不清底细之下,只有勉强放下身段了。就这样,我拿出一个"台北"来吓唬他,也能收到一点效果。最后他说:"那好,你要注意交通安全,可不能出事情哦!"

我说:"这是一定要做到的。"向他道谢后,我离开了警察局。

弘法本是好事,更何况信徒们各个都是善良的听众,并不像现在的街头运动,参与者往往采取激烈抗争。我们既无口号,也无诉求,只是听一点做人、齐家、爱国的观念,这有什么不好呢?

率领宜兰念佛会青年下乡弘法(一九五三年)

我到宜兰的同时,高雄市的法缘也接踵而至。所以,后来我便经常在宜兰、高雄两地奔波。那个时候,从宜兰到高雄要坐上十几个小时的火车,时间相当漫长。但是利用这一段时间,正好也让我完成了《人生》杂志和后来《觉世》旬刊的一些文章。

不过,在高雄的弘法,倒也不是都那么顺利的。最初我在苓雅寮高雄佛教堂广场上讲说《普门品》,每晚听众都在千人以上。但是叫人气愤难平的,总有很多基督教徒穿着他们"神爱世人"的背心,在佛教堂门口散发传单;我们温和善良的佛教徒们看了,却都不敢提出抗议。当然,我知道原因是什么,但也由于他们有后台支持,力量很强大,我们只有忍气吞声了。

从高雄佛教堂而后建了寿山寺。寿山寺在一九六四年左右才刚刚建好,还没落成,高雄要塞司令部就透过市政府传来了一封公

驻锡南台湾弘法的第一所道场——高雄寿山寺

文说要拆除,理由是超高,妨碍军事目标。我一看,只觉惭愧,真是没有福气,一定会给佛教界笑话:你看,星云某人,不是说要建寺吗?好不容易建起来,现在又被拆除了!

不过,这时许多信徒都在酝酿,要到市政府去请求收回成命。我心里盘算,要塞司令部是军方单位,必然是听不进市政府的意见,更何况这还是他们命市政府来执行拆除的?真正要拆除寿山寺的是高雄要塞司令部。

所以,我只有安慰信徒,请大家稍安勿躁。随后,我拿了身份证就前往要塞司令部。从寿山寺到要塞司令部,不需几分钟就到了。我在门口做了登记之后,警卫就放行,让我进到他们的办公室。这时一位上校早已接获电话通知,威风十足地从里面走了出来。我具备军阶的常识,所以看到他肩膀上有三朵梅花,立刻就知道他的阶位。

他一见到我,开头就问:"你有什么事吗?"

我说:"上校先生,我是为寿山寺的事来的,但是我来,并不是请求你不要拆除寿山寺,我是一个和尚,你拆了寿山寺之后,我到其他寺庙去挂单也是可以。只是,有两件严重的问题,我不得不告诉你。"

和警察捉迷藏——我初期弘法的点滴

他听了之后,很大声地说:"你说!哪二件事?"

我进一步解释:"前两天,越南的吴庭艳总统被杀害了,搞得越南这个国家动乱不已,你知道为什么吗?就为了挂佛教旗的事。因为吴庭艳总统是天主教徒,不准许民众挂佛教旗,所以引起广德大师自焚,社会纷乱,连总统也被杀害了。现在寿山寺是全高雄市的信徒们出资,才刚兴建完成的,你下令叫高雄市政府拆除,这就等于拆除他们的家一样,比起一面佛教旗,事情还要更严重,其后果会是什么样,我真是不敢想象。"

我又说:"第二件事,现在大陆也正因毁坏寺庙、解散僧人,喧腾国际;假如在你拆除寿山寺时,忽然来了一位新闻记者,拍了一张照片,之后传送到海外的报纸发表,那么,当国际得知台湾一样在毁灭佛教时,恐怕也是难为情的事了。"

他听了我的话之后很紧张,赶快就问我:"那怎么办?"

我说:"要怎么办?很简单,你重下一道命令给高雄市政府,叫他们不要拆除寿山寺就好了。"

他立刻说:"我照办!我照办!"满天的乌云就这样消散了。现在回想起来,我也是很勇敢的。

当年寿山寺遭遇的困难可谓不一而足。寿山寺位于寿山公园的路口,那时候,为了让佛学院学生可以到处去参学,我们买了一部中型巴士,固定停放在寿山寺门口。但是寿山公园的管理单位却不肯让步,一直认为我们的车子是停放在他们的公园里。不过,由于他们只是一个公园的管理所,并不是武装部队,不能强迫我们做什么,事情也就缓和了下来。

可是过后不久,他们竟然想了一个方法要来对付我。他们请了人在公园的入口处砌了三个台阶,明眼人一看就知道,这分明是要让我们的中型巴士无法开上寿山寺门前。事发那天下午,我正在为信徒举行皈依典礼,有人通报我:"公园管理所把我们的坡道拆除,说是要在那里做台阶。"

我一听,非常生气,想着:那坡道是我修建的,就算你要拆除,怎么能不知会我们?何况这是门口!我赶紧叫信徒洪淑贞说:"你赶快去替我阻止,不要让他们把坡道破坏了。"但是,她哪里敢?旁边还站了警察呢。

于是我匆匆地把皈依典礼结束,连海青都来不及脱掉,就立刻赶到了现场,指着警察说:"你真是不懂事,怎么敢来拆除这个坡道?难道你不知道吗?前天,蒋夫人才来参观视察妇女习艺所,假如你把坡道拆除,下次她再来,车子开不上来,她的安全你能负责吗?"当时妇女习艺所,就位于寿山寺的后面,进出都得经过寿山寺。

他给我这么一讲,吓得不知如何是好。我接着说:"你赶快把它修复好!我为了蒋夫人的安全,在这里花钱做坡道,你却来这里搞破坏。"

我自知是蛮理,但他也不敢得罪蒋夫人。你们用蒋夫人做背景,我也用蒋夫人做背景,所以这个坡道至今四十多年仍然保持原状。

台湾光复后的初期,政府给予佛教的自由空间很少,带给佛教徒很大的压力。尤其,每天的报纸都在批评拜拜,说要取缔拜拜,可是竟然没有一个佛教徒敢站出来说话。为此,我挺身写了一篇评论文章,赞成改良拜拜,不应取缔拜拜。我说,既然拜拜是浪费,那么许多达官贵人每天在饭店里喝酒跳舞,难道就不是浪费吗?老百姓藉拜拜之名,即使有一些吃喝之事,也是他赚来的钱财,难道娱乐一下就叫做浪费了吗?

再说,若以社会活动的观点来看,农工商界花钱拜拜,趁此联络亲友,不也是一种交流联谊? 就是把钱都拜完了,他努力工作,明天不就又赚钱了? 只准达官贵人玩乐,不许民间拜拜,这个社会未免也太不公平了。因此,我主张改良拜拜,只要不杀生、不比赛、不铺张浪费,用香花素果来拜拜,可以净化身心,又有什么不好呢?

当然,政府是不会认错的。只是后来再也没有听到人说"取缔拜拜"这句话,几十年来,妈祖的迎神赛会、各个神庙的庙会都能很正常地发展。

说到政府单位,过去民政厅有一位科员,经常用一些单行法规来找佛教的麻烦。例如,寺庙要会同乡镇公所才可以开功德箱;每个月要把账目张贴在门口;修建寺院不可以超过五万块钱……为此,我也不断地和民政厅抗争。

好在后来遇到廖福本、高育仁这许多民意代表、长官,事情才慢慢改善。高育仁先生,就是现在新北市市长朱立伦的岳丈,曾经做过台南县县长,后来担任台湾省议会的议长。

对于弘法传教,不管遇到什么艰难困苦,我都是不畏惧的。那时候,宜兰有一位青年叫郑秀雄,就读台北师范学院(今台湾师大学),他邀请我去师范学院做一场讲演。在我来说,这本是一件很平常的事情,因为像中兴大学、成功大学等学校,我都曾经受邀前往讲演过。但是,就在我即将于台北师范学院讲演时,尽管海报都张贴出去了,我人也从宜兰到了台北,准备要赶往师范学院,这时在台北车站等我的郑秀雄却是很落寞。待我抵达车站后,他失落地对我说:"师父,学校不准您讲演。"

我虽很意外,不过也能接受这样的事实,学校既然不准许,我不去就好,这只不过是一场讲经说法,事情并不是那么严重。于是我就安慰他说:"不要介意。"

后来我想,师范学院既然不准,我就到台湾大学试一试。只是

应台大校长李嗣涔之邀,于台湾大学通识教育论坛讲授"我的学思历程"(二〇一〇年十二月七日)

台湾大学听说师范学院不准我去,就更加不愿意了。那时候的佛教,没有什么发言的力量。不过,当我把日本的出家人,驹泽大学荣誉教授水野弘元先生请来台湾时,我曾打电话到台湾大学询问:"日本有一位名学者来台湾,贵校愿意接受他去做一场讲演吗?"那时候我是抱着一股不服气的心理去联络的,想着:台湾的和尚你不欢迎,那我就找日本的和尚来讲!

一直到了近几年,台湾大学政治系张亚中教授邀请我到学校讲演"禅门的自觉教育",乃至后来校方找我在他们的"名人讲座"中讲述"我的学思历程",由李嗣涔校长亲自接待主持,我终于扳回了三四十年前拒绝我到师大、台大讲演的一口气。

说起弘法布教的辛酸,尤以在"中华电视台"播演佛教节目的过程,最令人感到不平和伤心。

话说过去我每年虽然都在台北"国父纪念馆"讲演三天,但也受到馆方的种种牵制和刁难。每一次为了发给的门票数目,一定

和警察捉迷藏——我初期弘法的点滴

佛学讲座。地点：台北"国父纪念馆"（二〇〇二年十一月一日至三日）

要计较一番，可是他们就是不肯多发一张。甚至于到了讲座当天，也一定要在他们规定的、接近讲座的时间才能入场。有时候，看到信徒在寒冬之中大排长龙，而他们却怎么也不肯开门，实在叫人不忍心。最后我只有走上向上级单位诉状一途，只是上级单位也没有人愿意听信我们的话。

所以，三十年来，我每年三天在台北"国父纪念馆"举行的佛学讲座也是一段辛酸史。但也因此，我开始设想在电视台制作节目，好让更多人可以听闻佛法，让佛教更为普及。

说到当年在"中华电视台"制播节目，那时候，我花了大约十二万元的制作费，制作一集二十四分钟的节目，并且和电视台签下了三个月的播出合约。每集十二万元的制作费，在四十年前可说是一笔很庞大的数目，但是为了弘法，我毫不吝惜钱财地就请了白厚元先生担任制作人。

在制作节目的同时,我心里也在设想节目名称。想到佛法如同人间的光明,便将节目定名为"无尽灯"。"无尽灯"这个名词出自于《维摩经·菩萨品》的典故,有"灯灯无尽"、"光光无碍"之意。

其时,我已经在报纸上刊登广告,周知大众当天晚上七点钟,将有一个节目要在"中华电视台"播出,请大家准时收看。可是冷不防地,有一位姓萧的负责人却在当天上午还不到九点钟的时候打电话给我,说:"这个节目不准播出!"听闻这个消息,宛如晴天霹雳,让人难以接受。因为我都已经昭告观众这个节目即将播出,你却忽然说不准,教我如何向信徒交代呢?对我来说,丧失信誉的伤害也实在太大了。再说,我和你订了合约,也付了费用,又怎能说不播出呢?

这件事情原本是可以到法院按铃控告的,但是想到光是气愤也不能解决问题,只有开始设想各种解决办法。后来,凡是与我有缘的人,我都请他们协助,甚至还找上了郝柏村、蒋纬国先生帮忙,让他们知道今晚的节目是非播出不可。

其时,在交涉节目播出的过程中,电视台甚至不赞成我用"无尽灯"这个名称,自行改名叫做"甘露"。虽然我觉得"甘露"这个名词过于柔性,但是为了让佛教节目在电视台打开一个播出的先例,不得已,也只有勉强接受。

再说那天早上接获电视台来电之后,就一直觉得度秒如年,时间一分一秒地过去,那位负责人却始终不肯松口。等待中,不禁也叫我心里不断地嘀咕:一个电视节目,怎么说不播就不播?

后来,我还特地前去电视台表达我的不满。我说:"我们早就约好了,你怎么可以临时取消?"

他却回答我:"和尚不能上电视!"因为这个节目的最后,有我三分钟的说法。

我说:"咦?电视连续剧里,不也常有很多的和尚出现吗?为什么他们可以,我就不可以?"

他竟然还理直气壮地回答我:"他们是假和尚!"

我真是气不动:真和尚不可以,假和尚却可以,这个世界还有什么公道可言呢?不过,无可奈何之下,我也只有妥协,让他们把我最后三分钟的开示剪掉了。犹记得那一段开示,主要是在提倡中元节节约拜拜,这对社会来说,何尝不是一种教育?可是万万没想到,现在节目却仅剩二十一分钟就得草草结束。

我猜想,这件事的背后,一定有高层人士指使他不可以播出佛教节目,否则他岂敢如此大胆决定?

由于最初"中华电视台"诸多不可以,所以之后再制作的节目,我就搬到中视播出;后来,中视也说不可以,我就又搬到台湾电视公司。毕竟他们为了商业利益,要求每次十二万元的制播费用,我哪有能力长期应付呢?

虽然电视弘法的影响力无远弗届,观众的欢喜不可言喻,但是四十年前,上电视弘法背后的辛酸和痛苦,不但鲜为人知,也是现代人所难体会的。

不过,后来情况渐渐有了改变,教界很多人在电视台都拥有节目,而我也游走在三台之间,如电视制作人周志敏小姐为我制作,在中视播出的《信心门》、《星云说》,在华视播出的《星云法语》,在台视播出的《星云禅话》、《星云说喻》等节目,几乎都是每天按时播出。甚至《星云法语》还曾经在民视播出一段时间。

像这样每次讲五分钟,电视台就支付我六百块钱的情况,持续了好几年的时间。当然,我不是贪图这六百块钱,只是对于能改变社会人士对佛教的看法,心有戚戚焉罢了。甚至于这许多节目,还屡次荣获"行政院新闻局"给予的"社会建设金钟奖"的肯定,重新写下了佛教在电视传教的历史。

不过,尽管我得过很多奖,如:"教育部"的"社会教育有功人员奖"、"内政部"的"一等奖章",也曾得过政府颁发的"国家公益奖";但事实上,"奖"在我的心里,一点影响都没有,倒是让我回忆起当初奋斗的过程,固然有一些酸楚,却也有一些甜蜜。

还记得一九七一年左右,我被"中国佛教会"摒除在外。当时,我并没有感到沮丧,反而越挫越勇,心想既然不能进入"中国佛教会"的核心,那就改走其他的管道。于是,我与开证、灵根、宏印等法师,以及李中和、王金平等居士,共同发起筹组"中国佛教青年会"。

筹组佛教青年会的目的,并不是为了追求功名富贵,只是想要弘扬佛法。一来,为佛教储备人才。尤其对于没有财富地位的青年来说,加入青年会不啻是发挥人生能量的最好选择。二来,佛教实在需要年轻化。综观佛菩萨圣像,既没有胡须,也没有皱纹,可见得佛菩萨都很年轻,那么为何我们要不重视青年呢?

当我把成立佛教青年会的章程、办法等资料送进"内政部"的时候,"中国佛教会"得知消息,强烈反对,奔走阻止,并且派人向"内政部"请愿,不可以让佛教青年会成立。这也就让我大感不解:你走铁路,我走公路;你走航道,我走水道,有什么不可以呢?事情有那么严重吗?

有时真是为了想成就一件事情,十分支持的力量都还抵不过一分反对的力量。终于,中国国民党中央党部社会工作会主任萧天赞先生来到佛光山访问,要我打消成立佛教青年会的计划,他说保证我在两年内,也就是在下一届"中国佛教会"改选时,让我当选理事长。

这段话对我来说是一种很大的伤害,好似在做买卖交易。事实上,我成立佛教青年会的发心,并不是以"中国佛教会"理事长一职就可以替代的。再说,萧天赞先生也没有资格为我作保证,如果他明年调职了,或下台转换职务了,我去找谁来兑现这个承诺呢?

成立佛教青年会一直以来都是我的志愿,但是对于他费尽唇舌的劝说,期期以为不可,我也只有同情他的处境和困难了。只是这时的我真是心灰意冷了,就对萧天赞先生说:"佛教,不可为也;国家,也不可为也。"

关于成立"中国佛教青年会"的一些资料、章程,分别在一九七八年十二月、一九七九年一月的《觉世》旬刊七五四期、七五七期刊登过。可惜"中国佛教青年会"还没有诞生,就已经夭折,为佛教的前途写上了"不可为也"的感慨,令人感到惋惜。

后来,曾担任"行政院"政务委员多年,时任"蒙藏委员会委员长"的董树藩先生(一九三二年出生,内蒙古人)有一天忽然来找我,要我成立"中华汉藏文化协会",并表示这个组织能与蒙藏委员会同步来往。我很能了解他的用意,因为在当时,蒙藏佛教的问题很复杂。

自从一九五九年,西藏十四世达赖喇嘛私自出走,在印度达兰萨拉成立流亡政府后,西藏人士对于过去国民党施予的分化手段,以及对他们的种种欺骗、打击,便极为仇视。因此,董树藩先生也就希望透过我成立"中华汉藏文化协会",作为汉藏之间沟通交流的桥梁。

但是我心想,我对西藏佛教一无所知,既没有和西藏佛教往来的因缘,也不晓得西藏佛教的现况,只凭着这么一个单位,就能建立双方良好的关系了吗?尤其当时国民党官员给人的印象不是很好,需要你协助时,千言万语尽是说明他的希望;不需要你时,千言

佛光山举行"世界显密佛学会议",提倡显密融和、禅净融和、南北传融和、僧信融和、传统与现代融和(一九八六年十二月二十六日至二十九日)

万语说的都是"不可以"。明知道自己处在给人利用的情况之下,但是想到现在是国民党主政,我帮忙国民党,就是帮助人民,我不给人民利用,又给谁利用呢?最后还是同意了。

"中华汉藏文化协会"成立了以后,我顺利地当上理事长。期间,一九八六年,我召开"世界显密佛学会议",邀请了西藏佛教四大派系:格鲁派、宁玛派、噶举派、萨迦派的法王,以及数百名喇嘛,还有学者专家近千人在佛光山集会。

就这样,我和西藏佛教搭上了桥梁。甚至大宝法王的大弟子泰锡度也曾到访,向我表示要在台湾举办盛大的汉藏法会,希望我能赞助他二十万元美金,作为筹备之用。我基于他在密教的地位崇高,同时也想趁此因缘正可以好好合作,促进汉藏文化交流,也就毫不犹豫地给予资助了。

除此之外,大宝法王的第二位弟子夏玛巴要我帮助他们兴办佛教学院,我也慷慨解囊,捐助了两万元美金。对于这许多点点滴滴的资助,我并不计较多少,只是后来我发觉到,自己好像是代替政府来照顾西藏人民,做一些联络工作,除了给予一些经费上的帮助,支持西藏佛教以外,丝毫没有什么力量可言。

因此,做了两任六年的理事长之后,想想还是觉得不适合续任,就央求好友,台中密藏院的田璧双喇嘛接任理事长。那时候,把这样一个烂摊子交给他来承担,我心里感到很不忍,但也实在是不得已。

田璧双喇嘛(一九二五年生,安徽郎溪县人)是一位正直的君子、虔诚的佛教徒,数十年前,他在高雄担任税捐处处长时,我就和他有来往。他接任理事长之后,行事周全,很令人敬重。

以上所说,是我六十多年来的弘法生涯,我没有比别人多一分享受,吃,没有比别人多;玩,也没有比别人多。每天都是工作、工作,照相、照相,访问、访问,讲话、讲话,尽管如此,不管遭遇什么境界,我一样过得很自在。

但开风气不为师
——我对佛教有些什么创意

为了佛教，我好像什么都要去做。
我要为佛教"但开风气不为师"；
我要为了佛教
"色身付给常住，性命付予龙天"；
我要为佛教"发心走出去"，
努力带动佛教走向人间、走向社会。
我好像忽然看到万千的群众在向我招手，
我必须要弘法利生，我要为佛教开创新局，
虽然不敢说自己有什么条件，只是我有心。
我越是有心为了佛教，
自性海中的力量就不断涌出，
一些创意也就源源不绝地从心涌现。

我从小没有受过正规的教育,甚至连学校也没有看过,十二岁出家以前,曾断断续续到私塾上过二三次课,但总加起来时间不会超过二个月。因为那个时候到私塾念书,每天要缴四个铜板,四个铜板就可以买二个烧饼,常常为了省钱,就不去上学。

我出家以后,近十年的时间都在保守的寺院里生活,偶尔也有老师来为我们上课,但次数不多,大部分都在劳动服务中度过。不过我有幸出生在这个新时代,知道自己需要有新思维、新观念,要重新估定世间的价值。

基本上我的这些思想、理念,没有人要求我,也没有人勉强我,是自然地想到,要生存就必须要适应这个新的时代。只是在古老的丛林里,根本没有创新的机会,回想我所经历十年刻板的寺院生活,每天只有排班、礼拜、长跪、砍柴、挑水等。监学老师

但开风气不为师——我对佛教有些什么创意

不准我们看报纸,不准我们用钢笔写字,不准看佛学以外的书籍;对于佛经、佛书又看不懂,就这么悠悠十年,青少年的岁月就这样过去了。

直到十七八岁的时候,我进入栖霞律学院就读,很幸运的,老师派我到图书馆,负责照顾图书。图书馆收藏了栖霞乡村师范学院图书馆的书,因为在抗战初期,师范学校解散,学校的图书没有人要,我们就把书搬回寺中。但没有人管理,也没有人借阅,我利用管理图书的这个机缘阅读了不少书籍,这时候我忽然感觉自己好像如梦初醒一般,发现人间竟还有这样的宝藏。

后来,我知道有一位太虚大师,同学们说他是"新佛教"的领袖,我想,我也要以太虚大师做我"新佛教"的领袖。至于什么叫"新佛教",我并不懂,不过我知道,这个时代需要改革、需要创新,佛教不能像过去只是契理,重要的是契机。

大约是十九、二十岁的时候,我在焦山佛学院就读,见到从大后方胜利回京的太虚大师,当时就好像见到佛陀一样,我情不自禁地趋前向他合掌顶礼。他含笑回应了几句:"好!好!好!"就走了过去。虽然时间很短,感动之余,我当下发愿要一辈子"好"下去。而太虚大师的弟子,如芝峰法师、尘空法师、大醒法师,及薛剑园、虞愚教授等,都做过我的老师,并听过他们短期的讲课,渐渐地,我懂得"新佛教"的方向和"新佛教"的目标。

此时,我在焦山佛学院学习的生活起了变化,毅然放弃学业,向师父要求回到祖庭大觉寺礼祖。很不可思议的,也不知道是什么样的因缘福气,家师的一位友人,知道我从南京回来,并且读过佛学院,就叫我担任当地一间国民小学的校长。其间《大公报》、《申报》成为我开拓新思想和扩大眼界的读物;而学校虽是小学,也有一些购书的预算,我买很多新书来阅读。如,胡适之的《胡适文存》、梁启超的《饮冰室全集》，以及鲁迅、茅盾、老舍、巴金的著作等，让我徜徉在书海里，思想在云端里飞翔，我忘记物质上的困顿，感觉到精神食粮的饱满更为可贵。

二十二岁那一年，徐蚌会战（淮海战役）国民党节节失利，我在南京、宜兴已感受到战争的残酷，生命受到了威胁，所以，翌年的春节，就经由上海到了台湾，那是一九四九年的初春。刚到台湾时，我什么都没有，除了身上的一套衣服以外，仅有的就是一张身份证和师父给我的十几个袁大头，就此展开了我在台湾的生活。

最初在中坜和新竹二年的时间，也读了不少文史哲的书籍，当然在佛学上也稍有心得。这期间，我写过一些短篇文章，也发表过几篇新诗，如《伟大的佛陀》、《无声息的歌唱》、《星云》等，凭着读过几本书的经历，我开始了教书和编杂志的生涯。

一九五三年的农历正月，我到了宜兰，"为了佛教"我想要做一些不一样的弘法工作。过去在大陆就曾想过，将来为佛教，我要写街头壁报宣传，要散发佛教传单，要做街头讲演，要让佛教走向群众。

但在宜兰，地方很小，也很简陋，自己的经济条件更是零。不过，新思想的火花，正在那里催促着我要点亮佛教的新火种。于是我成立了佛教歌咏队，组织了青年团、学生会、儿童班，也创设文艺补习班、弘法队。

为了佛教，我好像什么都要去做。我要为佛教"但开风气不为师"；我要为了佛教"色身交给常住，性命付予龙天"；我要为佛教"发心走出去"，努力带动佛教走向人间、走向社会。我好像忽然看到万千的群众在向我招手，我必须要弘法利生，我要为佛教开创新局，虽然不敢说自己有什么条件，只是我有心。我愈是有心为了佛教，自性海中的力量就不断涌出，一些创意也就源源不绝地从心涌现。

虽然这许多的创新,在当时饱受保守的佛教界批评,甚至视我为洪水猛兽,但我无暇想他,只一心想着,为了佛教,我要尽自己的一点心力,要让佛教适应于当代,因此就逐步作了一番改革创新。时至今日,如佛教歌咏队、录制唱片、光碟、电视弘法、家庭普照、素斋谈禅,不就在各寺院道场弘扬开来了吗?今举几项记录于此。

音乐

对于唱歌,虽然自己五音不全,但是我知道,音乐是弘扬佛法最有效的利器。初到宜兰时,我组织歌咏队,不就接引许多年轻人蜂拥而来了吗?佛经的十二部经中,散文体裁的长行普遍通行,诗歌的偈颂也很重要;诸佛如来,都有十方信徒赞叹,万千的众生也希望听到赞咏的歌声。

我虽然对文学有兴趣,但是没有学过韵文,对诗歌的韵脚、骈文的对仗并不熟悉,但我知道音乐对人类的重要。为了用音乐弘法,不得不着手练习作词,邀请专家谱曲。初期我作了《西方》、《弘法者之歌》、《钟声》、《快皈投佛陀座下》、《菩提树》、《佛教青年的歌声》等歌曲,不但到神庙的广场、社会的礼堂、"国家殿堂"高歌,也到军营、学校、工厂、监狱里面去传唱,引起很大的效果。

我看到回响热烈,于是扩大歌咏队的影响,在念佛共修的集会中,把传统程序中最后的"回向偈"用唱歌或祈愿文代替,增加大家内心的感动。我并且请人把梵呗赞偈的音律写成简谱,有了简谱之后,大家感觉到原来佛教的赞偈很好唱,不再只是口耳相传而已。有了板眼,就更容易学习了。

当然,这么一来也引起佛教里一些保守人士的反对,甚至有人倡议说:"哪一个人出来把星云某人杀了吧。"连这样极端的语

佛光山人间音缘梵乐团——台湾佛教首创的佛教教团专属乐团,每年与梵呗赞颂团全台巡回演出

言都出现,但是我想,既然我们已经唱了,就得唱出一个名堂来,于是一不做二不休,在万分困难之下,我把信徒捐助的净财,拿去制作录音带,甚至制作唱片,扩大歌曲的影响范围。

总之,在宜兰的时候,也没有长老来反对或是赞美,只有年轻人来唱歌。我认为,这是他们在唱歌,这是属于青年的歌声,我不必因不同的意见而气馁,我应该给予青年欣赏和鼓励。

当时,我也在"中国广播公司"、民本广播电台作过节目,我想,歌声最多的地方不就是电台吗?电台每天都会播放很多的歌曲,于是我就再把佛教歌曲推到电台播放,让更多的人都能收听得到。

"佛歌入云霄,法音惊迷梦……"一九五三年,《弘法者之歌》等诸多佛教歌曲在电台播出传唱开来后,一发不可收拾,人人朗朗上口。心悟法师、煮云法师、广慈法师、李炳南居士也都跟着作词、作曲。后来,台湾大学吕丽莉教授,台北工专的吴居彻教授,李中和、萧沪音伉俪等人,大家都一起响应参与,用歌声弘扬佛法。

除了传唱佛教圣歌之外,我也想到,传统佛教的梵呗赞偈有六句赞偈、八句赞偈等,唱腔很长,如同京戏一般,艰深而不容易学习,所以显得曲高和寡。然而,梵呗的庄严和神圣却是无可替代,过去仅仅在佛殿里,僧伽们做早晚课诵时唱给佛祖听,为什么我们不把它唱给诸佛子们听,不把它推广到普罗大众的生活里去呢?

所以,从宜兰歌咏队出身的慈惠法师、慈容法师,从一九八〇年代开始,就把梵呗的歌声带入"国家殿堂",甚至到世界巡回演唱,如:美国洛杉矶音乐中心、柯达剧院,英国伦敦皇家剧院,德国柏林爱乐厅,纽约林肯中心,澳大利亚悉尼国家歌剧院,加拿大温哥华伊丽莎白女王剧院等等,看到许多蓝眼睛、高鼻子的西方人士购票入场,专注聆听,甚至演唱结束后,还不断喊"安可"。终于,"佛歌传三千界内,佛法扬万亿国中"的理想目标真正实现了。

音乐弘传的广度,逐渐发展到全世界佛光山的别分院,例如:美国洛杉矶西来寺成立了"佛光青少年交响乐团",新泽西也设有佛光青少年管弦乐团;台北的永富、觉元法师则有专业的"人间音缘梵乐团"等。而嘉义南华大学在开校启教之初成立"雅乐团",我乐见其成,并嘱学校多予鼓励,十多年来的发展,如今已成为世界华乐中唯一的中国宫廷乐团。

二〇〇三年,佛光山文教基金会慈惠法师把我文章中适合作为歌词的文字摘录出来,编成词库,向全世界征曲,并且持续五六年,在台北"国父纪念馆"举办一周的"人间音缘"佛教歌曲发表会。入选的歌曲,让全球各地的佛光合唱团在世界各地传唱,已经不计其数了。

值得一提的是,二〇一〇年,作曲家刘家昌先生在台北小巨蛋举办一场三万人的演唱会,现场演唱他谱曲、我作词的《云湖之歌》,听说颇受好评,可见现代舞台上的表演,佛教歌曲也受到欢迎。尤其现代喜丧婚庆的仪礼里,因为佛教音乐的唱诵,场面变庄严了,社会风气也改善了,更重要的是,人心得到净化,社会道德自然也会随之而提升。

创意是一点星星之火,但是星星之火可以燎原。古时有张良"吹箫散楚",现代军歌则鼓舞士气,提振精神意志。音乐,可以改变气质,舒展情绪,陶冶性格,增加人生的韵味,唱歌之功也一如梵呗,这又有什么不好呢?

儿童班

随着佛教歌咏队传唱开来,有时候我也会想:自己当初是怎么会想到要出家的呢?当时年纪幼小,根本不懂得什么是了脱生死,也不知道什么叫断除烦恼。当然,是有一些福德因缘。不过,现在回想起来,很重要的是,应该是从四五岁开始,外婆就把我带在身边,参加了一些善堂的拜拜、法会。再者,听家人说,我出生一个月后,就寄托给观音老母做儿子,因此在成长的岁月中,只要看到观音菩萨身边的善财童子可爱的模样,就倍觉亲切,觉得我们也可以与佛同在。再加之家境贫穷,想到出家以后可以读书,可以学做人的道理等等,就促成自己出家的因缘了。

由于自己幼年时这些小小的善缘,让我后来看到有那么多儿童,他们也需要有福德因缘,我就把佛教与儿童的关系连结起来,自觉应该为他们服务。

因此,从一九五〇年代开始,除了开办慈爱幼稚园,每年宜兰雷音寺打佛七时,虽然没有多余的房舍可用,仍然利用丹墀召集儿童们也来集会,命名为"星期学校",让小朋友们从小透过听故事培养善良的人格。

最初只有二三十个小孩,但经过短时间的提倡,一下子就增加到一二千人。已经读初中、高中的青少年,就组织学生会,还在读国小、幼稚园的孩子,就成立儿童班。我一个人忙不过来时,正好让青年团里的青年担任儿童班的老师。例如有一位林老师参与儿

于宜兰念佛会成立儿童班,并为儿童举办皈依三宝活动(一九五六年八月二十六日)

童班的教学,五十余年从未间断,她就是林清志的姐姐林美月。

回忆起我和这许多小朋友纯真的对话,真是历历在目:

我说:"各位小朋友,我的家庭都是信佛教的,你们家庭信什么教啊?"

他们大声地告诉我:"佛教!"

我又问:"佛教的教主是释迦牟尼佛,你们知道佛教的教主是什么名字吗?"

他们自信地说:"释-迦-牟-尼-佛!"

我再问:"小朋友,今天信了佛教,应该将来也是信佛教,我们不可以改变佛教的信仰,要永远信佛教,你们能永远信佛教吗?"

小朋友个个坚定地回答:"能-永-远-信-佛-教!"

那时候,见到这么多的小孩,我想一个人分一块糖给他们,只

美国西来寺鹰级男童军受勋典礼。左三为辅导法师觉皇法师，中为团长慧济法师（二○一○年十二月五日）

是阮囊羞涩，连糖果我都买不起，更遑论说一个人给一个面包了。不过，物质虽然贫乏，却不影响菩提种子的成长，直到现在，这许多儿童班的小朋友，有的甚至都已经从大学教授、高中老师退休了。例如全职在佛光大学担任义工的张肇、一生在监狱布教的宜兰大学讲师林清志、前"教育部"训育委员会常务委员郑石岩教授等，都是当年儿童班的小朋友。

从宜兰的儿童班开始，到现在除了全球各个别分院也设有儿童班以外，国际佛光会慈容法师、觉培法师等人也在世界各地成立"佛光童军团"，并且加入世界童军组织，成为会员，每年派遣代表到世界各地学习，让这些儿童们走向国际。

例如：二○○四年到西班牙参加第一届世界童军宗教会议，并取得第二届承办权；二○○五年前往泰国参加亚太地区童子军大会；二○○六年在佛光山举办第二届世界童军宗教会议；二○○九年佛光童军团至日本本栖寺举行夏令营暨神奈川大露营；另外西来童军团有多名童军升级至鹰级童军，据说鹰级童军是美国男童军最高荣耀。

此外，每年海内外各别分院也都会举办儿童夏令营，在台湾的小朋友们都会回到佛光山来大会师，每一个梯次都是几千人，还得分好几个梯次举行。人间卫视自二〇〇三年起，也为小朋友制播了一系列的"小小读经快乐行"、"超级读经王"、"寻找小状元"等儿童教育节目，让经典融入他们的生活中。

　　尤其，二〇〇四年起，除了在台湾办理读经班外，并结合国际佛光会与香港国际经典文化协会、湖南中华文化学院、马来西亚马六甲文教基金会等单位，连续数年分别在香港、北京、台北举办"全球中华文化经典诵读大会"，吸引两岸三地、印尼、泰国、新马等多国儿童出席，每一年都有两千多人参加。

　　一般人都以为小孩子吵吵闹闹不重要，其实佛经里说"四小不可轻"，也就是：星星之火不可轻、小滴水不可轻、小沙弥不可轻、小王子不可轻；儿童虽小，但将来都是国家的栋梁，实在不可轻忽。人世间，凡事都靠我们的一念而成就，我只是一念想到自己童年时的好因好缘，就想要为现在的儿童广植这许多善缘，相信这许多种子播撒下去，将来佛教就不怕没有果实可以收成。

云水医院、云水书车

　　早在青少年的时候，我就想到佛教要在当代弘扬，需要办一所大学、一份报纸，尤其是医疗，甚至于养老育幼等善事都应该做，当时大陆也有一些寺庙已经在做施诊的善事；一九六一年初，到新加坡访问，他们的施诊医疗就做得相当成功，当时，基督教在台湾也很兴盛，他们办学校、设医院，赚了大家的钱，大家还说他们很好，可见医疗是人所需要。那么，为什么佛教不做一些社会所需要的事业呢？因此几十年后，当慈济功德会想要办一所医院，在举行安基典礼时，我也欢喜地应邀前往主持了。

佛光山施诊医疗队于一九八九年扩大为"云水医院",创立"服务偏乡"医疗网

尤其我在离开宜兰之后,到高雄来开创佛光山,虽然忙于建寺弘法,我想也应该为社会做一些医疗的服务。因此开山之初,就设立了一间小小的诊所,免费提供本山徒众及山下居民看诊;但位于本山邻近的旗山、六龟、甲仙、三民、桃源等乡镇都是山区,其中民众以原住民朋友居多,他们生病时,不仅没有办法获得良好的医疗,也不能工作赚钱,还要花钱来为有病的身体疗治。尤其,那山路遥远,交通不便,即使是没有病的人,经过沿路的颠簸也会不适,何况是生病的民众?真是雪上加霜!

为此,我起了这样一个想法:送医疗到山区!让有钱的人出一点净财,帮助病苦的人医疗。

于是,我们买了好多部"载卡多"的小车,定名为"云水医院"。感谢高雄医学院、长庚、荣总等等许多医院的医生及一些护理人员,都愿意前来做义工。每天早上,云水医疗车载着医生、护理人

五十部云水书车,每辆车配备一万本书,每次出发携带二千本,巡回全省(二〇一二年十一月二日)

员、法师从佛光诊所出发,到各个偏远地区为民众诊疗。医疗车为人看诊的速度,比人到医院看诊还快速,一部车子从甲地到乙地,一个村落一个村落跑,每天每一部车子,就能为百余人服务。

但是好事不容易做,那时候,山区有许多基督教堂,牧师在山区传教多年,有相当的基础,原住民也大部分都信仰基督教,牧师为了稳住自己的信徒,就招呼原住民朋友不可以接受佛教云水医院的诊疗。有一次,我也随车到甲仙乡,车子才刚停好,居民就纷纷集中而来;我竟然看到一位牧师喊叫着:"不可以接受佛教的诊疗!"不过,纯真可爱的原住民朋友,他们在身体保养的需求下,依然前来,并说佛教医疗车的药物比较好,服用以后,疾病较快复原。牧师也无可奈何。

除了宗教信仰间的这些摩擦,在社会上也遭遇一些困难。例如,山区虽然路途遥远,还是设有少数的卫生所替民众看病。然而,卫生所平时就很难担负起民间医疗的全部责任,再加上云水医疗车一来,几乎都要关门了。他们就向政府举告,说我们违法医疗。但是我们云水车里的医师,都是各大医院的名医;我们的药物,都是有名药厂的合法药品,由于我们完全行善不收费,政府也难以取缔。

后来,我听到有些信徒感到过意不去,这让我想到,原来做善事也要顾念别人,不要有"托拉斯"(Trust)的观念;想来我应该是侵犯了这许多卫生所的权利,虽然我做的是善事,但造成他们不能生存,这也是不圆满。之后,我对云水医疗的推动就有所顾忌,只有把它设立在山下的一栋房子内,取名"佛光诊所",为本山和来山的大众以及大树区民众服务。除了有专业的医师、护理人员外,并且交由曾在基督教医院担任过护理长的妙僧负责。

不过,"云水医院"的构想不成,我就把它转换成"云水书车",并且取名为"云水书坊"。想到偏远地区的小朋友、民众不容易阅读课外读物,我就提出"我买书,你读书"(送书到偏远地区)的想法。每天由车子载着满满的书籍,轮流开到几个村庄、学校,让大家前来借书。甚至,还有随车的义工讲说故事,或是懂音乐的义工为大家拉一首二胡、吹一曲口琴。现在也有五十部云水书车,在各地广结善缘了。

我的想法是,有钱的人,可以出钱,给没有钱的人看病;有钱的人,可以捐书、出资,给没有书读的人读书。这样的理念,可以拉近一点社会上贫富不均的差距。

就好比,佛光山虽设有净业林念佛堂,提供大众念佛共修,但南部许多信徒生活较困难,或多为生活忙碌,要他每个月打佛七,或每天来念佛比较不容易。我就发动北部的信徒到佛光山念佛,他们却说,路途遥远,车费很贵,于是我又发起"我找人出车子,你载他来念佛"。也就是说,有的人忙赚钱,没有时间念佛,他出了钱,有人代替他念佛;或者,想要念佛的人没有钱来,你替他出车资,护持他来念佛,这样彼此都有功德。

云水书车让偏远乡下的儿童,能够借由阅读改变生活,与都市小孩的知识零差距

又例如,我办《人间福报》主要是鼓励大家要读报、劝大家要订报。但有的人说他有钱,但工作忙碌没有时间看报,我就发起"我订报,你看报",这样的方法,也引起许多人响应,至今有一二万份就是这样的读者。

其实,早在三十多年前,台北普门寺就推动"普门大开"的运动了。那个时候,素食者要吃一顿素斋都不是很方便,因此普门寺发起"我买米煮饭,你吃饭",免费请大家来吃饭,也推动得轰轰烈烈。后来,位于松山火车站旁的佛光山台北道场,人来客往很多,我就发起"以粥代茶",每天免费供应腊八粥,现在定名为"平安粥"。你来了,我送上一碗粥,代表一杯茶。有人解渴,有人解饥,对素食者而言,是一个很方便的善举。

所谓"滴水之恩,涌泉以报",我之所以设立"滴水坊",就是要实践佛法所讲的"四恩总报"思想。其中,报父母恩、报国家恩、报师长恩,都容易懂,但是,"报众生恩"是什么?如何报芸芸众生恩呢?

"以粥代茶",每天免费供应腊八粥,现在定名为"平安粥"

芸芸众生中有士农工商各行各业,因为有他们,我才可以生存在这个世间。士农工商之中,他们偶尔有一点需要,我也才可以跟他结缘。但是,我的这个理念不容易实施,因为到处无论一粥一饭,都要付费购买;一茶一水,也少不了钱财的支付,所以各地的滴水坊为了人事、物料的成本,都还是斟酌收费。

虽说如此,我并没有气馁,现在佛光山佛陀纪念馆里,我设立了"樟树林滴水坊"以及佛光山"檀信楼",只要你肯来,就供应你一碗平安粥,或者是你要吃一碗面、一碗饭,我不计较你给不给钱。你有钱,可以放一点在功德箱;你不方便,吃过了可以扬长而去,不用挂碍。

佛光山的朝山会馆也是一样。朝山客来了,你吃过饭后,不计较费用多少;甚至,云居楼的斋堂里,每天几百人、几千人同时用餐,不论你是长居或过客,板声一响,就坐下来吃饭。吃过了,你离开,我也不知道你往哪里去?我们不谈金钱,如果你有心,想要跟别人结缘,"滴水之恩",你想要报答,山上的许多殿堂,你都可以随喜添一点油香。

"结缘、布施、报恩"是我设立滴水坊的宗旨。因为我"有",才能报恩;我"穷",只想接受别人给予,哪里有办法来报恩呢?其实,不一定是富人才能报恩,我们说一句话,给人一点服务、一个敬礼、一个笑容、一个合掌,都是报恩。想到我们吃的、穿的、用的,都是来自于社会大众的支持,滴水之恩,能够涌泉以报,这是多么美好的事情。

"富人一些酒,穷人一年粮",有钱的人挥霍、浪费;贫穷的人一粥一饭,难以温饱。我想到童年生活的家乡苏北,大家过的苦日子都是一饭难求,现在我们"饱汉要知饿汉饥",我能拥有这许多,也是来自于十方的成就。所以,过去丛林的语言里常常有"十方物"、"十方众生"、"十方大众物",表示对来自十方成就的感念与感谢。

因此,我们也应该要有供养心,我为佛教施衣、施茶、施灯、施粥、施书、施报、施医,布施是细水长流,是活水源头,从甘泉活水里点滴给人,将社会的贫富拉平,施者、受者都能欢喜,彼此两利。

另外,为了让美好的佛法教义与日常生活结合,深入每一个人的心中,成为生活中的一部分,我为大众撰写祈愿文,供民众在家居生活中可以随时祈愿祝祷;在春节期间,除了让民众来到佛光山可以礼佛外,我也设计平安灯供大家赏灯,让大家点灯祈福;在美术馆里,我透过艺术品的展出,让大家能够陶冶性情,提升对美的欣赏等,这些种种,无不都是希望大众心灵获得净化升华。以下先从"平安灯"说起。

平安灯

我生长在贫瘠的苏北,每天除了看滔滔的扬子江水,看着望天收的土地外,童龄时没有像现代儿童那样有福报,有儿童的益智节目、卡通节目或种种课外读物可以观赏、阅读。

然而距离我家乡二里路之遥的土地庙,每到春节期间,都会挂起灯笼来,虽然没有多少个灯笼,在那个没有灯的黑暗时代,灯笼已经是了不起的灯景了。到了晚上,家乡里的人开心地扶老携幼,

二〇〇二年佛光山春节平安灯会"天马行空"花灯

"上灯啰!去看灯啰!"现在回想起来,其实它也没有什么花色,应该不叫花灯,就只是几个灯笼而已。不过,民间有钱人家的儿童,还是能拥有飞机、圆球、兔子、马等造型的灯。

我来到台湾之后,看到春节期间一些神道寺庙也会张灯结彩,讨个喜气。再加上社会不断地在进步,不论是供电的变化,或是工艺的设计,都在精益求精,因此寺庙悬挂的花灯也会结合一些民间信仰故事,让民众前往庙里拜拜求平安外,同时可以欣赏花灯。

在佛教里,"灯"代表光明,主要讲的不是外界的灯,而是要我们把心灯点亮。当时我就想到,民众也可以借由点一盏灯供在佛前,表示点亮自己的心灯。只可惜,在我最初住的寺庙,连供灯摆设的地方都没有,即便点了灯,也不知道供奉在哪里。

直到兴建佛光山之后,我们开始提倡点平安灯。大家可以在佛前点亮一盏心灯,在走廊上挂一盏红色灯笼。一灯之美,让信者和佛祖在光明里交流。

在佛光山献灯的信徒,我都会告诉他们:"今天整个世界,是你们在放光,是你们赐给世界温暖,是你们在驱除黑暗。你们在这里点一盏灯,佛祖看到;来自世界参拜的游客,也看到你们的灯光,享受到你们的恩惠。正如禅宗所说'千年暗室,一灯即明'。"

早年,我们也没有对外传播"点灯"的想法,几十年来,现在所有的寺庙大都有平安灯的设施,可见得,无论神、佛、人民都要光明,每个人都要点亮心灯。

佛光山首创高空单轨电动花灯,将佛法与民间艺术相结合,每天吸引上万民众前来观赏(二〇〇二年一月二日至三月十三日)

四五十年来,佛光山从平安灯会,到花艺灯展、花木奇石灯会,慢慢也影响到整个台湾。现在,每年都由各县市政府轮流举办灯会,每次都有数十万以上的人前往观赏。甚至二〇〇五年,时任台北市长的马英九先生,向佛光山藉用会说七种语言的"鸡年春晓"主题灯"大公鸡",请它出差到台北灯节,与大家共度元宵节。二〇一一年的春节,我们的"三好沙弥"也移师到高雄市参加灯会,吸引了不少民众合影留念。

总之,灯代表光明,代表了真善美,人间有了光明,才有真善美。从灯的点亮表达佛光普照,到真善美社会公益的表扬,这不都是我们在为社会点灯吗?

佛光祈愿文

前面说"点灯",是借由佛陀的光明,来点亮自己心灯,若要与

二〇一一年的春节,"三好沙弥"移师到高雄市参加灯会,吸引了不少民众合影留念(陈碧云摄)

佛陀接心交流,最直接的就是"祈愿文"了。

我们做佛陀弟子的人,都希望和佛陀诉说心事,就好像与好朋友通书信、通电话,表示联谊、关怀。我和我信仰的教主佛陀如何接心呢?我礼拜、我称念、我赞叹、我瞻仰……但是在很多的赞美礼拜当中,还是有很多的话要表达让佛陀知道,让佛陀听听我们的心声。

过去的信者向佛陀诉说,大部分都是向佛陀提出要求:请佛陀赐给我平安、赐给我幸福,让我身体健康、让我事业顺利,却很少关怀社会、关怀别人。佛教的许多赞偈中,有"端为世界祈和平,地久天长"或是"端为人民祝康乐,福寿绵长",但这只是大众的唱诵,而非个人的实践。回忆起自己对佛陀的祈愿,也是一次又一次慢慢地从信仰中升华。

记得二十岁左右,我与一般人一样诚心祝祷,祈求佛陀加持,赐给我慈悲、智慧、勇气、力量,心里也觉得这是理所当然。到了三十岁,忽然感到自己太自私,每天向菩萨求这求那,都是为了自己要有智慧,要能平安。我应该要为师长、父母、朋友们祈愿,希望他们都能幸福平安。我想我有进步,不再自我索求,而是为别人祈求。

慢慢地,到了四十岁,有一天反观自照,觉得还是不对。只是自己的父母兄弟姐妹,这也太狭隘了,应该要再扩大。又改为:希

但开风气不为师——我对佛教有些什么创意

由我撰写、念诵的一百篇《佛光祈愿文》（黄美华师姑提供）

望佛陀为世界带来和平，为国家带来富强，为社会带来安乐，为众生带来得度的因缘。每次祈求完后，心中欣喜，觉得自己在修行上又更上一层楼了。

五十岁了，又觉得不够圆满，因为每次都要求佛陀去帮助别人幸福、平安，那我自己是做什么的呢？难道我都不能向佛陀学习，为世界的众生服务、为他们解除烦恼忧悲、为他们带来平安幸福吗？

所以，到六十岁的时候，我觉得应该效法诸佛菩萨"代众受苦，难行能行"。于是我向佛陀告白：慈悲伟大的佛陀，让我来担当天下众生的苦难，您可以测试您的弟子是否能承受世间人情的辛酸冷暖，能帮助众生安乐，实践佛陀的大慈大悲，学习佛陀的示教利喜？

这时候，我才真正觉得我的祈愿进步了。我就发心写了一百篇《祈愿文》，定名为《佛光祈愿文》。我想，发心立愿不是口号，是一种修行、实践。希望大家在诵读祈愿文时，能够自我升华信心、增进慈悲道德，能和诸佛菩萨交流，体会社会大众的需要。

我在撰写《佛光祈愿文》期间，想到天下人的父母，我就为父母祈愿：

慈悲伟大的佛陀！

回想自从我呱呱出生之后，父母生我育我，亲人教我养我，

我只有受之于他们，却很少给予报答⋯⋯

假如我拥有荣耀，希望能和他们分享；

假如我拥有富足，希望他们也不匮乏⋯⋯

想到社会上清道夫的辛劳，就想为他们祈愿：

慈悲伟大的佛陀！我们感谢清道夫，

他们每天比太阳还要早起、比时钟还要准确，

他们的工作就是和脏乱奋斗，他们的任务就是将清洁给人。

⋯⋯祈求您的加被，

让他们在打扫街道的时候，能扫去自己烦恼的尘埃；

让他们在扶起路树的时候，能栽植自己心中的菩提；

让他们在处理垃圾的时候，能消除自己累劫的灾殃⋯⋯

甚至于即将生育的孕妇，她们的心情又是如何呢？我也代她们向佛陀诉说：

慈悲伟大的佛陀！

一个即将做母亲的孕妇，

她们有患得患失的心情，

她们有生男生女的挂碍。

希望您施给她们无畏的勇气，

希望您赐予她们无惧的信心⋯⋯

就这样，虽然像基督教徒、天主教徒向上帝祈祷、祷告一样，但

是,我们的祈愿不只是感恩,我们还要效法佛陀的慈悲,关怀天下苍生。

从早期佛教的寺院里,就有文疏、表章代信徒向佛祖宣读;某某人等供多少香花、诵多少经咒,在这里一诚上达,谅垂鉴可,希望佛陀能够知道。

但是,这样的回向多少还是稍嫌功利,佛教重在无相、无我,假如能够为大众、为社会、为世界做一些大慈、大智、大悲、大愿的祈愿,大众受到这样的感召,每个人都为别人祈愿,而不是只为了自己,那么世界和平一定可期。

美术馆

说起美术馆,我一生出家的云水生活,也可以说是周游世界。建筑上,我参观过希腊雅典的神殿、意大利的竞技场、比萨斜塔、印度的泰姬陵、柬埔寨的吴哥窟、缅甸仰光的大金塔、埃及开罗的金字塔;自然的景观中,见过加拿大尼亚加拉瀑布的壮阔,欣赏过巴西亚马逊河的自然风光,也亲至过美国大峡谷的鬼斧神工等。

尤其是世界各地的佛教艺术,如印度阿姜塔的石窟、敦煌的绘画、云冈龙门的佛像、大足宝顶的石刻,雄伟的山河、庄严的建筑衬托诸佛菩萨的风姿,慈眼深深地烙印在我的心上。

世界的美需要发扬,佛教虽然在建筑上有雄伟壮观的殿堂,许多宝塔的庄严重叠,可以让朝山远游的信徒各处参礼,但对日常生活、心灵上,还是需要美的教育。

因此最早我发起建设道场时,就预备要倡导佛教美的艺术。我不一定用语言来介绍,也可以用双眼来欣赏美景,用悦耳的音声让来访者感受到佛法的慈悲摄受。所以,佛光山开山之初,我就建设了净土洞窟、佛教文物陈列馆,希望把善美欢喜布满人间。几十年来,辛苦收集的文物、所费的心思,真是一言难尽。

记得一九七一年左右,我随团到日本进行宗教交流,身上仅剩一千日元吃一顿午餐,看到大陆的文物"木刻如意"流落在日本,我忍着饥饿,省下那顿午餐的费用,将如意买下来带回台湾。

几次出访,我也可以买几个纪念品回台湾送人,彼此皆大欢喜。但是,看到散落海外的石刻佛像,实在于心不忍,决定还是把钱用来买下这些石刻佛像。早期,曾经因为飞机托运的限定,我就把佛像随身带着摆在腿上,经过几个小时的飞行,抵达台湾时,双腿都麻痹了。甚至还遭受同道之讥,说我是"跑单帮"经营生意。我也不加辩解,因为我知道自己完成一件美的收集。

我曾请旅美画家李自健先生闭关一年,专心绘画《人性与爱》系列作品;我也邀请美学专家高尔泰先生画了百幅《禅话禅画》;敦煌绘画名家何山先生举办敦煌画展,我收集他的百幅名画;大陆一级画家史国良,因为和我在绘画上的交流,最后跟随我出家做了弟子,法名叫慧禅。其他,像贺大田的《老屋系列》,每一幅要美金五千块,我也花了五十万买一百幅;香港阿虫的漫画、台湾许多名家捐给佛光山义卖的书画,也舍不得拿出来,因为艺术品卖了,就不能再回来了,我只有省吃俭用,好留下来传之未来。

像最近浙江博物馆收藏的《富春山居图》到台湾展出,十分轰动;而梁丹丰教授大笔所绘的《佛陀纪念馆》,其气势堪称现代的《富春山居图》。甚至,李自健先生所画的肖像图也可称是世界的绝品,这些都是留给世人宝贵的艺术品。

比较感到遗憾的,应该是张大千先生送我的一幅大画《荷花》,当初为了筹办佛光大学建校基金,不得已,只有将它义卖给远东集团徐有庠先生。虽然那幅画上面写有张大千送给我的题签,现在由别人收藏,我也只能徒叹奈何。

设立于总本山的佛光缘美术馆总部

过去以来,我一直希望佛教与文化、教育、艺术结合起来,因此在全世界,除了办有四所大学、许多中、小学外,还有二十三个美术馆。虽然比不上过去的敦煌、龙门、云岗石窟,但窥诸今日,佛教界要建设美的世界,欢迎大家上佛光山来。我们不完全注重硬体的建设,但有很多软体的设施,比如佛像的雕刻、书画的收藏,都是人间的至宝。只要后代的子孙细心保护这些历史文物,这些美的价值、美的欣赏都不是金钱所能比拟的。

为了提供民众一个心灵的空间,我们创先在道场里设立了展览馆。像台北道场装修之初,在寸地寸金的台北市就觉得宁可以没有地方吃饭、没有地方睡觉,也不能没有一层楼来作为美术馆。或许它无法和世界一流的美术馆相媲美,但它的书画文物具有佛法的内涵,相信是可以展现佛教艺术之美的。

又好比兰阳别院、南屏别院、南台别院等附设的美术馆,不敢说是我的心血收藏,但却是我的一片丹心上供十方诸佛,下与大众广结善缘。其他海外道场,如:洛杉矶西来寺、悉尼南天寺、布里斯班中天寺、马来西亚东禅寺等,我们都希望借由美术,能够美化人心、美化社会、美化世界,让美可以弥满天下。

佛光山的地形不只是一座山，它还具有多功能的殿堂、教室、会议室，以及三馆一窟（包括展览馆、陈列馆、宗史馆和净土洞窟），佛陀纪念馆则有八个展览处、四十八个地宫、五十六个天宫。我一生没有受过什么教育，也谈不上什么真正的创意，我只想到将佛法的心香供养普遍十方，以佛教艺术超越时间、空间、人我之间的美，来平等阐述佛法的人我一如，心、佛、众生三无差别，那就是我们无限的心意了。

园游会

精神粮食说过了，还是要一说与民生最有直接关系的——吃的问题。

我初到台湾云游各地，看到寺庙里办法会都是"办桌"吃饭。今天某寺院开了六十桌、一百桌，就能知道多少人来参加法会。但是，我没有那么大的地方可以开那么多的桌，也没有那么多的费用来"办桌"，我只能提倡"小小的布施，细微的供养"，让法会的举行、信徒的净财能够细水长流。

在精打细算下，我设计了园游会的方式来解决吃的问题。因此，佛光山开山四十五年来，大部分都是过堂吃饭，上千人还可以过堂吃饭，若是上万人就以园游会的方式用餐。就像日本人发起吃便当，这对于一个民族的发展非常重要，他不必花费太多时间在吃的上面，一个便当，简单、迅速，很快就可以解决吃饭的问题。

我记得佛光山一九六七年开山，一九六八年佛学院院舍落成，竟然有五万人参加。出乎我的意料之外，原本只有预算五百人来，一下子来了五万人，一时之间，吃饭成了最急需解决的问题，只能尽量分散群众到各区域用餐。

同样的情况，一九九二年澳大利亚南天寺举行奠基典礼时也曾发生。原来只预备三百人来,但是典礼一开始,信徒人数已达到五千人以上。我发觉到佛教举行集会、聚餐,没有办法估计吃饭的人数,这是很严重的问题。

后来,我想最好解决的方法还是园游会。一百个摊位,一个摊位准备二百人份,就可以提供两万人吃饭。即使来了五万人,我将就一点,也还能应付。果真,在佛光山一试成功,大家也吃得很快乐。所谓园游会,就像大家聚集在一个公园里,一面游赏风景,一面自由餐饮,彼此可以交流。

园游会最大的好处,是不需要有一个大的餐厅,不需要汤匙、碗盘、筷子。一个粽子,一个包子,一杯甜茶,一串糖葫芦,应有尽有;无论你是南

为提倡素食、培养慈悲护生之心,于佛光山举行的素食园游会,制作长达一百公尺的寿司供人品尝(一九八七年十二月)

方人、北方人都不要紧,园游会中有饭、有面,酸甜苦辣,任君选择,干粮、冷饮也由你去用。

其实,这也好像是佛教过去提倡的"无遮大会",平常集会几千、上万人,厨房里的人都是忙得七荤八素。举行一场法会、活动,就像办喜事一样,大家共修、同乐很好,但不要把我们的快乐建筑在别人的疲劳、辛苦上面。

因此,假如我设立一个摊位,就可以供应一千个面包;我设立一个小店,提供凉粉,也不用烧煮。所以,佛光山在建设或各种活动中,用餐的场地不够了,发明园游会就非常管用了。

二〇〇九年法定佛诞节,国际佛光会首次在凯达格兰大道举行。十万人以上的集会,由我设计四色的"佛诞餐"

好比一九九六年南华大学开校启教典礼,就是以园游会的方法解决与会者用餐的问题。记得连战先生的夫人连方瑀女士也前来参加,并到园游会上每一个摊位参观,与大家同乐。

又如,二〇〇九年法定佛诞节,国际佛光会首次在凯达格兰大道举行十万人以上的集会,我就设计四色"佛诞餐",用菠菜、黄姜、红曲、白米调和成四色,搭配不同内馅,简单方便,又环保营养,轻松解决了吃饭问题。另外再搭配"佛诞糕"、"佛诞饼"与民众共同庆祝佛诞。

特别的是,佛光大学在十周年(二〇一一年)的校庆上,为了解决吃的问题,也是采园游会的方式,连马英九先生都前往炒米粉,与同学比赛同乐。

佛教在集会的时候,都会唱"南无海会云来集菩萨",园游会里人来人往,真像是"海会云来集";佛教也提倡"禅悦为食",园游会时的大众欢喜,不都正合乎佛意吗?

现在,佛光山佛陀纪念馆工程完成了,大家都问我:"餐厅在哪里?"我有餐厅,但在餐厅里我不一定只供应吃饭,可以集会,可以联谊,还可以办讲座等。我的构想是,吃饭可以在走廊,可以在树下,可以在山边,也可以在草坪上,只要你拿一份简餐、一个便当,就可以与家人、朋友、同学等任选一个地点坐下来享用。所以,佛陀纪念馆落成的请帖里面,我就请负责的职事写明:"因为人多无法宴席接待,只有简食供应,希望大家谅解。"

中国人是一个重视吃的民族,但有时候对于吃太浪费了。一桌饭菜,还没有吃到三分之一就不吃了,剩下的三分之二都浪费掉了。如果社会各地的集会可以用便当、用园游会的方式倡导简食,那时,国民的生活、财力、体力、智力一定会提升。"吃",包含了很多的智慧,彼

为提倡四众平等,佛陀纪念馆设立的十八位罗汉中,有三位女罗汉跻身其中。图为大爱道比丘尼

此交换意见,体力、财力、愿力一定会提升,为什么舍此而不为呢?

人类为了求生存、求发展,都是"穷则变,变则通"。佛教讲究规矩,讲究仪礼,但也说明了法无定法,一法是一切法,一切法是一法。法,真理的法不可以改变;世间做事的方法,可就不一定了。

我倡导人间佛教,为佛教倡导民主;为照顾徒众父母举办佛光亲属会;为中、青代女性提供短期进修的机会,我创办胜鬘书院,甚至都市佛学院、金刚、妇女法座会、周末共修、报恩法会、家庭普照等。提倡四众平等,我在佛陀纪念馆设立十八罗汉,有三位女众罗汉跻身其中,这一切都是为了让人间平和,公平正义存在,而聊表我些微的供养而已。

大道无之

我与禅净共修
——解在一切佛法　行在禅净共修

这尊佛和那尊佛，
彼此都是佛，互不相妨碍；
东方也好，西方也好，
娑婆也好，兜率天也好，都是一样的。
学佛修行，
最重要的是要把自己心灵的灯光点亮起来，
做人、做事、说话也要有一点佛法，
有一点禅味，
哪怕是千年的暗室，
只要自己的心灯亮起，
整个空间就会明亮起来了。

佛教传入中国，分成两条道路：一是参禅打坐，走进丛林寺院；二是净土念佛，走入社会民间。一千多年来，禅与净土是中国佛教修行的两大动脉，但是曾有一段时期，禅净彼此争取主流，这也是不争的事实。

参禅的人认为，修学净土的人只念一句"阿弥陀佛"，盲修瞎练，哪里那么容易往生？修学净土的人就批评禅门里的人士，只求参禅打坐，很少是真正明心见性，开悟成佛。因此禅与净之间的对立，就日益严重了。

后来禅走入深山、寺院，为出家人所有，他们自己修行悟道，因此在中国的出家僧侣当中，参禅悟道者特别多。另一方面，净土走入民间社会，成为在家信徒修学佛法的力量。在家人仰赖念佛求生净土的信仰，组织居士林、莲社，共修念佛，即"早也

我与禅净共修——解在一切佛法　行在禅净共修

国际青年禅学营——早课香禅修

阿弥陀、晚也阿弥陀"，希望将来得蒙阿弥陀佛接引。从此以后禅、净分道扬镳，除了互相批评，彼此也互不相容。

一直到宋代永明延寿大师提倡禅净双修，才调和了禅净的争端。他有一首偈语说："有禅无净土，十人九蹉路；阴境若现前，瞥尔随他去。无禅有净土，万修万人去；面见阿弥陀，何愁不开悟？有禅有净土，犹如戴角虎；今世为人师，来世作佛祖。无禅无净土，铜床并铁柱；万劫与千生，没个人依怙。"意思是，一个人如果只修禅，没有修学净土，十人当中会有九个人走错路；如果只有净土而没有禅，还是可以"万修万人去"。如果有禅也有净土，就像老虎戴角，会更加地威猛；无禅无净土，就"铜床并铁柱"，说明了地狱有分。永明延寿大师以这首偈子调和了禅和净土，从此中国的禅宗和净土宗就比较能和平相处了。

教师禅修营学员跑香

在佛经里面,有一则故事:

一位师父收了两名徒弟,由于师父的腿患有风湿,就规定大弟子每天替他按摩左腿,二弟子按摩右腿,以减轻他的痛苦。大弟子按摩的时候,师父总说:"你的师弟按摩右腿,是怎么好、怎么好。"大弟子听了,就心存嫉妒。二弟子来按摩的时候,师父又说:"你的师兄按摩左腿的时候,是怎么好、怎么好。"二弟子听了,心里也不欢喜。

有一天,大弟子外出办事,二弟子心想:"师父常说,你为他按摩右腿,是怎么好、怎么好,我今天就把这只腿打断,让你明天回来不得按摩。"第二天,大弟子回来一看:"唉哟,我按摩的右腿没有了。"他想,这一定是师弟搞的鬼,"好,你把我按摩的右腿打断,我就把你按摩的左腿打断,让你也不得按摩。"这两位弟子为了逞自己的一时之快,最后受害的是师父。

佛光山禅堂,禅七跑香(二〇〇八年十一月七日)

这就如同佛教里的大小乘之争、空有之争、事理之争、各种的宗派之争。其实佛法本来是一体的,纵有层次上的不同、理解上的不同,又何必贬此褒彼呢？所以一些学者专家们把佛学做分类式的研究,或者拿来互相比较,这些都是害了佛教。佛法是神圣的、是整体的,信就是信,不信就不信,但是不要谬解,不可自作聪明！

我还没有出家的时候,我的外婆常说自己是佛教徒,她平时持斋念佛,也到善堂共修,在修行上很认真。不过当时她修炼的是什么法门我也不懂,后来才知道那不是正统佛教修行。佛教正统的修行,有到禅堂参禅、到念佛堂念佛,打禅七、佛七,或者早晚课诵,种种的修行。其实不管是什么法门,互相都没有抵触,也都互相包容。

就如我出家后,在栖霞律学院读书的时候,学院的教育虽然以讲戒持律为主,实际上我们的早晚课诵也经常念《楞严咒》、《大悲咒》、《十小咒》;每年的夏季都有午殿,要念佛、唱赞子;到了冬天,会打两个禅七,可以说,禅、净、密、律都是共同修持,没有互相排斥。

后来我升学到焦山佛学院,每到冬天,也要打七个禅七;平时早晚课诵,都要走路念佛去吃饭、上殿,并没有觉得禅修、念佛有什么不好。

甚至常州天宁寺的禅堂,每到冬季都有精进禅七,有时候我们也会跟老师请假前去参加,以增加自己的禅修体验。总之,中国在一九三〇、四〇年代的时候,禅宗有所谓"江南四大丛林":镇江金山寺、常州天宁寺、南京栖霞寺、扬州高旻寺,他们都重视禅修,同时也附带念佛。

而念佛的道场,有苏州的灵岩山寺,自从印光大师提倡念佛以来,每天佛声不断。我也曾有过前往精进念佛的念头,但碍于他们进堂的规矩很多,如:进出佛堂要脱鞋子,不可以在佛堂里放屁(表示清净),上厕所要换鞋子,甚至大净(即:上大号)之后,要洗臀部才准进入佛堂念佛等等。当时才二十岁的我,对于这些规矩不能习惯,就打消了这个念头。现在回想起来,这些规矩对于大众的卫生、佛法的恭敬,还是有它独到的见解。

后来我到台湾,当时台湾的佛教界有慈航法师、律航法师倡导念佛、打佛七,尤其律航法师因为中年出家,力求克期取证,都是二六时中精进不懈。我想,如果要我像他那样从早到晚心无旁骛地一心念佛,那也是不容易做到的。

那时候有一位"立委"董正之居士,与我很有缘分。有一天他来找我,跪求我放弃写作,一心念佛,他说:"一部《阿弥陀经》已经涵盖所有的文学,你为什么还要去追求其他的知解呢?"他那样的行为,反而让我对念佛人的执着生起反感。

尤其我初到台湾时,一位大同法师将太虚大师在大陆办的《觉群》周报带到台湾复刊,第一期就交由我在台中编发。后来因为我人住中坜,到台中编发不便,而且也引起治安单位的注意,我觉得不能长此下去,就把《觉群》交付给林锦东居士负责;林锦东居士又请时任台中图书馆的总务主任朱斐居士担任编辑。朱斐居士跟随李炳南居士学习,也曾皈依印光大师,所以他接手《觉群》后,就在杂志上写:今后《觉群》要改成纪念印光大师,弘扬净土。

我看了以后,觉得倡导净土念佛的人太过于执着于一法,不够圆融,就写了一封信不客气地责备他,内容大约是提到:"你怎么可以把张家的祠堂改作李家的祠堂呢?这么做会造成佛教的矛盾……"他就把我的信原封不动地发表在报刊上,让我在台湾的佛教界受到一些误解,以为我是反对净土法门。后来在一九五二年,宜兰的居士们请我到宜兰为他们主持周六念佛会,李炳南居士为此还特地赶到宜兰阻挠,认为他们这样的决定有所不当。

我之所以会提出这些往事,只是要说明当初台湾的佛教界禅净之间还是有这样的隔阂。例如,有李炳南居士打起招牌,弘扬净土;有南怀瑾居士打起招牌,弘扬禅法,并且出版《禅海蠡测》等禅法的书籍。我对南怀瑾居士并不是很认识,但知道他很博学,对于诸子百家、三教九流等知识都有涉猎。

其实,我认为禅净在中国的发展,一个在寺院,一个在民间,这很自然、很好,也不必有分歧。过去的禅者虽然曾有一度排斥念佛,甚至立下规矩:在禅堂里念一句"阿弥陀佛",必须漱口三日,但这只是理论上的说法,实际上很多的禅师也同时修习念佛法门。如宋代的天衣义怀禅师,在雪窦重显禅师门下开悟以后,依然兼学净土;而民间修学净土念佛的人,对于禅法的深入也是很用心。

又好比过去的丛林道场,很多是兼具参禅与念佛,同时设有禅堂、念佛堂。基本上,佛法应该是圆融无碍、彼此尊重、和谐无诤的;就是到了现代,佛门里既参禅又修念佛法门的情形也很多。因此我不赞成这两者互相排斥,而是应该彼此融摄,所以我就提倡"禅净共修"。

宜兰念佛会讲堂

最初是一九五三年,我到宜兰雷音寺弘法,成立"宜兰念佛会",隔年开始打佛七。佛七的作息,是遵循丛林的规矩,早晨五点开始起香,中午过堂,晚间药石,晚上七点到九点半大板香;在这一支香别里,是大家最认真、最精进的时刻。

此外,我也提倡每个星期六举办"禅净共修"。因为当时在台湾,要找到一个正式的禅堂很困难,要有一个真正的念佛堂也不容易,只有借用寺院里的佛殿,把禅净融和在一起,四分之一的时间诵经,四分之一的时间念佛,四分之一的时间绕佛,四分之一的时间静坐,每支香大约两个小时。就这样,我在宜兰主持念佛会,前后整整二十六年从没有延迟过一天,最后还把宜兰的禅净共修、佛七法会提升到像过年一样的隆重。

我记得每年到了要办佛七的时候,在宜兰县市以外工作的信徒都会特别请假回来参加。在这期间,有过不少的灵感事迹,也增长了大家的信心;而我持久不变的原则,也让大家感到信服。另外,我到高雄佛教堂也办了近一二十年的佛七法会,和我在宜兰办的一样庄严、盛况。

由于念佛对一般的佛教徒而言,是最契机的法门,所以我又相继成立了罗东念佛会、头城念佛会、台北念佛会、虎尾念佛会、龙岩念佛会等,可以说,禅净共修在当时的佛教界蔚为主流,也开展出台湾佛教的辉煌时期。

在这一段期间,我还特地在佛光山兴建一座净土洞窟(一九八一年开放参观),让大家知道西方极乐世界的殊胜美好。就有人问我:"为什么不建十八层地狱,让人看了心生恐惧,从此不敢做恶事?"我却认为,能够让人感受到佛国净土的殊胜美好,使人心生向往,不是更积极吗?林林总总的这些,就是我倡导人间佛教的前奏曲。

佛光山从开山以来发展到现在,全世界已有两百多个道场,我规定每个道场在每周六的同一个时间,全球佛光人同音念佛。假使我们有三百个大大小小的佛堂,一个佛堂平均能容纳五百人念佛共修,就有十五万人同时念佛,二六时中,佛声不断,那么极乐净土不就在眼前了吗?

总计我一生的岁月,八十多年、三万多个日子,至少有四分之一的时间奉献在禅净共修里;光是打佛七,就有近两万个时辰。我推动念佛,主要是希望让大家借由念佛,达到自我健全、自我清净、自我反省、自我进步,进而扩及到家庭、社会。所以我不一定要求大家要念到一心不乱,反而让信徒很容易接受。

对于念佛,我也下过不少的功夫。好比我坐到车子里面,不必

于宜兰念佛会主持"弥陀佛七法会"(一九五六年)

用念珠,看到一个人,就念一句"阿弥陀佛",人就是我的念珠;没有路人的时候,有电线杆,一根电杆就念一句"阿弥陀佛",电线杆就是我的念珠;没有电线杆的地方,有田地,看到一块田就念一句"阿弥陀佛",田地就是我的念珠。总之,我要把一句佛号,一颗念佛的心灌注到大地山河里,让每一片土地都有我的佛心佛意。我念佛不求功德,不求往生,我无所求,就是以此来安住身心。

我觉得初学的人,只要肯把一声佛号念热、念熟了,他的音声就会随着佛号变化,与身心融为一体。在此我也提出四个念佛的方法,让大家运用:

第一,要欢欢喜喜地念:带着愉快的心情念佛,要念得很欢喜,念到像手舞足蹈,发出至心的微笑。在过去,也确实有念佛舞。

第二,要悲悲切切地念:念佛的心情,就像亲爱的人离去,以极度悲切的心情向阿弥陀佛诉苦。要把阿弥陀佛当作自己的母亲,能把一句句的佛号念得像是对他哭诉,甚至涕泪悲泣,就很容易和阿弥陀佛相应了。

佛光山禅堂(佛光山馆藏,林艺斌摄)

第三，要空空虚虚地念：要心无挂碍，一心称念佛号，念到最后，就像是没有了身体、没有了天地、没有了人我。所谓"天也空来地也空，你也空来我也空"，眼、耳、鼻、舌、身都不晓得在哪里了，空诸所有，佛菩萨自然会现前。

第四，要实实在在地念：每一句佛号都要念得清清楚楚，脑海里要想得清清楚楚、耳朵里要听得清清楚楚，仿佛一句佛号就是一个世界，一句佛号就是一道光。

我想初学念佛的人，能够欢欢喜喜地念、悲悲切切地念、空空虚虚地念、实实在在地念，就能念出感应、念出心得来。

早期我在宜兰主持佛七，也曾经体验过念佛的境界。在这七天当中，我感觉走路轻飘飘的，好像腾云驾雾一般；早上起床刷牙，刷牙的声音都是"阿弥陀佛、阿弥陀佛……"；吃饭的时候，吃的每一口饭都是"阿弥陀佛、阿弥陀佛……"；躺下来睡觉，一切的事情在脑海里都清清楚楚的。七天的时间，宛如一刹那，一下子就过去了。真是念得天也空，地也空，只有一句"阿弥陀佛"在其中。那次的佛七，让我对念佛增长了无比的信心，使我体会到忘却时空，脱落身心的快乐。

但是，念佛的时候不是只有不断地念下去就可以了，如果杂念纷飞，念得不纯熟、不恳切，即使念了一辈子的佛，也不能与"阿弥陀佛"心心相印。

关于念佛，有一则趣谈：

西方极乐世界有一个仓库，里面放了许多眼睛、耳朵、嘴巴、手、脚等器官。为什么呢？因为有的人念佛，是用眼睛看人念佛，口不念，眼睛就往生净土；有的人口不念，耳不听，只用脚跟着大家绕佛，脚就往生净土；有的人不听、不看，只用心去感受佛号，心就往生净土。如果每一个人在念佛时都能做到口到、耳到、心到，那么整个身心,都可以往生到西方极乐世界了。

讲过了念佛,再讲到禅坐的方法。

对于禅坐,我主要是教大家不动心、不分别,调身、调息、调心,或者毗卢七支坐、九住心,只要按照禅坐的要领循序渐进,都能有所收获。

过去有一个卖豆腐的小贩,送豆腐到寺院,看到寺院的师父们在坐禅,个个威仪庄严,不禁心生欢喜,心里也想学着打坐看看,就请纠察师父让他随喜参加。刚开始还不习惯,东张西望,后来看大家动也不动地坐在那里,他也安静下来。慢慢地,自己的心静了下来。过了一支香的时间,他如获至宝地说:"我想起来了,五年前李四欠我三块豆腐钱,还没有还我。"这个卖豆腐的,才只是静坐了一下子,就收到参禅的妙用,更何况是进入甚深禅定的人,得到启发的智慧就不只这些了。

早期的台湾佛教,并没有一个正式的禅堂设施,所以当一九七四年佛光山台北别院在台北松江路成立的时候,南怀瑾先生首先就来向我商借场地,要打禅七。那时我忙于弘法,听到有人要打禅七,当然很乐于支持。甚至后来佛光山大悲殿完成,他也来向我们借场地,还在佛光山召集学者名流,如刘安祺和王昇、萧政之、华视总经理郑淑敏等,那时候台湾的政界、军界、财经、传播界等各界的人士都来到佛光山打禅七。

后来我想要弘扬传统佛教丛林的禅七,让台湾人认识正统的禅堂规矩,如法打坐,所以我也邀请禅宗名刹常州天宁寺的监院戒德老和尚来主持禅七,一时之间,数百人参加,禅悦法喜。

戒德老和尚为人慈祥恺悌,过去是天宁寺的第三监院。他一向不以学问示人,而是以法务与人广结善缘,不管在任何地方都不妄言、不批评人,是一位很守本分的长老。他于二〇一一年往生,

与北美卫星负责人萧政之(右)、丁中江先生(左)合影(一九九○年七月四日)

世寿一○三岁。

到了一九九三年,佛光山于本山的如来殿三楼成立禅堂,接着又在如来殿旁的玉佛殿七楼成立念佛堂(即"净业林"),每天佛声不断,我就将此定名为"禅净法堂",即有禅、有净,禅净融和。平时不是念佛,就是禅坐,每个月都有固定的精进禅七、佛七,海内外的佛光弟子们都会定期回来禅修或念佛。他们每次回来,都说是"充电",我也就随顺他们,说是为自己的心灵"充电"吧!

此外,我想学禅,除了在禅堂里打坐用功,也可以从文字当中领略一些禅法,所以就把过去禅宗诸位祖师的语录,用现代的语言整理成"星云禅话",共一千零八十多则,不但在电视台、报刊上发表,也印成专书发行。而佛光山出版的《佛光大藏经·禅藏》,收录了数百卷历朝禅师编撰、著述的禅门典籍,如《六祖坛经》、《碧岩录》、《祖堂集》、《永嘉证道歌》、《景德传灯录》、《五灯会元》，乃至近代学者的著述，如《禅学的黄金时代》、《禅门纲要》等，这些都是提供现代人了解禅的入门典籍。

其实，不管是参禅或念佛，最重要的是如法修行。虽然有人说"热闹场中也可以做道场"，不过一个参禅的人，如果不能头顶青天，脚踏大地，眼中没有芸芸众生，说他有一颗禅心，也叫人难以相信。

当然，宗教要弘扬，必定不是口头宣说，要有实际的体验。你想，念佛念到身心融和的时候，他感觉到法乐、轻松自在，怎么不会生起信心呢？禅坐的时候，他忘却了世间的杂乱，归心一致，怎么会不感觉到轻安愉快、禅悦法喜呢？所以我提倡人间佛教，是"行在禅净共修，解在一切佛法"，以佛教的戒律为根本，以禅净作为修持。我自觉以人间佛教为主题，把佛教推动到社会家庭，推动到每个生活人心，还愁佛法不兴，佛教没有人信奉吗？

在推行禅净共修的期间，我也发现到，倡导净土念佛固然是带动了社会上的男女老少一起来念佛，但是一味地念佛，宣扬净土的世界，往往容易误导大家注重死后的安乐，不重现世人生的幸福，有所偏颇，所以在禅净共修的同时，我也提倡药师法门。

好比佛光山的大雄宝殿供奉有"三宝佛"，中间是释迦牟尼佛，两侧分别是东方琉璃世界药师佛、西方极乐世界阿弥陀佛。药师佛解决生存的问题，阿弥陀佛解决死后归宿问题，所以解决生死，释迦牟尼佛就是榜样。而在大雄宝殿外，有一副"三湘才子"张剑芬题写的对联，内容真是巧妙得不得了！上联是"兜率娑婆去来不动金刚座"，指的是释迦牟尼佛从兜率天入胎到娑婆世界，来去之间就像水中的月亮，但是月亮本身没有来去与动摇，这是法身的示现；下联是"琉璃安养左右同尊大法王"，右边供奉的是东方琉璃世界的药师如来，左边供奉的是西方极乐世界的阿弥陀佛，安养即阿弥陀佛的世界。看了这一副对联，就很容易明白三宝佛的意义了。

其实，也不要去分别这"三宝佛"，实在讲，一佛就是一切佛，一切佛就是一佛。在《药师经》里也提到，如果一个人要求升西方极乐世界，念《药师经》一样可以到达。如同一盏灯光亮起，第二盏、第三盏，乃至千盏、万盏灯光都会跟着亮起，这就是光光相映、光光无碍、佛佛道同的道理。

这尊佛和那尊佛，彼此都是佛，互不相妨碍；东方也好、西方也好，娑婆也好、兜率天也好，都是一样的。学佛修行，最重要的是要把自己心灵的灯光点亮起来，做人、做事、说话也要有一点佛法，有一点禅味，哪怕是千年的暗室，只要自己的心灯亮起，整个空间就会明亮起来了。

早在一九六二年起，我在高雄寿山寺举办"药师佛七法会"，一直到二〇一二年，不知不觉也过了五十年了。所以二〇一二年的十一月，我应邀到高雄南屏别院为参加药师法会的信众开示时，我就告诉大家：今年是佛光山举办药师佛七法会第五十周年，替我翻译的慈惠法师也整整为我翻译台语五十年了。

为什么我要办药师法会呢？因为禅，大家不容易懂得；而弥陀佛七念"阿弥陀佛"，要求生净土、克期取证，但是还没有到达净土以前，我们现实的人生该怎么办？我想，可以礼拜药师佛求得生活的平安、幸福、欢喜、美满，这也是人间佛教能提供给大家的希望。

再者，人生最大的问题有二个：一个是生，一个是死。在我们的道场里持念药师佛，解决了人生在世时的艰难；称念阿弥陀佛，则是解决将来归宿的问题，真的是做到了"了生脱死"。

当然在修行的世界里有许多的感应,不是任何的科学、人文思想所能想象,必然是超越时空,超越一般常识。就如我们在高雄办"药师佛七",五十年来历久不衰,每次都是千人以上来点灯、参加。为什么呢?

我记得一九六四年,在寿山寺的药师法会中,四百八十盏琉璃灯同时点亮,即刻结成五彩的舍利,也就是所谓的"灯花舍利"。照顾油灯的师姐、学生看到了,无不叹为稀有。因为数万颗五彩的舍利子,即使要工厂去制造,也制造不出来;但是我们一个小小的油灯,竟然可以结成像珍珠一样的舍利,一粒一粒地滚下来,你能不生起信心吗?所以我们需要光明智慧,向药师如来诉求,一定能够如愿。

在这期间,当然也有少数的人想:"星云大师是推动文化的法师,不知道他是用什么科学的方法,让这个油灯可以结成舍利?"于是就把我的灯和油都偷回去,虽然没有拿去化验,但是他拿回去点灯,就是不会结出舍利,一定要到佛堂里点灯才会有。你说,这不是佛力加被吗?

这许多的事例,我都不喜欢宣扬,因为人间佛教还是讲究道德、慈悲,要能实践"做好事、说好话、存好心",身、口、意三业修持,做一个"三好"的好人。

我推动人间佛教,不是求佛保佑,也不重神奇灵异,因为信仰是服务奉献,进而达到自我心灵的提升;而灵异之事偶尔有之,不是你求神拜佛就能得到的。所谓"菩萨清凉月,常游毕竟空,众生心垢净,菩提月现前",一个人的心垢不除,好比心中的水不清净,要想在浑浊的水中求见月亮,那是不合乎事理的。对于信仰,当然信佛、拜佛、念佛都很重要,但是更重要的是要"行佛"。你没有行佛,光是靠祈求,没有播种,田里面的稻苗怎么会成长呢?

《阿含经》里有一个故事:

有一个人见到石头沉到水底下,他就祈求:"神明呀!神明呀!让石头浮起来吧!"石头怎么能浮起来?那是不合乎因果法则的。又有一个人看到油浮在水面上,他也祈求:"神明呀!神明呀!让油沉下去吧!"这也不合乎事理因果。油怎么能沉到水底下去呢?因此,我们提倡人间佛教的行者,要把信佛、求佛的观念提升为行佛,必定能有所感应。

过去我常听到有人对发心捐献的信徒说:"功德无量!阿弥陀佛会保佑您。"对此,我一直觉得我们不应该让阿弥陀佛来代替我们报恩,而是要自我承担这份责任。因此,我到台湾以后,每到一地,都是极力宣扬佛法,白天讲经,晚上写作,有时还替人排难解纷。后来更举办大型讲座、万人法会活动,设立各种文教事业,成立各类慈善事业,就是希望让更多的人能均沾法益。

再说回我倡导的禅净共修。在实践上,我觉得念佛的腔调、法器的配合很重要。

首先,我提倡自然念佛,随着自然的气息诵念佛号,只要有节奏,配合大众的节奏就可以了;不过法器要司打得如法,念起来才会顺畅。司打法器的人,要知道"大众慧命,系在汝身",如果法器不如法是有罪过的。所以一场法会下来,如果所有的法器都是如法如仪地进行,就能让大家念得很愉快,等于乐团的指挥、奏乐,全体大合唱一样,听者、演奏者都会感到欢喜畅快。在念佛法会里,尤其敲木鱼的人,如果敲打的速度快慢都不合乎大众节奏,不是太快就是太慢,就会扰乱大众的道心。

我一向重视木鱼敲打的音声大小、快慢,人多时,声音当然要

禅七——出坡整理禅堂(二〇〇六年四月三日)

大一点;人少,就轻声一点。如果殿堂里人少,还敲得很大声,人多时,却敲得很小声,让人听不到,这就不行了。敲法器的人其快、慢,要顺应大众的气息,念到该快的时候要快,该慢的时候就要从容不迫,这种速度快慢、声音大小的拿捏,还是要随着经验、情况而决定。

早期我在宜兰打佛七,是训练年轻人上去司打法器。他们学法器、敲法器都很用心,如:慈庄法师的大磬,慈惠法师的铛子、引磬,慈容、慈嘉法师的木鱼,慈云(普晖法师)、心兰、吴宝琴(心玉)的铪子,整场法会下来,实在敲打得很好听,让参与法会共修的人可以专心一致,信心念力增强,这就是重大的贡献了。

这让我想到,现在我们的"净业林"(念佛堂)打佛七,不知道大众念佛的时候,能不能念出欢喜、念出法乐?解散了以后,是否还能静静地在那里思维法义,或者内心法喜充满,欢喜雀大明寺住持能修大和尚的支持，府方还拨了一块一百亩的土地给我们作为建地。两年后，二〇〇五年六月五日，"鉴真图书馆"也终于奠基动工。

在我们兴建的理想，图书馆不只有书籍的借阅，它还兼具有研究、教学、学术活动、文物艺术展览、表演以及禅堂坐香等功能。

在鉴真图书馆硬体建设大致完成之后，二〇〇七年五月十八日，我们首先举行了一场"佛教教育论坛"。此次论坛，有来自大陆、台湾以及日本、韩国、泰国、印度、美国等地的大学校长、教授参加。与会的贵宾还有国家宗教事务局局长叶小文、江苏省副省长仇和、扬州市市长王燕文、江苏省宗教事务局局长翁振进、明学长老、学诚法师等。

开幕典礼上，我特别强调：一个国家的富强，靠的是教育，因为教育培养人才，人才创造新事业，新事业能让国家兴盛。并以"马祖道一禅师创建的丛林，即是学校；百丈怀海禅师制订的清规，就是校规"一语，说明佛教具有净化社会人心、改良社会风气、维护社会伦理次序的功能，希望当政者能多多利用佛教，给予佛教在世界上应有的地位，让全世界的人对于中国五千年的历史文化刮目相看。

历时两年半的建设，二〇〇八年元旦，仿唐式四合院建筑鉴真图书馆终于完工落成。当天，贵宾云集，国家宗教事务局局长叶小文、江苏省委副书记张连珍、江苏省人大常委会副主任李明朝、江苏省副省长张九汉、扬州市市长王燕文、台湾的"立法院"副院长钟荣吉等人，都前来为鉴真图书馆及鉴真佛光缘美术馆开馆剪彩。

在硬体建设之外，真要感谢全球佛光人以及十方大众从世界各地捐赠而来的各类佛教经典及图书，使得鉴真图书馆的馆藏更

我与大陆佛教的因缘

"星云大师一笔字书法展"于中国美术馆举行,开幕仪式由文化部副部长赵少华(右五)主持、中央社会主义学院党组书记叶小文(左五)、国家宗教事务局局长王作安(右三)、国务院台办副主任叶克冬(右四)、海协会副会长张铭清(右二)以及全国政协、国家图书馆、全国台联等多个机构的官员和来自台湾的嘉宾共同出席开幕式;凤凰卫视董事局主席、行政总裁刘长乐(右一)等嘉宾致辞,为两岸搭起艺术交流之桥梁(二〇一〇年五月十一日)

捐建鉴真图书馆

我一生以文化、教育致力于推动佛教的发展,尤其很早就希望能够在扬州有个建设,用来纪念扬州大明寺出身,东渡日本弘扬戒法的唐代高僧鉴真大师。直到二〇〇三年,因缘才终于成熟,在我应邀出席扬州"鉴真东渡日本一二五〇周年纪念活动"之际,决定捐建一座"鉴真图书馆"。这个心愿一发,立刻获得当地政府以及

应邀出席"鉴真大师东渡成功 1250 周年"纪念活动

形丰富;目前馆内的藏书包含了英、法、德、美、日、韩、泰、印度、西班牙、葡萄牙、斯里兰卡等国的研究专著。

在鉴真图书馆开馆之际,同时也举行了"扬州讲坛"的开坛典礼。首场由著名历史小说家二月河先生,以"康雍乾三朝的兴替"为题主讲,现场不但座无虚席,精彩的演说,更是获得满堂彩。自此之后,每两周一次的"扬州讲坛",场场满座,可谓一位难求。陆陆续续地,"扬州讲坛"邀请到的主讲人,还有:钱文忠、余秋雨、林清玄、易中天、于丹、马瑞芳、阎崇年,乃至前外交部长李肇星、唐家璇等两岸各界的著名学者、专家登坛主讲。

在"扬州讲坛"行之三年后,二〇一〇年三月二十日,我以"我怎样走向世界"为题做了一场演说;这是我自一九八九年回乡探亲以来,第一次在故乡扬州讲演。当天,扬州市委书记王燕文女士到场致词,承蒙她说我是扬州人的骄傲,数十年来在世界各地设立大学、中华学校及二百余间道场。尤其捐建鉴真图书馆,成立"扬州讲坛",做到了"北有百家讲坛,南有扬州讲坛"。

对于王书记的赞誉,我是不敢当。扬州有唐朝的鉴真大师将佛教戒律、中华文化带到日本,被日本人尊为"文化之父",我只不过是效法古德先贤,想把扬州人的精神带向世界。

鉴真图书馆的捐建是我对先贤及家乡故里的一点回馈心意,未来的发展,希望能更"本土化",由大陆寺院的僧众、信众集体创作,把鉴真大师为法忘躯的精神,从扬州带到全世界。

恢复祖庭大觉寺

所谓"饮水思源",我对于宜兴大觉寺始终不能忘怀,尤其在一九八九年前往大陆弘法探亲之后,目睹祖庭几成废墟的衰颓,便心心念念都在等待时机因缘要复兴祖庭,以报答师长对我的教育恩情。因缘际会,得到江苏省宗教事务局翁振进局长"恢复祖庭"的建议之后,二〇〇四年五月,又获得宜兴市政府批文,同意西渚镇横山村王飞岭岕,作为重建大觉寺的佛教活动点,复兴祖庭的心愿才初步获得了实现。

二〇〇五年十月大觉寺奠基开工,开始进行各项工程的筹建。两年后,二〇〇七年十月,感谢无锡市委书记杨卫泽支持,及宜兴市委书记蒋洪亮、市长王中苏,西渚镇镇委书记蒋德荣、镇长陈平等人的指导,第一期工程观音殿首先落成开光。不过,大觉寺正式对外开放,则是二〇一二年一月,第二期工程大雄宝殿建设完成之后的事了。

到了这个时候,一眼望去,大觉寺的建筑已初具规模,想到过去在台湾举办了七八次的素食博览会,都引起广大的回响,而现在宜兴有这么一处据点,何不举办一次素食博览会,借由"素食文化"来提升人的爱心和素质呢?就这样,在几经磋商之下,二〇一二年四月,由宜兴市人民政府主办,宜兴市旅游园林管理局、西渚镇人民政府、太华镇人民政府承办,云湖风景区、人间福报、大觉寺协办的"首届宜兴两岸素食文化暨绿色生活名品博览会",在大觉寺正式登场。

出席佛光祖庭宜兴大觉寺观音圣像开光仪式及开示(二〇〇七年十月二十六日)

开幕式中,由我敲响三次和平钟,在悠扬的钟声里,我分别祈愿:一愿"两岸友好,中国富强";二愿"风调雨顺,人民安乐";三愿"参加大众,平安吉祥"。

当天到场的贵宾有:前北京市副市长张百发,前江苏省委副书记冯敏刚,无锡市委书记黄莉新,宜兴市委书记王中苏、市长张立军、副市长周中平等。

博览会上,有来自台湾、上海、南京、苏州及新加坡、马来西亚、泰国、菲律宾、日本等国家地区的上千种素食及特色小吃,五天下来,共吸引了二十万人参加。根据公安单位的报告,活动现场"零事故",一点推挤、碰撞、吵架的情况都没有,实在出乎他们意料之

外,也一扫了当初他们对集会安全的顾虑。

我想,两岸的友好,不一定都是从政治、经济方面来着手,也可以从民间的文化活动做起。尤其宜兴是紫砂壶的故乡,而紫砂壶又与佛教的因缘深厚,我在宜兴恢复祖庭之际,当然也希望能对当地文化的发展尽一点绵薄之力。

因此,在大觉寺尚未正式开放之前,二○一○年五月,当宜兴宣传部、宜兴广播电视台、宜兴供电局及宜兴紫砂行业协会,与宜兴大觉寺联合举办"天禄之旅‧紫砂问禅‧大觉寺"活动时,应众人之邀,我也特地前往出席活动,与国家级紫砂工艺美术大师徐汉棠、吕尧臣、谭泉海、汪寅仙、李昌鸿、鲍志强、顾绍培、何道洪等谈禅论道。

确实,茶文化与禅文化是密不可分的,过去禅门学僧问道,禅师经常以一句"吃茶去!"指点迷津;平凡的一杯茶,若有禅心,也是悟道机缘。

出席世界佛教论坛

对于大陆佛教,从促成佛指舍利来台、两岸梵呗赞颂团合作、捐建鉴真图书馆、开办文化讲座到复兴祖庭,还有一项很重要的参与,就是出席论坛讲说。

过去大陆举办宗教会议,都是内部举行,二○○六年四月首届"世界佛教论坛"在浙江杭州举行,扩大为世界性的佛教论坛,可以说是大陆领导人的高瞻远瞩,与时俱进,因为此举必然是有助于未来国际佛教的交流及世界和平的实现。

此次论坛的主题是"和谐世界从心开始",有来自世界三十七个国家地区的千余名佛教僧人参与盛会,很荣幸地,我也应邀出席论坛开幕典礼,并且发表"如何建设和谐社会"主题演说。

于第一届"世界佛教论坛"发表主题演说(二〇〇六年四月十三日)

演说时,我特别提到,和谐世界要从慈悲心、柔软心、智慧心、诚实心,从自己开始。只要心中有和谐、有慈悲,成功、财富就会跟着来。

继之,二〇〇九年三月举行的第二届"世界佛教论坛",有五十个国家地区的一千七百多位僧人、学者及社会各界人士参加,我再次应邀出席,针对大会主题"和谐世界众缘和合",提出"慈悲尊重可以和谐"、"包容异己可以和谐"、"人我平等可以和谐"、"共生共存可以和谐"等四点意见。

这一次盛会,各国政府派往参加论坛的佛教代表中,也有不少佛光山驻海外道场的徒众;得知他们在海外打拼,受到当地政府肯定,也觉得很欣慰。

这次大会在无锡灵山梵宫举行开幕典礼,我与中国佛教协会会长一诚长老、香港佛教联合会会长觉光长老共同拈香祈愿世界和平,并且与中华宗教文化交流协会会长叶小文,第二届世界佛教论坛江苏省组委会主任张连珍、副主任杨卫泽,将来自印度、尼泊尔、韩国、日本、美洲、非洲等国的甘露水,灌注在巨型金色莲花上,用以象征佛法均沾全球五大洲。

论坛尾声,闭幕典礼是在台北小巨蛋体育馆举行,由国际佛光会中华总会承办。与会贵宾有中国佛教协会会长一诚长老、香港佛教联合会会长觉光长老、澳门佛教总会理事长健钊法师、中华宗教文化交流协会会长叶小文、第二届世界佛教论坛江苏省组委会主任张连珍、香港民政局长曾德成、法鼓山住持果东法师、华梵大学董事长修慈法师、国际佛光会中华总会荣誉总会长吴伯雄、中华佛教居士会荣誉理事长黄书玮、慈济慈善基金会发言人何日生,以及各国代表和三万名信众。

无锡在江苏,江苏是我的故乡,世界佛教论坛能够分别在两岸开幕、闭幕,有其特殊意义,象征两岸同胞如兄如弟,对促进两岸的来往、发展有很大贡献,只要双方持续往来,不分彼此,未来两岸关系一定会更加密切。我能参与这场千载一时的佛教盛会,并且发表有关佛教对国家、社会具有正面影响的只字片语,也是与有荣焉。

除了"世界佛教论坛",还有一场值得一记的论坛讲说,那就是二〇一二年九月十一日,我应邀出席在天津举行,有"世界经济风向标"之誉的"世界经济论坛"(World Economic Forum),主讲"信仰的价值",成为该论坛创办四十二年来首度专题讲说的佛教僧人。出席这场论坛的,还包括温家宝总理等七位国家元首和政府首脑,以及来自八十二个国家的政商界领袖二千余人。

讲说时,我以"心中宝藏值多少、世界享有知多少、结缘回向有多少、和谐禅悦共多少"四点详述信仰的价值,提供来自世界各地的财经专家、企业精英建设"富而好礼"社会的另一种思考面向。

此外,近年来,我也应北京大学、南京大学、上海交通大学、复旦大学、中山大学及厦门大学等校之邀,前往各校讲演。其中,厦门大学的那场讲说,师生四千人热烈参与的盛况,实在让我见识到大陆知识分子渴求佛法的真切。

在我一生的岁月里,自许不做"哑羊僧",只要佛教需要我,众生需要我,再多的讲说,我都不辞万里路途,乐做不请之友。我也曾受各省市的邀请,或参加寺院开光,或去讲座,或一笔字展出致词,承蒙江西省宗教局局长谢秀琦、江西省政府台办主任阎钢军、山西大同市长耿彦波、江苏徐州市委书记曹新平、海南省委书记罗保铭、海南省委宣传部长许俊、海南省台办主任刘耿等人的协助,以及其他很多领导的用心安排,无法在此一一列出,只有至诚在此一并表示感谢。尤其在大陆多场的讲说当中,我也真诚地向与会官员表示,宗教确实有助于安定社会人心,希望政府能够放宽佛教弘法的限制,让中国佛教走上复兴的道路。

重要赈灾活动

每每大陆发生重大的灾情,我本着血浓于水的同胞情谊,都希望尽一点绵薄之力。比如,二〇〇三年的"非典"疫情(严重急性呼吸道症候群,SARS),以及二〇〇八年四川大地震的各项救援等等。

说到二〇〇三年"非典"疫情风暴袭击全球,当时我人正在日本弘法,听到疫情已经蔓延到台湾的消息,为了安抚惊恐不安的民心,特别在媒体上发表《为SARS疫情祈愿文》,并且为台北和平医

应邀出席中国佛教协会在厦门南普陀寺举办的"降伏'非典'国泰民安世界和平祈福大法会"(二〇〇三年七月十日)

院因感染"非典"隔离住院的民众录音说法。

之后,我又应福建省厦门市南普陀寺住持圣辉法师之邀,特地飞往厦门,参加中国佛教协会在南普陀寺举行的"两岸暨港澳佛教界降伏'非典'国泰民安世界和平祈福大法会"。致辞时我告诉大家,"非典"肆虐乃众生业力所致,降伏"非典"的重要武器是净化身心,因此,人人要行三好——做好事、说好话、存好心,内心有了善的力量,能降伏其心,就能降伏疫情。

时隔五年,二〇〇八年五月十二日,四川汶川发生大地震,伤亡惨重,我本着"救灾要救苦"的想法,于第一时间就率先捐款了一千万人民币给当地,并且成立"救灾指挥中心",由慈容法师担任总指挥,整合全球赈灾资源,同时于全世界各别分院设置超荐牌位和消灾禄位,举行"为四川大地震灾民祈福法会"。

事发后,各家媒体纷纷上山采访我。在接受非凡电台"海峡之声"节目、TVBS主播方念华等媒体记者访问时,我特别呼吁全球佛光人发挥佛教"无缘大慈,同体大悲"的精神,一起投入赈灾工作,并且提出佛光人未来帮助灾区重建的三大方向:一、建设组合屋,让灾民有安身之处;二、成立心灵辅导站,安抚受创心灵;三、希望全世界有缘人,共同重建受创的学校。不久,一支训练有素,由台湾、香港和马来西亚等地所组成的佛光会救援队与医疗队,便整装出发,前往四川灾区会合救灾。

之后,我在宜兴佛光祖庭大觉寺也举行了一场"为四川大地震灾民祈福法会",由心定、隆相、普仁法师主持。当天,适逢国民党主席吴伯雄带领"国民党大陆访问团"到大陆访问之际,也特地前来大觉寺出席这场祈福法会,并代表大众亲诵《为四川汶川大地震祈愿文》。当天与会的贵宾还有国台办副主任王富卿、国家宗教事务局叶小文局长等逾千人,大家都以一颗虔敬的心,祈愿亡者往生佛国净土,生者消灾免难。

在四川灾区重建期间,七月,我特地率领佛光会员、佛光青年及佛光童军团等一行九十余人,前往四川灾区关心严重受损的三昧禅林、四川尼众佛学院等佛教寺院恢复情况,并为赞助重建的成都彭州三昧水慈善医院、青川木鱼中学与江油市彰明中学举行奠基典礼,同时捐赠给北川与江油市六十七部救护车及两千台轮椅。

此行,时任国际佛光会中华总会总会长的心定和尚并代表佛光人赠送《佛光大藏经》给有一千三百多年历史,由唐朝悟达国师兴建的三昧禅林,三昧禅林住持广成和尚也以《洪武南藏》赠予佛光山,象征两岸佛教的友好往来。

其实,这一趟到四川,我是带着报恩的心情去的。因此,对于四川父老兄弟姐妹的感谢,我都是说:我从小看《三国演义》,刘备、关公、张飞的"桃园三结义",乃至诸葛亮的"六出祁山"、"空城计",当中热闹的情节,丰富了我的童年,三国的很多故事都发生在四川;甚至杜甫、李白、苏东坡的诗词,到今天我也都能朗朗上口。可以说,我的成长时期,都是四川孕育我、成长我的,所以这次四川

于苏州嘉应会馆与义工合影(妙香法师提供,二〇一〇年十一月二十七日)

有了一点灾难,我是应该来报答,实在不必言谢。

二〇〇九年台湾发生"八八"水灾时,中华宗教文化交流协会也透过佛光山捐赠人民币伍佰万元,跟无锡佛教协会的贰百万元,帮助受灾户,表达两岸一家的情谊。

总说我们在慈善方面虽不是专业,但是本诸佛教"慈悲为怀"的精神,全球佛光人无不尽心尽力投入每一次重大灾难的募款、救灾工作,只想聊表一点对大陆同胞的救苦救难之意。

回顾一九八九年重返家乡故里至今,二十多年来,我在大陆从未有过传教的行为,只有致力于文化、教育的推广,虽然这需要长时间的耕耘,总也是走一步就算一步。尤其佛教可以帮助社会树立道德、建立次序，在今日大陆经济发展快速，人心浮动不安的当头，我又怎能不发挥佛教安定人心的功能呢？

因此，近几年来，我在苏州嘉应会馆也设立了美术馆，一方面提供当地艺术家一个展览作品的场所，也增加民众一个欣赏艺术作品的机会。另外，我也在无锡开设了"滴水坊"，推广精致实惠的"十元斋"（人民币），希望让民众从尝试素食，进一步接受护生、健康、环保的观念。

尤其两岸的政治体制虽然不同，但是人民均属同文同种，同一血脉，如果民间能够加强文艺、学术、教育等活动经常交流往来，必然是有助于两岸和平发展。

记得多年前，我访问大陆时，在北京人民大会堂与全国政协主席贾庆林先生见面，他向我提起，希望有管道可以与国民党有个交流的机会，我们对台湾的贵宾一定"热烈欢迎，隆重接待"。

我带着贾主席的"热烈欢迎，隆重接待"八个字回到台湾之后，慎重地转达给当时的国民党主席吴伯雄先生知道。他一听，很欢喜，知道大陆方面有诚意要和台湾交流，便于二〇〇八年五月组成"中国国民党大陆访问团"前往北京访问。此行，双方除了就两岸问题进行交流对话，也为两岸直航跨出了一步。

七月四日两岸终于直航了。当天，我人正好要从南京回到台湾，特地改变行程，搭乘中国东方航空 MU5001 首航班机回台，共同见证了这历史的一刻。想到六十年前从南京来到台湾，六十年后的今天，又从南京回到台湾，今昔相比，不禁感触良多。其实，直航早该推行，可惜台湾因为不必要的意见，也就浪费了许多的时间、金钱与精神。现在两岸终于直航，彼此在各方面的获益必然是更多了。

总说我与大陆佛教，对于大陆的佛教现况，我确有忧心，虽然

中国东方航空"两岸周末包机首航",应邀于台北松山机场举行剪彩仪式(二〇〇八年七月四日)

它富有深厚的文化底蕴,但是历经大时代的变局后,当务之急就是道风的提振。佛教讲"以戒为师"、"戒住则法住",有戒律才有佛教,因此,今后寺院要加强制度的建立,僧侣要持守佛教的戒律,尤其要让出家人接受教育。

想到民国时期,大陆有许多具有大师风范的出家人,例如:弘一大师、印光大师、太虚大师等,可惜现在他们的法脉都失传了;我是临济宗四十八代的弟子,为了"续佛慧命",责无旁贷地应该肩负起"传法"的责任。因此,依据丛林"传法"制度,我不但在台湾传法,也收了几位大陆的法子,比如:江苏宜兴大觉寺住持隆相法师、南京栖霞山当家谛如法师、广州深圳弘法寺住持印顺法师、辽宁锦州北普陀寺住持道极法师、河北保定大慈阁住持真广法师、山西大同法华寺住持万德法师、山东高唐大觉寺住持觉映法师、江苏徐州宝莲寺住持觉耀法师等等，期望这许多法子们都能以住持正法为使命，令法轮常转，佛日增辉。

除了收法子，我也陆续送了几位本山的弟子到大陆留学，有：四川大学的满纪、南京大学的满升、兰州大学的觉旻、中国人民大学的妙中、中国社会科学院的觉多、北京大学的觉舫、武汉大学的妙皇、复旦大学的觉冠、厦门大学的满庭等等，她们一方面攻读博士学位，一方面也为两岸佛教的往来交流发心。

我想，未来大陆要能有长足的发展，必然先要让佛教有办法。就如同隋唐时代之所以能成为盛世，靠的就是佛教的兴盛。佛法能治心，是心灵的管理法，社会的发展若能配合佛法的道理，将来必能更有办法！

我与世界佛教徒友谊会

时代在进步,
我也期许未来世佛会可以再培养更多的青年人才,
让全世界的佛教徒一起参与世佛会、发展世佛会;
同时,期望借由世佛会,
让全世界的佛教徒多一个交流与沟通的平台,
增进全世界佛教徒更频繁地往来,
凝聚全球的佛教徒,
大家更加团结一致,利益大众,
共同致力促进世界和平的目标。

我一九四九年来到台湾，隔年世界佛教徒友谊会（World Fellowship of Buddhists，简称世佛会）就成立了。前四十年，我与世佛会之间，有着一缕似断犹连的因缘存在，从未积极争取过一次担任参加世佛会的代表，也没有担任过一席次观察员，更遑论想与世佛会有丝毫关系。但是，在第十八届大会时，我被推选为世佛会永久荣誉会长。之后，我与世佛会的关系转为密切。至今回想起来，有些事情值得一提，为历史留下记录。

世界佛教徒友谊会创立于一九五〇年，由已故太虚大师与斯里兰卡籍的玛拉拉色克罗（Malalasekera）博士等人共同发起，以"致力护持人类的安和乐利与世界和平"为目标，所成立的一个佛教会，总部设在泰国曼谷。首届世佛会大会，是在一九五一年于锡兰（现斯里兰卡）科伦坡召开。

来自亚洲、欧洲与北美洲（包括夏威夷）等二十七个国家地区代表前往与会，包括南北传等各宗派僧俗二众共聚一堂，为佛教史留下空前的创举，并为世佛会奠定良好的基石。会中决议每两年举办一次，发展至今，已对世界佛教产生巨大的影响，并且成为全球公认最能代表佛教组织的有力团体之一。

一九五一年适逢"中国佛教会"在台召开会员大会，改选理监事。我以二十六岁之龄当选为"中国佛教会"常务理事，实出众人意料，我自己也相当讶然。因为当时教界大德，如：慈航、南亭、东初等诸位老法师都同时落选。由此因缘，当时担任"中国佛教会"理事长的章嘉大师，就举荐我为代表参加首届世佛会的大会。虽事后有人反对而失去机会，但这是我与世佛会接触的开端。

尔后，我虽历任"中国佛教会"常务理事或理事，具有参加世佛会代表的资格，可是从第二届至第十届的世佛会，分别在日本东京、印度萨那（鹿野苑）、泰国清迈、马来西亚吉隆坡及斯里兰卡科伦坡等地召开，我却未能突围入榜。虽然是人为的因素，使我徘徊在参与世佛会的边缘，但是我仍然为台湾能有代表团参与世界性盛会而高兴。

到了一九七六年，第十一届大会在泰国曼谷召开，终于有人提议给二十多年来未曾与会的我能参与一席，但"中国佛教会"有人提出异议。国民党中央党部社会工作委员会总干事汪崇仁先生为息事宁人，就以我的弟子心定法师为观察员代表我出席。这说明了我与世佛会的关系，只是有缘而无分。

一九七八年，第十二届世佛会在日本东京召开时，日本拟取消台湾代表团与会资格。"中国佛教会"突然一致推举我率团前往日本向日本佛教会抗议，要我争回世佛会的代表权。当时的团员有净心、圣印、慈惠（担任翻译）等法师和翁茄苳居士。

非常好的因缘,日本佛教会的朋友岩本昭典竟然接受我争取两岸共同参加的意见,仍然请台湾的"中国佛教会"代表出席。我想:这次我必能代表"中国佛教会"出席了。

我不辱使命欢欢喜喜地回台,哪知回来时,"中国佛教会"已经推选白圣法师等人代表出席了。我记得当时圣印法师给我电话说:"我们在前方作战,他们在后方坐享。"

我还安慰他说:"开会很辛苦,不去最好。"

因缘时事就这么作弄人,所谓代表权又一次落空。

第十三届大会,于一九八○年在泰国清迈召开,法国代表禅定法师建议世佛会总会,邀我以贵宾身份出席。但我申请出访时,因"中国佛教会"净良法师不愿意为我转办出境手续,因而胎死腹中,又一次不得成行。

原议一九八四年第十四届大会在佛光山召开。事前,世佛会总会派执行委员郑天柱居士来台了解佛光山举办世界性会议的能力。郑先生在马来西亚和我约好了来佛光山的日期,未料,郑先生在台北盘桓数日,并未如约南下,随即离台。因为有人从中作梗,但也只能慨叹台湾又丧失一次向世界佛教人士表示欢迎友好的机缘。

一九八六年第十五届大会在尼泊尔召开,"中国佛教会"代表成一法师因为大陆代表参加,随即离席退出。我因为在美国当选美国佛教青年会会长,世佛会就邀我以美国代表身份与会;但我婉辞美意,另外推荐弟子永楷和哈佛大学普鲁典博士,由他们两个人代表我赴尼泊尔加德满都与会。

在大会中,与会代表一致企盼下届大会能在美洲地区举行,曾电话问我:是否欢迎下届在洛杉矶西来寺召开?我欣然接受。在田宝岱先生的夫人田刘世纶女士(叶曼居士)的协助下,终于促成

我与世界佛教徒友谊会

第十六届世界佛教徒友谊会暨世界佛教青年会第七届大会,于洛杉矶西来寺举行(一九八八年十一月二十日)

一九八八年第十六届大会在美洲召开,成为世佛会首度跨出亚洲门槛的先例,也留下最多国家地区代表与会的纪录——三十一个国家、五十多个地区。

此中,还有一个不为外人所知的插曲。当我允诺世佛会后,西来寺工程发生了变化,原先承包工程的大西洋公司因故不能施工,我急忙找另一家工程公司承包。这家公司不负众望,在短短几个月中,迅速赶工,终于让西来寺这座西半球第一大寺,如期完成。但是佛光山为此多花了一千万美元以上。

当时的世佛会会长桑雅·达玛萨谛教授(Sanya Dharmasakti)祝贺西来寺的落成,他说:"就物质而言,西来寺是开山大师及其徒众辛苦经营、无私奉献的结果;就精神而言,它发射出庄严的光芒,尽虚空遍法界。如果把它当作一个地方,应称为宏模巨构;如果就开山大师及全体职事慈悲心所散发出来的精神特质来看,则其崇高祥和并不下于它的物质规模。"

感谢世佛会会长的赞美。来自全球各地的佛教徒齐聚美洲开会,尤其是我成功地让两岸的代表以"中华北京"和"中华台北"的模式,在同一会议场所开会。看到与会人士的欢欣鼓舞,让我欣慰不已,所有建筑过程中经历的种种困难与挫折,都已微不足道了。还有什么事比全球佛教徒团结在一起更重要呢?

世佛会第十六届大会的主题是"世佛会——为世界和平而团结",其特色如下:

一、人物殊胜:有来自世界各地五百多位佛教领袖及团体参加。

二、时间殊胜:世佛会第一次在西方国家召开会议。

三、空间殊胜:在西方第一座最具规模的佛教丛林式建筑的西来寺开会。

四、因缘殊胜:适逢佛光山美国西来寺落成典礼。

大会的宣言如下:

第一,我们代表世界大多数的佛教徒宣言:我们学习佛陀的教义,使佛陀的仁爱精神散布于全世界,并影响所有的人及政府单位接触佛教,让世上所有人皆能生活在和平与和谐中。

第二,我们实施"世界佛教徒友谊大会"的和平理论,将与其他的宗教及和平组织合作,以世界和平为努力方向;我们也愿意担任调解人,热切要求每个国家放弃核武器。

第三,我们支持传统佛教弘法的努力,以及东西方文化的融和,我们呼吁佛教徒能对全世界善美的文化教育,永续奉献牺牲。

我与世界佛教徒友谊会

"世界佛教徒友谊会第十八届大会"和"第九届世界佛教青年友谊会暨二十周年纪念大会",首次在台湾举行。很荣幸被推选为世界佛教徒友谊会永久荣誉会长,假台北阳明山中山楼举行开幕典礼,另在佛光山檀信楼举行闭幕典礼(一九九二年十月二十八日)

关于一九九〇年第十七届大会,也曾征询我,在何处举办为宜。我以国际奥运方在韩国圆满,韩国应有实力接办世佛会大会,而促成汉城(今首尔)会议的举办。

一九九二年的第十八届大会终于在佛光山召开了,这也是因为多年来的表现,获得世界教友认同才得此机会。世佛会第十八届大会,假台北阳明山中山楼举行开幕典礼,我发表主题演说"互助、融和与欢喜",被推选为世佛会永久荣誉会长,慈惠法师当选副会长。

承蒙大会推选我担任"世界佛教徒友谊会永久荣誉会长"之职,总觉得因缘法则,冥冥中自是不可思议。因缘,是人、事、时、地、物、因、缘、果、报的聚合,缺一不可。虽然我感到历经三十余载的人为障碍,但我相信,只要心为佛教、心做佛事、心存佛法,纵有磨难,最后终能拨云见日,佛光普照。

第一届到第十八届世佛会从未缺席的代表郑天柱说:"从来没有见过一次大会像佛光山办得这么丰硕、积极、有希望、有前瞻性。"

一九九八年十月底到十一月初,世佛会再度跨出亚洲,第二十届大会假南半球第一大寺——南天寺举行,有来自全世界八十个国家和地区中心的代表和观察员,第一次聚集到南半球召开大会。开幕典礼时,在唱颂澳大利亚国歌和《三宝颂》、世佛会副会长宫原(Sunao Miyabara)先生代表主席致词后,我向与会人士提出四点建议:

一、宗派间的融和与尊重:佛教虽有不同宗派,可以异中求同,这必须靠大家融和与尊重。

二、教徒间的来往与交流:世界要达到和平,必须要大家互相往来、体贴、尊重、包容。

三、发展上的人间与现代:世佛会要办世界佛教大学,并对于在泰国留学的学生给予资助,在重视佛教青年及重视佛教的文化、学术交流等方面是十分重要的。

四、佛教内的组织与团结:佛教普遍全世界是世人的一道光明,我们要以此光明照亮世界。

十一月二日闭幕典礼时,本次大会主题"佛教徒如何迈向二十一世纪的挑战",经代表们热烈讨论后,大会宣告:

一、以资讯的传播及交通的发达来推动佛教的慈悲、忍耐、和平、包容的精神,以"和"解"争"的教理来促进人际关系,增进彼此的祥和,为大众谋求福利。

二、让佛陀的法音,透过现代高科技传讯系统,不断宣流,广泛地提升弘法品质。

三、以事实证明佛教徒的生活与修持，能解决很多人类的道德问题。

四、世佛会落实会员对会务发展的能力及专长；例如，有摩擦的团体要求来协调，经由和平妥协、共识来排解纷争。

我当场致赠美金一万元给世佛会作行政基金，以促进佛教各宗派的融和，由新当选的瓦那米提（Phan Wannamethee）会长代表接受。

一九九八年，因为我在印度佛陀成道的圣地菩提伽耶，举办国际三坛大戒，一心想帮助南传和藏传佛教恢复比丘尼的制度，很意外地获知西藏贡噶多杰仁波切赠送我一颗佛陀的真身舍利。有感于这颗佛陀舍利的珍贵，我们在当年四月从台湾以专机到曼谷，恭迎佛陀真身舍利回台湾。恭迎的地点就在世佛会位于曼谷的总部。当时，藏传的喇嘛、南传和北传的法师和信众们聚集在曼谷，真是人间的胜况。我一直记得泰国僧王颂德雅纳桑瓦拉对我说："这颗佛陀舍利很小，但是需要很大的一块地来供奉。"也因此促成了佛陀纪念馆的兴建因缘。

二〇〇〇年底，我率领徒众到曼谷参加世佛会第二十一届会员大会。开幕典礼时，泰国总理川·立派颁发"佛教最佳贡献奖"给我，肯定我对佛教的贡献。除了佛教最佳贡献奖外，我一生中获奖无数，印象比较深刻的，如：一九九五年获全印度佛教大会"佛宝奖"；二〇〇六年获美国共和党亚裔总部，代表当时该国总统小布什颁赠"杰出成就奖"等。其实我对所获奖项并不着意，因为这都是海内外大众的成就，我只想尽自己的心力为大家服务。如果获奖能够对全世界的佛教徒有所激励的话，我愿意忍受长途飞行的辛苦，出远门一趟。

前往曼谷参加"世界佛教徒友谊会第二十一届会员大会"开幕典礼,泰国总理川·立派颁发"佛教最佳贡献奖"(二〇〇〇年十二月六日)

二〇〇四年,泰国人庆祝僧王九十大寿,铸造十九尊金佛,分送到世界有缘的国家。泰国僧王特别指定送一尊金佛给佛光山。我非常珍惜这珍贵的情谊,隆重地将金佛供奉起来,让大众都有瞻仰礼拜的因缘。佛陀纪念馆落成之后,这尊金佛就供奉在本馆的金佛殿,见证南北传佛教的交流,也不负泰国僧王的美意。

杭州市举办首届"世界佛教论坛"后,已成立五十六年的世佛会第二十三届大会,二〇〇六年四月再度在佛光山召开。来自美国、新西兰、澳大利亚、德国、韩国、泰国、日本、俄罗斯、印度、印尼等二十余国家地区、五百多位佛教代表参加大会,共同研讨"佛教与宽容——共创世界和平"相关议题。

世界佛教徒友谊会、世界佛教徒青年会、世界佛教大学,于佛光山传灯楼集会堂举行联合开幕典礼时,我以四点勉励大家:

一、佛教需要进步:因进步是人类共同希望。不进步就会退步,全世界各行各业都在求进步,佛教亦如此。佛教有些制度规矩也须重新修订,才能进步。

我与世界佛教徒友谊会

一生中获奖无数,一九九五年获全印度佛教大会"佛宝奖"

二、佛教需要事业:佛教四众弟子都需要有事业,个人有个人的事业,团体有团体的事业。以天主教、基督教办学校、建医院为例,因此佛教发展要靠事业。

三、佛教需要共识:南北传佛教要融和、友好、团结,各项制度、仪轨、佛像、寺庙也要能统一。世界佛教需要动员及共识,让佛教积极走入社会、家庭,才能成为民众重要精神粮食与心灵慰藉。

四、佛教需要和谐:教团以"和"为尚,六和僧团即为和谐原则。

此次世佛会最殊胜的是,五十余年来,世佛会开会典礼程序中,首次唱我作词的英文版《三宝颂》开幕。看到大家各教派不分南北传、显密教,终于都能朗朗上口唱起《三宝颂》,这也是一大突破了。

尤其,这一次来自全世界的佛教徒代表发出正义之声,为维护正法,反对异教徒以不道德方法扭曲佛教徒的价值观,以及反对邪教窃取佛教之名,作危害佛教之事,彰显出佛教徒护法卫教的决心。

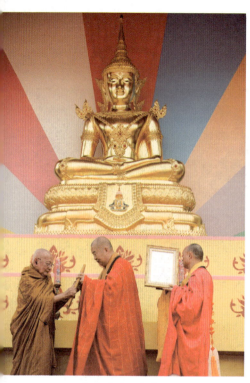

泰国副僧王代表僧王赠送大金佛予佛光山（二〇〇四年一月十五日）

这件事缘起于同年四月，大陆中国佛教协会与中华宗教文化交流协会致函世佛会，说明邪教在一些国家造谣生事，冒充佛教却又攻击佛教，对佛教造成极大危害。为有效防范与遏止邪教的蔓延，恳请世佛会发出呼吁，号召佛教徒起来抵制邪教，共同维护佛教的声誉与全世界佛教徒的根本利益。

世佛会大会二次全体会议中提出，"为维护正法，反对邪教窃取佛教之名，作违害佛教之事"的宣言。特别在闭幕典礼上，由中华佛教居士会黄书玮居士与美国照初法师分别以中、英文，宣读第二十三届世佛会大会十项宣言，主要有以下四点：

一、所有佛教徒彼此尊重、互相包容，共创和谐社会。

二、反对异教徒以不道德途径，扭曲佛教徒的价值观。

三、鼓励通过心灵与环境、艺术的探索，确保社会持续发展的潜能。

四、维护正法，反对邪教窃取佛教之名，作危害佛教之事。

我对各种宗教都是采取"尊重与包容"的态度，乐意看到许多宗教有其发挥的空间。但是，我也有不能容忍的时候，当我看到有人篡改佛教名相，扭曲佛教义理和佛教徒的价值观，误导善良的大众时，我实在忍无可忍。因此，得知与会大众团结一致，彰显佛教徒护法卫教的决心时,感到十分欣慰。

二〇〇八年十一月,世佛会第二十四届大会在日本东京举行,由现任佛光山本栖寺住持满润,和担任国际佛教促进会执行长的满和代表与会。满润运用当地的义工,在发稿和摄影方面提供相当多的协助。听说荣誉秘书长帕洛普(Phallop Thaiarry)先生非常感谢我对世佛会的支持,凡是他向我提出的要求,我都答应帮忙。对我而言,只要是为了佛教,我都乐于为大家服务。

二〇一〇年四月,世佛会荣誉秘书长帕洛普先生的母亲于曼谷往生。虽然徒众建议由曼谷文教中心的住持觉机代表致意即可,但我还是特别派了代表从台湾专程到曼谷,参加法会并且为帕母诵经祈福。另外,我也指示觉机为帕母举办一场超荐佛事。事后弟子告诉我,帕洛普先生说我与世佛会不是只有公事的往来,更重视情意的交流,这点让他非常感动。

二〇一〇年八月底,世佛会荣誉秘书长帕洛普先生伉俪专程从曼谷护送一尊泰国为庆祝泰皇八十岁生日时所铸造的金佛,连底座共一百一十九公分,来台湾为我祝福,并且邀请我参加年底在斯里兰卡举办的第二十五届世佛会大会。我感念他们夫妇专程来台湾看我,虽然我也想到斯里兰卡参加大会,但是因为早已排好的日本弘法行程,只好另派代表参加大会了。

二〇一〇年十一月,世佛会第二十五届大会、世佛青第十六届大会、世界佛教大学第八届大会于斯里兰卡肉桂树大酒店(Cinnamon Grand Hotel)举行。大会的主题是"以佛法来解决问题"。斯里兰卡的总理和总统分别与会。大陆代表团重新回到世佛会,由国家宗教事务局王作安局长率领八十多位法师与代表参加。

开幕典礼时,王作安局长提到:"佛教徒应该相互团结,净化人心,弘法利生,促进世界和平。尊重世佛会的努力,赞赏世佛会的

至泰国弘法。前排：国际佛光会世界总会副总会长余声清（左二）、陈铭政先生（左三）、国际佛光会泰国协会会长余刘素卿（右三）、慈容法师（右二）、觉机法师（右一）。后排左二起：世界佛教徒友谊会荣誉秘书长帕洛普阖家（帕洛普三儿子及其媳妇、大儿子、帕洛普伉俪）、日本协会理事陈逸民、妙广法师、妙光法师（二〇一二年十一月）

成就。斯里兰卡为世佛会的创始国，六十年后于斯国隆重召开，这是对创始国的尊重，对世佛会的成就表示尊重。"

我听说与会的大陆法师们非常整齐有序，欣见他们的成长与进步。

二〇一一年八月，世佛会荣誉秘书长帕洛普先生的三公子结婚。帕洛普先生伉俪和他们的三位公子，结婚时均受到现任泰皇的福证。虽然觉机已先代我赠送一幅"龙天护佑"一笔字祝福，后来我还是特地挥毫"花好月园（圆）"的一笔字，由满和法师专程送到曼谷，为新人祝贺。听说来自澳大利亚的会友跟帕洛普先生解说："好"字左边的"女"像一只鱼，右边的"子"像只鸟；园中间的"元"，代表圈住财宝，真是祝福满满的意思。

二〇一二年六月,世佛会第二十六届大会在韩国丽水召开。首尔佛光山住持依恩和国际佛教促进会执行长满和,在会中赠送佛陀纪念馆的照片给世佛会的会长、副会长、执行委员和代表们。大家对佛陀纪念馆的庄严与壮观印象深刻,很希望有因缘能到佛陀纪念馆召开大会。

后来,中华佛教居士会的黄书玮居士,以世佛会副会长的身分,在大会上直接宣布,下一届的大会在佛光山佛陀纪念馆举办。世佛会荣誉秘书长帕洛普也告知下一届的大会要在佛陀纪念馆举办。佛陀纪念馆在"千家寺院·百万人士"的支持与赞助下,于二〇一一年年底落成。本着"无我"的理念,我欢迎世界各地的人士到佛馆参拜。全世界的佛教徒能够在佛教的圣地举办大会,与佛陀接心,何尝不是美事一桩。

在世佛会六十一年的历史当中,由于世界各佛教团体的努力,数以亿计的佛教徒凝聚共识,共同促进佛教于社会、教育、文化、慈善等佛教事业的发展,展开造福社会人群的活动。

历届世佛会的成就有:

一、一九五二年世佛会通过纵横均为蓝、黄、红、白、橙等五种颜色的五色旗,作为世界佛教统一的教旗。其五色象征五乘共法,横者,代表全世界人类的和谐相处,纵者,代表世界和平,也就是"横遍十方,竖穷三际"的意思。

二、一九五四年世佛会于缅甸首都仰光召开第三次会议,一致通过代表三宝的"卫塞节"即"佛诞节",为全球佛教统一的佛教纪念日。

三、一九八八年,第十六届大会在美国洛杉矶佛光山西来寺召开,首次跨出亚洲门槛,并突破往例,创下三十一国、五十多个地区中心代表与会的纪录,并且让两岸佛弟子同席共会。

世界佛教统一的教旗

四、一九九二年,第十八届大会首次在台湾召开,首创报到手续全面电脑自动化作业;并且首创在台湾南、北两处会场开闭幕的盛况,透过远距视讯,首次从台湾传送画面至欧、美、亚洲等十个定点。

五、一九九七年世佛会正式被联合国教科文组织承认,纳入国际性非政府组织(NGO)B类(资讯及咨询组)。

六、一九九八年,第二十届世佛会大会在澳大利亚佛光山南天寺召开,再度跨出亚洲门槛,在大洋洲将佛教更加发扬光大。大会决议成立"世界佛教大学"。

七、一九九九年世佛会向联合国申请批示"卫塞节"为"联合国系"节庆。二〇〇〇年五月十五日(五月月圆日)联合国批准"卫塞节"纳入联合国系节庆,首度在联合国纽约总部正式举行"卫塞节"庆祝典礼。之后每年"卫塞节"皆在联合国纽约总部举行,各国佛教团体与会。

二〇〇四年开始,世佛会即参与联合国卫塞节庆典在曼谷举行的筹备工作。二〇一一年五月十四日,第八届联合国卫塞节国际佛教大会闭幕式,在泰国曼谷联合国亚太地区会议中心举行,本次佛教大会有来自世界各地八十九个国家的代表出席,共同探讨社会与经济发展中的佛教美德。

八、二〇〇〇年大会,泰国总理川·立派先生宣布政府批示在泰国佛教城作为"世界佛教大学"设立地点。二〇〇〇年十二月九日"世界佛教大学"于世佛会总部举办开幕仪式,由泰国僧王、泰国副教育部长及海内外佛教人士与会。"世界佛教大学"为国际佛教学府,接受海内外僧俗二众学习,除佛教科目的学习,并有身心修持课程。

九、二〇〇一年、二〇〇二年为"国际佛教慈悲年",世佛会各地区中心共同执行庆祝。

十、世佛会人道救援工作这几年颇有进展。缅甸风灾、大陆震灾、泰国水灾、拉达克震灾,为灾民和孩子们建房子,帮助印尼地区中心协助印尼震灾和水灾的灾民等。

历年来,世佛会皆有各国元首或政府首脑参与,并且给予相当的协助。于斯里兰卡成立世佛会后,玛拉拉色克罗(Malalasekera)博士担任第一任的会长,缅甸乌查敦(Justice U. Chan Htoon)续任会长,后由泰国公主朱拉蓬与泰国总理桑耶·达磨萨克蒂分别担任第三、四任会长,结合政府与所有佛教徒的力量,带领世佛会继续发展,泰国政府更在曼谷苏昆微路建造一座永久会所,供世佛会使用。

二〇一二年十一月,我再度到泰国弘法,受到世佛会荣誉秘书长帕洛普伉俪热情的接待。佛光山将在泰国建造泰华寺,我特地派任心定和尚担任住持,预计在两年内完工。心定和尚和帕洛普先生从世佛青开始,彼此认识多年。泰华寺完工后,南北传佛教的交流将会更频繁,对世道人心的净化更有贡献。

我觉得时代在进步,我也期许未来世佛会可以再培养更多的青年人才,让全世界的佛教徒一起参与世佛会、发展世佛会;同时,期望借由世佛会,让全世界的佛教徒多一个交流与沟通的平台,增进全世界佛教徒更频繁的往来,凝聚全球的佛教徒,大家更加团结一致,利益大众,共同致力促进世界和平的目标。

我召开佛教显密会议

那一年的十二月,
确实轰轰烈烈召开了"世界显密佛学会议",
政府各部门,
以及各种安全单位,
都极力给予我们支持及帮忙。
蒋经国先生、加拿大总理布赖恩·马尔罗尼先生等均致贺电。
另外,四大教派的法王平时王不见王,
除了达赖喇嘛之外,
萨迦法王、直贡法王、贝诺法王都如约而到。
还有许多密宗喇嘛、仁波切,
以及南北传法师和佛教菁英、学者专家都受邀而来,
讨论佛教未来的发展,
借此促进佛教团结融和,可谓盛况空前。

中国佛教发展为显教和密教后,密教成为青藏地区神秘的教派,显教则普遍覆盖了中国其他地区。有人欢喜密教,但也有一些人反对密教。从中国元朝开始,密教受宫廷的重视,发展到明、清,密教更因迎合皇室的需求,甚至成为喜乐的工具。可是对于密教的发展,许多学者、教界人士却非常忧心会对佛教前途不利,这也是因为对密教的不了解,和某些藏传喇嘛个人的行为不当所引起。

我到了台湾之后,台湾的政府受到西藏人士一些误会,他们认为国民党在打击他们,制造矛盾和离间,无所不用其极。不过,这许多政治事件的内容,我们也不太懂得。后来,我到印度去救济藏区的难胞,达赖喇嘛下令不可以接受台湾的物资,可见他们对台湾的歧视。这又是后话了。

我发觉当年太虚大师弘扬佛教的理念

里就分有：汉语系、藏语系、巴利文系、英语系、日语系等，我心里想，西藏佛教还是值得去研究一下的。

像太虚大师的弟子来自河北深县的法尊法师，首次有系统地把藏文经典翻译成汉文，把汉文经典译成藏文，而得以显密交流。假如说他是学习藏传佛教最有成就的汉人，实不为过也。

当年河北省主席张笃伦的公子张澄基，十八岁时就毅然赴藏修学密教八年，后来娶了于右任先生的女儿于念慈作为眷属。他们一起留学印度，之后在美国成为各大学的名教授。他翻译的《密勒日巴尊者传》、《冈波巴大师传》风行了台湾。另外还有一本《佛学今诠》，也相当受到重视。一九六〇年代，我还特别请张教授来佛光山教授佛学，并且在山上住了数个月。

密勒日巴是近代西藏佛教的高僧，确有其人，具神通力，可称为现代的大阿罗汉；密勒日巴苦学的精神，实在可以成为佛教青年励志最好的榜样。我想，因为密勒日巴尊者的关系，台湾民众对藏传佛教建立了一些好印象，这应该是不争的事实。

在我们佛学院教授历史并且善于讲学的钟锦德老师，本来说要跟我出家的，后来跑到台北拜一位女喇嘛贡噶为老师，学密去了。

这位贡噶喇嘛，在家名叫申书文，是一九〇三年出生的满清贵族，也是藏传佛教的金刚上师，道号贡噶老人。"七七"事变时，曾经到重庆会见太虚大师，在汉藏教理院学习藏文，并到四川海拔八千公尺的贡嘎山苦修了三年。后来经香港来到台湾。一九六一年，位在台北县中和市的贡噶精舍落成，我和她有过来往，她也曾来过佛光山，声望很高，人也很正派，活到九十五岁才圆寂。

另外，我的好友曾在高雄市做过税捐处处长的田璧双，后来辞官不干，也去做起喇嘛来了。甚至，一不做二不休，想在台中兴建

作为"中华汉藏协会理事长",台中密藏院请我主持皈依灌顶典礼,右立者为田璧双喇嘛(一九九一年四月十八日)

密藏院,但是为了土地环评的问题,始终不能通过。虽然那时候台湾也希望有一座密教的道场,但终成泡影。

一九九二年,田喇嘛邀约南区国税局及高雄税捐稽征处处长等人,特别来佛光山与我们海内外各别分院住持及单位主管二百余人举行座谈,可以说为本山上了一堂"税务课",对税法的归类与性质,做了完整的介绍。

贡噶老人、田璧双、张澄基、钟锦德等,都是我周围的知识朋友。但因我在新竹讲习会教书的时候,印顺长老、演培法师都曾说过,印度就因密教而使显教灭亡。所以,我对密教也就心存戒心。

我初到台湾在宜兰弘法,一九五六年宜兰念佛会的讲堂新建落成,当天由"中国佛教会"理事长章嘉活佛率诸山长老前来剪彩启钥,受到教界人士的重视可见一斑。有了章嘉活佛的出席加持,佛法便很快地深入到广大的兰阳地区了。

章嘉活佛是第十九世章嘉呼图克图,一九三〇年受任为"蒙藏委员会"委员,后来参与"中国佛教会"重整,与太虚大师合作无间,也曾担任过蒋中正的资政。一九四九年由成都仓促搭机来台湾,"中国佛教会"在台湾复会,他当选为第一届理事长,对显密佛教的促进不遗余力,但他六十八岁就圆寂了,令人深感遗憾。

后来换了白圣法师做理事长,我受到的干扰颇多。例如,五十年前,我创办东方佛教学院时,白圣法师在会议上公开说要如何打倒东方佛教学院,幸亏当时的秘书长冯永桢先生挺我。冯永桢是山西人,为人耿直,我与他的上司,曾做过"内政部次长"的王平先生也是好友。

冯永桢告诉我,在会议上他跟白圣法师讲,天主教办了很多圣经学院、基督教也办了不少神学院,我们也没有要打倒、取缔它们,为什么我们要去打倒、取缔佛教办的教育机构呢?

还好有冯永桢主持正义,否则我可能又更增加一些麻烦了。因为那时候,我们要登记、要传戒、要出访办手续,都必须获得"中国佛教会"的同意,但是每次我去办理,他们不但不同意,而且还是明白、公开地拒绝。

例如,依空在东京大学留学,依照在美国和慈庄一起建西来寺,依空的父亲及依照的母亲往生时,她们回来台湾奔丧后,再想回去日本、美国,"中国佛教会"就不核准她们的申请书,不帮她们转到"内政部"、"外交部"了。慈庄为了再到美国,几乎办了一年的手续,周转挫折,才能成行。

此外,一九六九年时,慈惠、慈嘉、慈怡要到日本留学,我跟"内政部"、"外交部"都已经说好了,但程序走到"中国佛教会"就受到阻碍了,申请书就在时任秘书长悟一法师的办公桌上,整整办了二年都走不出佛教会。最后政府给予压力,慈惠她们才能成行。

后来,承蒙社工会总干事林江风先生私下跟我说,你们将来自己可以成立一个基金会。有了一个基金会,办一些国际往来事务、申请出访,总有一个名义,就可以不必经过教会。其实,我们也不懂得这许多法令上的关系。可怜这些跟我学佛的青年,受到这许多遭遇,我想他们至今记忆犹新。

我们爱佛教,我们爱教会,但像这样的教会,叫我们如何爱它?如何和它合作?实在难矣!我对世间上有权力的人,如果用智慧教训人都还有话可说;但用权力压制别人,这不公平的。因为权力是公家的,不是个人的,不能假借公权力来欺压别人,这是非常不道德的事情。

尽管我在台湾受到"中国佛教会"的排挤,而且我也知道,所谓交通不怕多,有了一条公路,再有一条铁路,甚至再有高速公路、隧道、空中航道等,都有好处,但我是不愿与佛教分裂的,因此对于组织一个教会的事,我一再犹豫、三思。

这期间,也有好多人告诉我可以另外成立一个组织,例如丁中江先生,就给我这样的鼓励,倒不是为了对抗,而是为了今后好办手续。因此,在我申请成立中华佛教青年会失败后,承蒙当时担任"蒙藏委员会委员长"的董树藩先生说,你可以成立"中华汉藏文化协会",就不必经过"内政部"和"教育部",我"蒙藏委员会"准许你成立。

一个"阁员"都出来挺身支持了,虽然这不是我最初的志愿,但为了弘法的方便,我在千不愿、万不愿之下成立了。

一九八六年六月成立之后,董树藩先生就要我帮助"蒙藏委员会"做一些事情,第一,他要我召开"世界显密佛学会议",邀请西藏流浪在海外的四大法王前来参加;第二,他希望我跟达赖喇嘛接

"中华汉藏文化协会"第一届第一次理监事联席会于佛光山召开,我为协会理事长(慈容法师提供,一九八五年)

触,拜访他,听他解释对台湾的误会。我听了以后,觉得第一点可行,我召开会议,要来的可来,不来的可以不来。

那一年的十二月,确实轰轰烈烈召开了"世界显密佛学会议",政府各部门以及各种安全单位,都极力给予我们支持及帮忙。蒋经国先生、加拿大总理布赖恩·马尔罗尼先生(Brian Mulroney)等均致贺电。

另外,四大教派的法王平时王不见王,除了达赖喇嘛之外,萨迦法王、直贡法王、贝诺法王都如约而到。还有许多密宗喇嘛、仁波切,以及南北传法师和佛教菁英、学者专家都受邀而来,讨论佛教未来的发展,借此促进佛教团结融和,可谓盛况空前。

"世界显密佛学会议"以"显密融和与世界文化发展"为主题,会议进行十分顺利圆满,成果丰硕。当时我向与会大众大致说明会议的几项成果:

一、这是佛教史上首次以探讨显密融和问题而召开的世界性学术会议,由显密二宗与会人士融洽相聚、和睦交流的事实,已为

"世界显密佛学会议"于圆山饭店举行,"蒙藏委员会委员长"吴化鹏致赠经典(一九八六年十二月二十九日)

会议的主题作最具体的诠释与见证。

二、有来自十九个国家和地区、三百余人与会,其中有远从尼泊尔、印度、美国及加拿大等地莅临的二十八位藏传佛教的活佛与喇嘛。蒋经国先生特颁贺词,祝贺大会成功,显见大会的召开,深受海内外人士重视,深具历史意义与时代价值。

三、发表的论文及与会人士的学养均属一流,为社会及佛教带来的影响,不仅可提升台湾学术界与佛教界学术研讨的风气,也可以使显密佛教的教义精华,得以进一步阐扬,对整治人心,匡正社会,促进国际文化交流等,必然有直接或间接的贡献。

四、与会藏籍高僧,分别代表西藏四大教派,欣见他们参与会议的法喜,及西藏专题座谈会的热烈场面,正达成"行政院副院

我召开佛教显密会议

长"林洋港先生在闭幕典礼中所提示的:先求"教内"的携手发展,再寻求"教际"的相互配合两项目标。

五、西藏萨迦派教主访问台湾省政府时,应邱创焕主席之邀请说道,佛教对西藏来说是很重要的,很高兴见到西藏佛教团的复兴。此正反映海外藏籍人士的共同心声,也肯定了"中华汉藏文化协会"推展汉藏文化工作的重要性与实质贡献。

六、会议的圆满不仅是一时的成就,也具有长远的意义与广大的影响。如与会人士建议成立显密融和的佛教学院,以及成立显密佛学研究基金会等,都反映出大家对本次会议的肯定认同与无限期许。

总结来说,此次的会议大大促进汉藏文化交流,我也算完成了董树藩先生的愿望。

但对第二点,董先生希望我和达赖喇嘛接触这件事,因为达赖喇嘛对国民党有成见,不肯见台湾的人,要和他来往确实有点困难。我曾在一九七九年,组织二百人的印度朝圣团,乘坐泰航前往印度,一架飞机坐满人,另一架飞机则是完全装了救济物品,预备送到印度和藏区,希望寒冬送温暖,表示一点关怀之意。

不料,到达印度时,达赖喇嘛下令,不可以接受我们台湾的救济物品,所以只好把整架飞机的毛毯、日用品,大部分都分送给印度、尼泊尔的贫民,只有少数的西藏同胞接受了一些。因为我知道这样的情况,所以要和他打交道,实在不容易进行。

一九五九年,达赖喇嘛率领一批人从西藏到印度达兰萨拉,成立了所谓的"西藏流亡政府",这也造就了密教的对外发展。因为一些善于英文的年轻喇嘛,在世界各地的大学教书、传教、教导禅坐,吸引不少西方人士学习密宗。因此,从禅门的学习到密宗的发展,他们在这方面也作出一些成绩。

403

记得我在美国洛杉矶西来寺,曾与达赖喇嘛同时出席一个在越南寺庙里的集会。他对我倒蛮有好感,还用不纯熟的中文对我说,他很喜欢汉传佛教诵经的音调。我当时发觉达赖喇嘛也满豁达、乐观,是一个很容易相处的人。后来经过一些信徒的要求,要我单独和他见面,我就由慈容法师陪同和他会见。

　　一九八九年,我以"中华汉藏文化交流协会理事长"的名义,和达赖喇嘛有过晤谈,后来他也到西来寺访问。我曾建议达赖喇嘛回归大陆,不要在海外流浪,因为许多西藏人很辛苦;一个民族多年在外面流浪,会减弱力量。假如说把西藏布达拉宫改成像梵蒂冈形态的一个宗教区,只行使宗教权力,其他西藏的区域就成为自治区。我希望他也向大陆提出这样的构想,他说:"我第一次听到这种想法,我要仔细地想一想。"

　　那次之后,我们也曾在几次公开场合上相遇,如在天主教堂及各宗教的法会,但我们从未深谈过。我总感觉到,整个中华民族汉满蒙回藏都是一家,国家统一是不可质疑,有分离观念的人,终究不容易发展和获得支持。后来我们就很少来往了。有一年,他要到台湾,说明要到佛光山拜访,但是我已有既定的出访行程,不能轻易延后,所以也就不克与他见面。

　　之后,我也辗转听说,他说他不搞独立,他要接受中国的领导;也说他不要再转世了等等。我为他感到庆幸。但是不知道什么原因,大概由于西藏青年会激烈的思想言论常常不为大陆政府所接受,所以一直谈判不能成功。

　　达赖的哥哥嘉洛顿珠也到过台湾多次,好几次也和我详谈各种状况,但是对此,我自己本身也在困难之中,也无能助力。不过,我总希望,大陆政府在处理西藏问题时,对于宗教问题,还是要用宗教的方法去处理为妥。

意外的是，我不知道有一些人是如何说到我的，他们说我到大陆访问，达赖喇嘛要来和我祝寿；我和大陆一些领导人会面，又传出"星云大师要与达赖喇嘛合作共建大学"……这许多谣言不知道从何而来；也因此，我不知背负多少罪名，其实都是冤哉枉也。

其实，一直以来，我对于大陆只有敬爱，并没有一些不当的想法。例如，我请佛指舍利到台湾供养，我办两岸的音乐会，我率领大陆的四个教派到全世界表演梵呗，我参与大陆的降伏"非典"法会，我在大陆恢复祖庭重建大觉寺等，承蒙全国政协主席贾庆林先生说我"爱国爱教"。在我的本心，岂是爱国爱教？我是爱全人类，只要是可爱的生命，都应该值得关怀。

自从一九八六年成立的"中华汉藏文化协会"，理事长是三年一届，我担任六年的理事长，依制度只能做两任。我感念田璧双喇嘛对我多年的赞助支持，甚至于佛牙舍利够来台供奉，也是由他介绍促成的，于是我将汉藏协会全权交由他发展，我依法退任。我认为我做了我应该做的事，至于田璧双喇嘛后来怎样发展汉藏协会，我就不一一述说了。

由于我从小在汉传佛教里成长，虽然对藏传佛教不懂，但我也努力促进汉藏佛教的交流。例如，一九九三年，我的在家弟子演过小王爷的陈丽丽，他陪同夏玛巴法王来访，谈到复兴佛教必须从教育下手，我告诉他我们在美国的西来寺，因地缘关系接触到不少优秀的青年喇嘛，我因为惜才帮他们准备机票到台湾参学，结果人还没到佛光山，在台北就因信徒丰厚的供养而迷失了，实在好可惜啊！

夏玛巴法王建议，为避免日后类似的情况发生，可透过国际知名的机构、佛学院推荐交换学生。后来我还率先提供美金给法王作为教育奖学金。

之后，泰锡度仁波切也要与我合作办显密法会，我也赞助他二十万的美金，作为一百位喇嘛来台的路费，但最后却不了了之。一位大宝法王的首座弟子，应不至于如此，也不知道究竟他们的行政人员另外有什么想法了。

说到交换学生，早在一九八九年我去印度弘法要返回台湾时，就留下马来西亚籍的弟子依华，想不到她一个娇小的比丘尼，竟然在穷困落后的印度独自奋斗了七年，经历世界上最贫穷的生活洗练。她从印度梵文大学毕业之后，又去达兰萨拉"西藏辩经学院"学习藏文，并且通过辩经口试。毕业后，回到佛光山帮我主持佛学院的教育，甚受学生喜爱。

一九九三年，电视导播孙春华的女儿妙融跟我出家，丛林学院毕业后，我给她一万美金让她去西藏和尼泊尔学习。最初都有往来报告，后来就跟着母亲去陈履安先生成立的化育基金会了。陈履安的二位公子也曾经在佛光山的男众学部读过书，后来也到西藏修学有成，来往于汉藏佛教之间。

二〇〇〇年，我又送了五位沙弥前往印度等地求法，因为需要十几年的耐心毅力才能完成，我还曾写信勉励他们。终究因为生活习惯大不相同，小孩子吃不了苦，没几年就回来了。

二〇〇六年七月，听说青藏铁路通车，我因身体状况未能成行，但我的弟子依恒、永芸却赶上了盛会。她们从青海的西宁搭火车日夜走了二十七个小时，途中经过六千公尺最高点的唐古拉山，很多人都因空气稀薄得了高山症，她们俩在火车内打坐，一路平安抵达拉萨。青藏铁路通车吸引了各国媒体蜂拥而至布达拉宫，由于永芸当时也是《人间福报》的社长，所有媒体见到一个也是媒体人的汉传比丘尼，竟然气不喘地轻松登上布达拉宫，特别做了采访，也算为两岸汉藏佛教做了一次交流。

佛光山倡导八宗兼弘，我们也没有排斥密教的道理。多年来，我赞助年轻的喇嘛来台湾进修，对于大宝法王的弟子泰锡度仁波切、夏玛巴给予经济上的帮助，虽然日后都杳无音讯，但是到现在我仍然不灰心，因为我把这些都视为是个案，从不影响我对佛教的信心。

我主办显密佛学会议、世界佛教徒友谊会、禅净密三修法会等，借着这些活动，希望促进各宗派彼此的了解，团结佛教的力量，以达到益世度众的成效。今天西藏的喇嘛不要只靠信徒供养，应该反过来为信徒说法服务，这才是现在人间佛教之道。

走笔至此，我深感到佛教发展至今，其实不光是显密要融和，还有大小乘要融和、南北传要融和、僧信要融和，因为百川河流同归大海，佛教才能成其大，成其宽广，才能成为全人类的一道光明。因此，我祈愿所有的佛弟子，都能为人类的福祉，为世界的和平共同努力，毕竟我们都是信仰同一个教主佛陀，何必互相排斥、互成阻力呢！

高雄佛教堂历史真相

说起高雄佛教堂,
可以说与我的因缘关系最深,
但也可以说与我最没有因缘关系。
因为六十年来,
我前后在高雄佛教堂,
总算起来没有住上一个月,
挂的名也通通是虚名。
但是实际上,
这六十年来高雄佛教堂多多少少都和我有些关系。
因此,过去几十年来,高雄佛教堂都是走衰运,
一直到了慧宽法师前往,
法务才算正常,
道场重新回复清净庄严,
一切才步上轨道。

人,有好运,有衰运;道场也有好运、衰运。高雄佛教堂从开始到现在,五十多年来,所走的都是衰运。

说起高雄佛教堂,可以说与我的因缘关系最深,但也可以说与我最没有因缘关系。因为六十年来,我前后在高雄佛教堂,总算起来没有住上一个月,挂的名也通通是虚名。但是实际上,这六十年来高雄佛教堂多多少少都和我有些关系。

一九五三年夏天,煮云法师驻锡于凤山佛教莲社,初期要办一个布教大会,邀约我前来助讲;因为这样的关系,我到了凤山。记得就是那年夏天的某个晚上,轮到我讲演,讲题是"如何医治人生的大病"。那时候佛教讲演,大部分都在神庙广场或者公园空地,甚至在十字路口举行,因为当时汽车稀少。

当天我在凤山的公园开讲,那是一个

高雄佛教堂历史真相

于高雄佛教堂宣讲《妙法莲华经普门品》(一九五五年五月八日)

露天的场地,听众大约有二三千人。这在当时,可以算是一场很盛大的集会,难免引起警察的注意。不过我们也心无所惧,总想,只要能弘扬佛法,只要有益于世道人心,也就不去计较后果如何了。

演讲时间是晚上七点至九点,当我讲到九点时,在下面乘凉的听众一个个都在鼓掌,要我再讲。我觉得很奇怪,一般说,唱歌可以再唱一首,讲演哪里有说再继续讲的?不过因为年轻,豪情万丈,看到听众热情,自己也就鼓起勇气,继续讲说。

当我又再讲到十点,正准备结束时,听众又再鼓掌,要求继续,就好像演唱会,歌迷要求"安可"一样。记得那一场讲演,最后是延到十一点钟才结束,事实上台上讲演是结束了,可是台下并没有结束。讲演过后,就有十几位居士来找我,男女都有,他们要我第二天到高雄苓雅寮佛教布教所(鼓山亭)去讲演。我也不知道布教所在什么地方,不过听到有人要听闻佛法,就很高兴地答应了。

第二天,我在约定的时间到达苓雅寮布教所,记得是在一个神庙的走廊上,约有信徒不到一百人。他们自称佛学素养都有相当的程度,因为昨天听了我在凤山的讲演,觉得很相应,便要我到苓雅寮来再作一次讲演。

当天我以"净土"为题跟他们讲说,后来才知道,这一帮人都不是念佛的信徒,但是听了我讲说的净土内容,大表可以接受。因此,他们信誓旦旦地说要建立佛教道场,作为弘法布教之用。我听了以后,就将刚出版,每本订价五元的《无声息的歌唱》,捐了二十本给他们,以一百元的金额表示对他们兴建道场的赞助,然后我就离开了。

自此以后,我也常到凤山帮助煮云法师弘法,讲说过《金刚经》,也曾为他办理信徒讲习会。因为凤山和苓雅寮相隔不远,那许多居士一听到我来,就蜂拥而至,因此我得以知道这个团体的背景。他们都是台南普明灯居士的信众,平常不和出家人接触,他们都皈依自性三宝,不承认僧团,不过现在竟然要和我来往,大家都觉得非常奇怪。

其实,我觉得这不能怪他们不和出家人来往,一者那时台湾也没有什么出家人,纵有,或许传教的方式、内容不合他们的胃口,彼此不能相契;现在也许是我有些新派、有些新解,他们觉得可以和我来往。

没多久,他们真的决定要建道场了,但一开始找不到土地,后来看中一个地方,就是现在成功一路高雄佛教堂的现址。只是这里已经被规划为警察宿舍的预定地,凭民间的力量,想把公家的警察宿舍用地拿来建佛教道场,几乎是不可能的事。

他们把这个情形告诉我,因为我有一位热心护持的信徒,他在高雄开设"澳大利亚行",名字叫陈慈如。他的亲戚洪地利,是警民协会的会长,在议会中有"地下市长"之称,只要他同意,事情就可以解决了。他们要我拜托陈慈如居士跟洪地利商量,没想到洪地利先生这个人明理、亲切,他很大方,一口就答应了,但条件是要我来负责住持。我当然了解洪地利先生的好意,便答应他,于是就这样开始在那一块土地上兴建高雄佛教堂。

佛教堂为陈仁和建筑设计师绘图,后来因为建佛教堂,他当选为台湾十大建筑师之一,其所设计的佛教堂,更获得台湾省政府建设厅十大建筑的首奖。当佛教堂还在打基础的时候,那些居士就叫我来讲经,因此他们和我来往,就变得十分密切。

可是这也是让我深感苦恼的事,因为宜兰和高雄,一个在台湾头,一个在台湾尾,两个地方我每走一次,都要一天的时间。那时候我在宜兰,除了负责编辑《人生》杂志,还有很多念佛会,如宜兰、头城、罗东、台北等地的念佛会,都有许多事务要处理,我哪里有时间常到高雄来照顾佛教堂的法务呢?

再者,我到其他的念佛会都很单纯,他们人数不多,讲个半小时、一小时的开示,大家就皆大欢喜了。但是高雄这一班信徒,他们不只是听开示而已,还要跟我讲话,一谈就是几个小时,一谈就有好多问题,他们充满热情、充满理想,可是我一个人要应付那么多信徒,实在是力有未逮。

我越是推辞,高雄佛教堂的信众们越是紧紧地拉住我。例如,我一两个月来高雄一次,他们都是数百人在火车站排队欢迎,并且还有乐队演奏,然后是大小车辆游街。当我要回宜兰的时候,为了节省时间,大多坐晚上九点半的平快夜车回台北,他们就集合到车

高雄佛教堂圣乐队

站送我。

每次我要北上,总是尽量不让他们知道,所以有时候故意买十点半的车票,他们就十点半来送;后来我又买十一点半的,他们还是等到十一点半,就是非要送我不可。我后来甚至跑到台南去上车,哪里知道,他们还是跑到台南送我;因为这样热情,热情到我受不了,就更加下定决心,不要住在高雄。所以人世间,有时候说"礼多人不怪",但是礼数太多,也是过之犹如不及。

后来,我因为受到人情所迫,不得已还是常来高雄。例如,高雄佛教堂,一次就是派几个代表到宜兰去找我,跪在宜兰雷音寺的门口,要我答应到高雄来;当然,宜兰的信徒也不放过我,但是看到这种情形,他们也深受感动,就跟我说,短期的还是去结缘、结缘。

有人说南部很热,而南部人的热情,真叫人承受不起。有时候,信徒跟我说,有一个老人家患病了,他非常想念我,要我到他病榻前慰问他一下,这也是平常小事,我就前往。但是到了他家里,苹果、香蕉、汽水一堆,你不能完全不吃,枉费了人家的好意;吃过了一阵子出来,门口就有一个人说:"师父,我家就在隔壁,请你也到我家普照一下。"这个不能推辞,因为就在隔壁,去了以后,又是香蕉、苹果、汽水。出来之后,又是一个:"师父,我的家就在对面,请你到我家来普照一下。"就在对面而已,隔一条马路走过去就到了,结果还是香蕉、汽水、苹果。从早到晚,我的肚子里就装满了香蕉、汽水、苹果,实在不好受;他们认为对我很好,可是我认为这对我很不好,所以我就一直不想要到高雄来。

当时有一群死心塌地、忠诚追随的信徒,最热心的,如陈冈市、陈慈霭、王洪如、郭慈华、周鸳、周慈华、朱殿元、陈仁和、杨春莲、孙阿杏、陈慈智等,因为他们热心护持,我于是南北两地来回,就这么断断续续地直到一九五七年,因为高雄佛教堂的建筑设计图工程浩巨,那个时候台湾经济不是十分繁荣,大家负担不起,不容易一下子就建好,所以只得陆陆续续地增建。

到了佛教堂的图书馆完成后,我就暂借图书馆讲经说法,这个时候已是一九五六、一九五七年左右了,我请香港的月基法师来台湾。当他到了台湾,我邀他参观宜兰念佛会和高雄佛教堂,请他从中选择一处,驻锡弘法。他选择了高雄佛教堂,我非常高兴,因为我觉得月基法师为人亲切,也欢喜和在家信徒往来,我就向高雄佛教堂的居士们推荐。

高雄的居士们在我一再说服之下,勉强同意,当时我安慰他们说,我请月基法师住持,我做监院;如果你们不接受的话,我连监院都不做。如此双方达成协议,月基法师也就前来就任住持了。

但是这时候,佛教堂从一开始就隐藏着的问题都陆续发生了,前面说过,佛教堂的重要干部都是苓雅寮布教所的信徒,他们都是台南普明灯居士的群众,皈依普明灯,法名都跟别人不同,比方叫"虚空住"、"宝妙宝"、"妙成就"等,都是三个字的名字。我一直没有见过普明灯居士这个人,据说自从一九五三年我到高雄,这些信徒正式皈依三宝之后,他就不肯再来高雄了。

这个时候,许多皈依自性三宝的老师、长老们,又再回来佛教堂,要享受他们领导的权力,如陈明、宋仁兴等。月基法师没有办

于高雄佛教堂传授皈依三宝典礼

法对付他们,有时候我来高雄,那许多人都不出面,我走了,他们又来。就这样持续下去,月基法师也感到很难堪。

尤其这个时候,旁边的警察宿舍还没有动工,我们又把他的另外一块地,搭成一个简单的房子,办起幼稚园来。幼稚园一切都筹备妥当,就差登记便可以招生了。这许多人出面,说办幼稚园不重要,佛教堂需要弘扬佛法。他们义正辞严,月基法师就劝我要接受他们的意见。我觉得办幼稚园也是弘法利生,这是新佛教应有的事业,现在有了这么新颖庄严的佛教堂,应该办教育,要一新大家的耳目,但是台南派的居士们就是一直杯葛。

当然幼稚园还是办起来了,请了慈容法师担任院长,慈容法师特地辞去宜兰苏澳水泥厂的幼稚园园长之职,到高雄来担任高雄

高雄佛教堂历史真相

当年引发"狮子事件"的二只水泥制石狮,如今已从殿内佛前,移至大殿门外

佛教堂慈育幼稚园的园长。

这个时期,有精明能干的周慈华小姐和周鸳女士,她们二人就如同高雄佛教堂的护法神,一个掌握行政,一个掌握财务。尤其周鸳,她每半个月卖出一两万张的彩券,让人摸彩,一张彩券才一块钱,以爱国奖券的后面三个号码来对奖,得奖的人可以获得脚踏车一台,作为奖赏。

这些彩券大概一千张才能兑得到一个奖,有的人把彩券弄丢了,即使中奖也领不到脚踏车,所以每期卖出一两万张彩券,大概只需要几部脚踏车就够,每部脚踏车大约七百元,因此她每半个月大概都能赚得一两万元。

这两位女士为佛教堂热心奉献,再加上陈仁和、朱殿元、方耿伯、陈慈如等护持,佛教堂的法务,就这样如火如荼地展开。但后来发生"狮子事件",为了两只水泥制造的狮子,究竟要放在殿内佛前?还是放在门外?纷争不休,佛教堂于是严重地分裂。月基法师没有办法处理,他就想退出,要到距离高雄不远的五块厝,建

417

立栖霞精舍。

当时我也觉得他们老是这样争执,近于无理取闹,我不喜欢掺杂在是非圈子里,就和月基法师同时退出了。奇怪的是,也没有人留我们,那许多信徒都鼓励我们一起退出,包括朱殿元、周鸳、陈慈如等也一起退出,就说要另外建寿山寺。不过这样子一来,月基法师去五块厝建道场,我的信徒们在寿山公园的门口建寿山寺,好像大家都放弃佛教堂了。

不过我心里还是默默在想,以我和佛教堂近十年的关系,他们可能还会像过去一样,一直不肯放我,要我回来。但世间的因缘难定,之后也不曾有人再跟我提起,他们都要我到寿山寺,我就跟他们一起到了寿山寺,所以问题很快就得到解决。

高雄寿山寺所在地,本来是一个商人要建饭店的地方,听说都已经挖好了基础,后来我们信徒请他让给道场。高雄人很可爱,他一听到是让给佛教,欣然同意,所以后来佛教堂的信徒就会合到寿山寺来了。

虽然如此,我一向关心佛教,所以仍然默默地注意佛教堂的发展,发现他们从此再也没有出家人领导。在这期间据说也有很多出家人来过,但是来了就又离开,都不愿意住下来,大概知道不容易发展,所以工程也停顿了。

后来我们走了以后,又有一批人慢慢进来,他们不知道前面十年的历史,就认为高雄佛教堂是从他们开始的,佛教堂经过历史的断层,将近有四十年的时间。

这种情况,看在有心为佛教做事的人眼中,就觉得很可惜,这么一个黄金地段所建立的佛教堂,没有僧宝,也没有佛法,多年来就只有纷争,所以有心的信徒除了望堂兴叹,实在是无可奈何,因为他们不懂得佛门的规矩,也不懂得宗教的组织。

高雄佛教堂历史真相

高雄佛教堂董事长交接典礼,新任董事长慧宽法师(右七)接任后,率全体新任董监事于佛前宣誓,共同弘扬正法(二○○四年六月六日)

不过,后来全体的信徒几乎像革命一样,起来立志革新,要请佛光山法师驻锡弘法,佛光山派慧宽法师前往。慧宽法师在佛光山的徒众当中,是一个很有才华的青年才俊,他也知道前因后果,感到佛教堂应该能为佛教做事,能让佛法放光。于是他在大家的敦请之下,前往弘法,并当选董事长,也带了几位佛光山的男众前去,希望再兴佛教堂。因此,过去几十年来,高雄佛教堂都是走衰运,一直到了慧宽法师前往,法务才算正常,道场重新回复清净庄严,一切才步上轨道。

回顾过去,有几件与高雄佛教堂有关的小事,也值得一提。

第一件事是,当时青年会里有一位十七岁的小女孩叫慈真,人长得天真活泼,上台讲演颇有台风,相当有才华,也很得人缘。忽然之间,不知什么原因往生了。高雄佛教堂青年会的青年视为大事,如丧考妣,后来把她奉安在义永寺。

我到高雄来,青年们就簇拥我去看她,他们说因为慈真临终之前念念不忘师父。当时我也相当重视佛教青年,为了表示对他们的关心,和安慰这么多青年们的心情,我还写了首新诗吊唁。后来,青年们还把诗刻在她的骨灰罐上。第二件事是信徒朱殿元。那个时候,我以撰写的《释迦牟尼佛传》向日本大正大学申请就读博士班,校方审核通过,寄来了入学通知书。我已预备把北投普门精舍的房子卖了,可以有十五万的台币。我想,应该足以应付在日本生活,至少维持个三四年没有问题。

我之所以去日本留学,其目的是因为那时候所有从台湾去日本留学的男众比丘,几乎全军覆没,还俗去了。我就想,我要为男众争一口气,我一定要回来给你们看。

后来,朱殿元知道我要到日本留学,就跟我说:"师父,我们现在都想到您是我们的师父,没有想过您还要去做学生……"

他的话还没有讲完,我就懂了。我心想:"对了,我是你们的师父,没有资格条件再去做学生了。如果要去做学生的话,当初就不应该做你们的师父。我现在已收了这么多的徒弟,怎么可以再去做人家的学生呢?"好,不要去了,博士不要了。从此,打消去日本留学的意思。

在一九五〇年代的当时,能够申请到日本留学,可说是一件相当隆重而且不容易的事情,光是一份入学证,就必须要有多少单位的印鉴证明才能拿到,几乎是厚厚的一本,这些资料如今都已不知存放到哪里去了。当时放弃到日本留学,虽然也有人为我可惜,但我从来没有后悔,今天如果不是因为提到佛教堂,我也早就把此事给忘了。

现在高雄佛教堂的董监事,如邱萧金妹、张美容、林孙淑珍、颜丽容、薛洪紫薇、黄曾龙雀等,他们都是具有正知正见的佛教徒,对佛教堂护持甚力,所以法务更加蒸蒸日上。二〇〇五年期间,我曾到佛教堂与董事及护法们接心、开示,后来也曾和谢长廷先生在佛教堂见面。只是现在我已垂垂老矣,对于佛教事务也管不了这么多,虽然高雄佛教堂现在是佛光山的一个别分院,由佛光山宗务委员会统一管理,但是我再也没有到那里讲过经、说过法,或邀约信徒见面。

不过,我想未来佛教堂最大的困难点,就是旁边的警察局老宿舍用地如何规划。其实,高雄警察局已经没有必要在那里建宿舍了,因为土地不多;可是高雄佛教堂如果没有那块警察宿舍的用地,就会失去绿化环境的空间,所以今后还是要请政府明鉴,为了市容的建设,这个地方应该要有一个整体的规划。

其实,假如政府想要那一块地,也可以拿另一块地跟高雄佛教堂交换,我想象佛教本来就是要为社会服务,大家都乐于护持政府;但是如果政府没有人出面负责,看起来将来这个地方的建设,还是有得拖延。

佛教堂当初兴建在成功一路的这个区域,地点实在是再好不过了,尤其现在和汉来大饭店对面而立,汉来也急于要这一块地扩展他们的事业,但是这个道场是由董事会负责,不是哪个个人可以做主处理的。

高雄佛教堂尤其具有地利之便,可以度许多年轻人,因为过去凡是在前镇唐荣铁工厂、硫酸亚、台肥、中钢等公司上班的许多员

在即将前往日本大正大学修学博士学位时,朱殿元(后排左)一句"师父!在我们的心目中,您是师父,地位比博士还要崇高,为什么还要去攻读博士学位呢?"促使我放弃赴日留学,全心投入弘法利生。前排右:月基法师(一九五八年十一日)

工,他们每天上下班都必须经过佛教堂,如果他们当中有百分之几的员工能成为佛教堂的信徒,甚至护法,佛教堂必会有光辉的一天。

过去佛教堂也出过一些人才,如港务局的姜宏效,庆芳书局创办人李庆云,真好味大饭店的董事长王慈书(王俊雄),再如市议员王青连、建筑师陈仁和,还有省议员赵绣娃,都是出身佛教堂,都像佛教堂的儿女一样。

佛教堂有度众的能量,但是没有集聚信徒的永恒发心,大概今天高雄市所有道场,像新兴区的宏法寺,鼓山区的元亨寺、法兴寺、千光寺,包括寿山寺,还有澄清湖的澄清寺、义永寺,燕巢的清然寺,内惟的龙泉寺等,它们的发展,多多少少都与佛教堂的信徒有关。

　　以上，之所以谈到我与高雄佛教堂的往事因缘，主要是二〇〇九年"国史馆"出版了口述历史《人间佛教的理论与实践——传道法师访谈录》一书，传道法师谈及高雄佛教堂的历史，其中诸多内容与史实不符，念其未曾参与及了解佛教堂过去的历史，因此在此略谈一二，以正视听，还原史实。

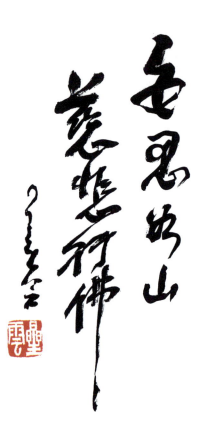

我推动人间佛教

我个人从小就是受传统的丛林教育,
我到现在八十余高龄,
仍然过着传统的佛教生活。
例如,吃饭一粥一菜,我甘之如饴;
睡觉一方榻榻米之地,我也安之如素;
传统的丛林生活,
所谓"衣单两斤半,洗脸两把半",
我都能照做。
只是佛教不是我一个人的,是众生的,
不能以个人习惯去要求大家照做,
所以我有传统的本质,
但有现代人间佛教的性格。

二〇〇二年的农历春节,"远见·天下文化事业群"创办人高希均教授,与几位朋友到佛光山过年。一天早晨在云居楼谈话时,高教授忽然问我:"什么是人间佛教?"我一时觉得对这些学者、教授,也不能提出什么大道理来谈,我就扼要地对他说:"佛说的、人要的、净化的、善美的,凡是有助于幸福人生之增进的教法,都是人间佛教。"想不到后来"佛说的、人要的、净化的、善美的"这四句话,就成为现在我们推动人间佛教必然的宗要。

说到人间佛教,当初佛陀出生在人间,出家、成道、说法都在人间,佛陀既未在天上说法,也没有和地狱、饿鬼开示,完全是对人而说的道理,这不就是人间佛教吗?因此,凡是"佛说的",我们都把他规范为人间佛教。

佛陀对人所说的法,诸如慈悲、忍耐、

我推动人间佛教

率领佛光山梵呗赞颂团于欧洲巡回展演,与全体团员于德国柏林市政府广场合影(陈碧云摄,一九九九年九月二十三日)

智慧、欢喜、自在、解脱、安乐、富有等,这些不都是"人要的"吗?所以当然是人间佛教。只是人间有邪恶的,有丑陋的,有污秽的;人间佛教就是要针对人性里的贪、瞋、痴、嫉妒、我慢等丑恶的一面,以戒、定、慧来加以净化,希望把人性的真善美提升起来,使之达到光明、清净、善美的境界。

因此,人间佛教就是要从净化心灵的根本之道做起,但也不是因此而偏废物质方面的建设,而是要教人以智慧来运用财富,以出世的精神来做入世的事业,从而建立富而好礼的人间净土。所以我说人间佛教是佛说的,是人要的,是净化的,是善美的。

回想我童年出家,老师们都叫我们睡在地下,都说沙弥戒不可以睡卧高广大床,但令人不解的是,佛教为什么又要教人念佛,以求升西方极乐世界去享受富乐呢?现在一般社会人士不也都说"但愿天下有情人终成眷属",那佛教为什么又要批评他们"不是冤家不聚头"呢？我们平时出门坐个公共汽车，也要花个几块钱，可是为什么佛教又把黄金视为毒蛇呢？

当然，金钱有善有恶，有人确实为财而死，但也不能因此一味地排斥金钱，如果说把世间欲乐完全排除，那又要如何生活呢？因此我觉得"离欲"的佛教必定是少数修行者所要实践的，一般大众必定要推行"少欲"的佛教，"少欲知足、淡泊清净、和谐无诤、尊重包容"，这才是人间佛教所要弘化的内涵。

因为人间佛教是"以人为本"的佛教，人在世间生存，日常生活少不得各种资生物用，所以人间佛教不能不顾及现实人间的生活需要；只不过人的欲望是无穷的，而世间的物质有限，过多的贪欲一旦得不到满足就会失望，因此人间佛教提倡"少欲知足"，少欲才会安乐，知足才是富有。

相对的，贪着不舍的人，心中永远不会满足；不懂得满足，即使拥有再多财富还是贫穷，所以过去我常说，世间上有很多"富有的穷人"。人生唯有懂得知足，才是富有；如果世界上每个人都能少欲知足，自然能淡泊清净、和谐无诤，人与人之间自然互相尊重包容，那么这个世界就会和平。

过去太虚大师他们说"人生佛教"，在我觉得，人生需要佛教，但什么佛教才是人生需要的呢？因此我就发展出人间佛教的思想。我觉得过去的佛教重视山林，重视丛林寺庙，重视僧侣，重视讲说玄谈，其实那些都不重要，因为他们都离开了人间佛教。

所谓人间佛教，要从山林走上社会，要从寺院走进家庭，要从僧众扩及到信众，要从玄谈而到重视生活服务。也就是说，人间佛教是"现实重于玄谈，社会重于山林，大众重于个人，利他重于自利"，人间佛教主张，每个人不但要时时开发自己的真如佛性，以求自度；而且要念念开发社会的福慧净财，以期度他。所以我提出

"发心与发展",以及"自觉与行佛",作为人间佛教实践与修行的法门。

所谓"发心",就是希望人人"发慈悲心,怨亲平等;发增上心,定慧等持;发同体心,人我一如;发菩提心,自在圆满。"所谓"发展",就是由个人及于社会,大家共同来"发展人性的真善美好,发展世间的福慧圣财,发展人际的和乐爱敬,发展未来的生佛合一"。

发心,就是自觉;发展,就能行佛。一般佛教修行的目标,都是为了解脱生死,达到圆满涅槃的境界;人间佛教则更进一步为利益一切众生而奉献。

因此,什么是人间佛教?简而要之地说,人间佛教就是要把佛陀对人间的开示教化,落实在生活里,透过对佛法的理解与实践,增加人生的幸福、安乐与美好。所以凡是人需要的、人能实践的,而且实践之后能让人获得自在解脱、安乐富有的,就是人间佛教。

人间佛教是一个时代的自然产物,他是佛教为未来众生所开出的救生艇,是佛教为普罗大众所标举出来的救命指南。"人间佛教"俨然已经成了"现代"、"文明"、"进步"、"实用"的代名词。

佛教,我们把他分为传统的、现代的,传统的佛教发源于印度,后来随着时空推移而分布到世界各地;在流传、发展的过程中,由于每个地方的地理环境、气候、文化、风俗、习惯都不同,因此形成各具当地特色的佛教,这是很自然的发展,无可厚非。只是传统佛教早已走了样,我们自然不能固守传统,不可抱残守缺,而应该顺应现代的社会、现代的文明、现代的思想潮流,发展出适应现代人需要的现代化佛教;如此才能把过去诸佛菩萨和高僧大德的教化,以现代人熟悉、乐意接受的方式,揭橥于大众。

所以,人间佛教就是现代化的佛教,所谓"现代化",含有进步、迎新、适应、向上之意。人间佛教虽然积极走上"现代化",但并不是完全否定传统,而是要把传统与现代加以融和。

传统佛教的佛法义理,诸如缘起、中道、无常、因果等,这是人生的真理,从释迦牟尼佛宣说至今未曾更改,是"亘古今而不变,历万劫而常新";但是佛教随着时空的推移,有些仪式、规矩、制度,都需要随着时代而进步。所以我曾提出"教义是传统的,方法是现代的;思想是出世的,事业是入世的;生活是保守的,弘法是进步的;戒律是原始的,对社会入世是现代的",以此作为传统与现代融和的原则。

我个人从小就是受传统的丛林教育,我到现在八十余高龄,仍然过着传统的佛教生活。例如,吃饭一粥一菜,我甘之如饴;睡觉一方榻榻米之地,我也安之如素;传统的丛林生活,所谓"衣单两斤半,洗脸两把半",我都能照做。只是佛教不是我一个人的,是众生的,不能以个人习惯去要求大家照做,所以我有传统的本质,但有现代人间佛教的性格。

例如,我五音不全,不会唱歌,但我一直提倡用梵呗唱颂弘法、用歌唱音乐传教,因为佛教不是为我个人而有,而是为众生需要。尤其佛法是要带给人欢喜的,有欢喜才会有法喜,因此尽管直到现在,我个人的生活以简朴为乐,我喜欢清贫淡泊,但遇到信徒上山,我要有丰盛的素斋,要有好的供养,因为正常的吃是生活所必要的,何必一定要用苦行来要求别人呢?

甚至我个人可以不要金钱,但不能要求在家信众跟着一样不要钱,因为他们要养老、要医护、要家用、要结缘,如果要求大家都不要钱,以后生活怎么办呢?即使要修道,没有净财、资粮,又如何能安心呢?所以适当的"拥有",是佛教需要给信徒的观念。

过去的佛教就是因为太过于偏重出世思想,不但把世间说成"苦空无常",尤其讲到金钱都是"黄金是毒蛇",讲到夫妻都是"不是冤家不聚头",讲到儿女都是"一群讨债鬼"。

因为传统佛教过分否定人生所需要的物质、财富、家庭、眷属、感情、名位等,造成佛教与生活脱节,甚至充满消极遁世的思想而遭人诟病。所以我提倡人间佛教,我认为佛法不能悖离世间的生活,不必什么都要否定,只要合乎正业、正命的财富,反而应该鼓励人多多赚取净财;甚至对于夫妻、儿女,既然有缘成为眷属,就要好好教育成才,就应该彼此互敬互爱。

佛陀六年苦行

我曾在《如何建设人间佛教》这篇文章中明白指出,人间佛教所要建设的是"生活乐趣、财富丰足、眷属和敬、慈悲道德、大乘普济、佛国净土"的人间佛教。我觉得人间佛教一方面要随顺现实人生的需要,不否定世俗生活对物质、感情的追求,继而再用佛法引导大家进一步充实心灵的生活、扩大精神的世界,让人懂得"外财固然好,内财更微妙",让人过着"吾有法乐,不乐世俗之乐"的佛化生活。

当人心经过佛法的熏陶,把追逐五欲六尘的染污欲,转化为欣慕解脱自在的善法欲;把自私小我的情爱,升华为人我一如的慈悲大爱,这种"净化的"、"善美的"佛性之显发,当下就是人间净土的实现,这才是人间佛教所要达到的最终目标。

因此,人间佛教不能离开人间,不能脱离生活;人间佛教更不是空谈理论,还要有具体的实践之道,所以我提出"佛教人间化,人间佛法化,佛法生活化,生活信仰化,信仰理智化",以此作为人间佛教的落实之道。

也就是说,人间佛教不能离开人间,否则即不名为人间佛教;但是我们也不能把佛教当成学术来研究,而是要把"佛学"变为"佛法",要把"理论"变成"实践",透过实践与体证,把佛法内化为人生的智慧,变成指引人生方向的信仰,有了这种合乎理智的信仰,人生才能圆满完成,这就是佛陀降诞人间"示教利喜"的本怀。

我在七十几年前,最初接受佛教教育的时候,太虚大师在四川汉藏教理院邀请梁漱溟先生讲演。梁先生早年曾隐居在一个佛教的寺院里发愤用功,研究佛学,没几年时间,他不仅深入佛法,世间学问更是大进。但是原本研究佛学的他,后来却由佛入儒了;为了说明自己的想法,他在黑板上写了六个字:"此时、此地、此人"。

意思是说,佛教讲到时间,都是无量阿僧祇劫,但他认为现实人生最为重要;谈到空间,佛教说此世界、他世界、十方一切世界,但他认为本土最为重要;谈到人,佛教强调一切众生、四生九有,但他认为现实的人类最需要帮助。

当时主持演讲会的太虚大师即刻回应说:"梁先生对佛教误解了,佛教在时间上虽说有过去、现在、未来,无量阿僧祇劫,但是着重的是现实当下的解决问题;佛教在空间上虽讲此世界、他世界、无量十方诸世界,但是着力于本土世界的建设与净化;佛教虽讲有情,不止人类而已,也说地狱、饿鬼、畜生,乃至胎生、卵生、化生等十法界无量众生,但是最为重视以人为本的普世救济。"

太虚大师的话,已经很清楚地说明了人间佛教的性格。人间佛教重视的是现世人生的富乐,人间佛教就是要把净土建设在人间,让人当生就能"现证法喜安乐",而不是把希望寄托在死后才要往生西方极乐净土。所以我在开创佛光山的时候,就立意要把佛光山建设成为生亡皆可往生的人间净土。

我的信念是:佛光山就是极乐净土,佛光山就能给你安养,因此我们设有佛光精舍,让护法卫教的信徒及功德主们,到了老年的时候能在佛光山颐养天年,而不一定要往生以后才到西方极乐世界,让阿弥陀佛来补偿他。我认为我们要把幸福、快乐在当下成就,不必将希望寄托于未来;今生行善、修持的所有福慧功德,现生就可以得到回报,而不必把希望寄托于来生。

所以,佛光山所提倡的人间佛教,是"入世重于出世,生活重于生死,利他重于自利,普济重于独修";佛光山提倡人间佛教,就是要让佛教落实在人间,落实在我们的生活中,落实在我们每一个人的心灵上。

据说,梁漱溟先生到了九十四高龄时,也就是一九八七年中国佛教文化研究所成立时,他第一个出席发言,并且说了以下这段话:"我是一个佛教徒,从来没有向人说过,怕人家笑话。一个人有今生,有前生,有来生。我前生是一个和尚,一个禅宗的和尚!"

可见梁先生最终还是肯定佛教,还是回到佛教的信仰里来,因为人间需要佛法,佛法是人生的慈航,是生命的灯塔,一个人有了佛法,就如在茫茫大海里找到了得度的舟航,又如在漆黑的暗夜里看到了指引的灯光,人生就不至于迷失、堕落。即使在平常生活中遇到一些困难、挫折,只要有佛法的指导,都能安然走过。

记得有一次,慈容法师跟我讲了一个故事:有一位中年男士因为事业失败,被债务逼得走投无路,在心灰意冷,对人生无比绝望的情况下,他想要自杀求得一死百了。

自杀前,他打了一通电话到寺院里来,接电话的慈容法师了解事情原委后,再三的劝慰,并且鼓励他不要对人生感到绝望,请他不妨先到道场里来谈谈话,或许能找到解决的办法,人生一定还能寻得个转机。

结果挂完电话没多久,这位男士带着满脸愁容地来到道场,慈容法师一方面安慰他,同时巧妙地问出他家里的电话,暗中请人通知他的家人。最后在慈容法师的佛法开导下,男士的心情终于渐渐平复,这时他的家人也接到通知赶到道场,一家人见面相拥而泣,慈容法师只得再给他们一些开示、劝慰,后来终于在太太、儿女的陪伴下回到家里去。

一个月后,慈容法师接到这位男士的电话,再三感谢慈容法师在他万念俱灰时,给他开导、鼓励,让他得以重新站起来,现在他的债务经与债权人协商,已经获得解决,一切都将重新开始。他说,如果没有慈容法师,没有佛教,就没有现在的他,他的生命是因为佛法而获得重生。

其实世间上没有不能解决的事,问题在于能不能得遇佛法,肯不肯依止佛法。因为世间上再多、再大的问题,除了一些不可抗拒的天灾以外,都是源于人为的因素;因此,如何突破困境,解决世间的问题,唯有靠人类的自我觉醒。

佛法能启发人类本自具足的真如佛性,能使人转迷为悟。人生处世,不是迷,就是悟,一念迷,愁云惨雾;一念悟,慧日高悬;迷悟往往只在一念之间!学佛就是为了"转迷为悟",也就是要"转识成智",能够转识成智,才能"转苦为乐"、"转凡成圣"、"转烦恼为菩提",才能免于生死轮回。

因此,过去常有人问我,为什么要弘扬"人间佛教"?答案很简单,因为人间需要佛教!人生本来就有很多的苦难,很多的问题,很多的烦恼,很多的缺陷不圆满,人生要如何求得圆满?唯有学佛才能充实人生、认识人生、证悟人生,只有学佛才能圆满自己、完成自己。

我曾经把自己的一生,以每十年为一个时期,规划出"成长、学习、参学、文学、历史、哲学、伦理、佛学"等人生的八个时期,最后我把一切都回归到"佛法"里,因为在佛法的"一真法界"里,生命才能圆满。

我提倡人间佛教,就是为了把佛法落实在人间,融入到生活里,希望佛法能深植在每个人的心田中,让人人心中有佛,那么眼睛所看到的都是佛的世界,耳中所听到的都是佛的声音,口中所说的都是佛的语言,心中所想的都是佛的恩德;当身心获得净化,当下就能转识成智,就能过着解脱自在的佛化生活,这就是人间佛教所提倡的修行法门,也就是希望从身心的净化来实践六根清净的净土。

为了让佛法落实生活,我一生用心最多的,就是努力把佛法"通俗化",我觉得佛法不一定要讲得玄奥难懂,只要能给人正见、正觉,以及幸福、安乐,就是最完美的佛教。因此,为了把佛法讲得通俗易懂,在我最初走上弘法之路时,往往为了把艰涩难懂的名相,以及深奥难明的义理,用生活性的语言表达,或是借由一则则故事、譬喻、事例来诠释,每次讲演前,总是挖空心思,总要花费很多的时间及心力来准备教材。

例如,佛教的很多经典里,经常提到佛陀说法时通身放光;但是我告诉信徒,其实每个人都能"放光",只要我们脸带笑容,就是脸上放光;我们口说好话,就是口中放光;我们手做好事,就是手中放光;我们心存好念,就是心中放光,因此不必从佛陀说法时如何放光、如何殊胜去探究,重要的是每个人自己都能"放光"才要紧。

除了用心于通俗佛法的讲说之外,为了接引不同年龄层、不同工作领域的社会大众学佛,我也总是学习观世音菩萨随缘、应机说法,例如我对青年谈"读书做人",对妇女谈"佛化家庭",对老人谈"安度晚年之道",对儿童谈"四小不可轻",对建筑业谈"命运的建筑师",对美容师谈"美容与美心",对文艺作家谈"文学之美",对科学家谈"佛观一钵水,八万四千虫",对宗教界谈"宗教之间",对政治界谈"佛教政治观",对国际人士谈"文化交流",对海外华侨则勉励他们要"落地生根"。

我觉得《普门品》里,观世音菩萨"应以何身得度者,即现何身而为说法",就是人间佛教。人间佛教就是不舍一个众生,不舍一个法门。过去的佛教因为只重视念佛、拜佛,失去了许多信徒;事实上佛教是要普度众生的,普度众生就是要让大家欢喜什么就做什么。你不念佛,可以禅坐;你不喜欢禅坐,可以抄经、拜佛;你不欢喜拜佛,也可以到寺院来吃素菜;你觉得素菜吃不习惯,也可以到道场来谈话联谊,或是唱梵呗、听音乐;甚至你不信佛也没有关系,你可以行佛,替佛教动员大众一起来做善事。所以我们提倡的人间佛教,就是多元化、多功能的弘化,就是依大家的根机需要,施设种种法门来实践佛陀的"观机逗教",这就是人间佛教。

甚至过去一般寺院的共修,都只是念佛、拜忏、诵经、坐禅等,但是我认为共修不但指念佛会、禅坐会,还应该包括佛学讲座、读书会、座谈会、问题讨论,乃至各种活动等。

因为人间佛教不能只是闭门空谈理论,而是要能走出去,要能弘扬,要能推动,才能落实在人间生活里,因此举凡著书立说、讲经说法、设校办学、兴建道场、教育文化、施诊医疗、养老育幼、共修传戒、佛学讲座、朝山活动、扫街环保、念佛共修、佛学会考、梵呗演唱、素斋谈禅、军中弘法、乡村布教等,这些都是人间佛教所要推动的弘化之道。

人间佛教透过举办各种活动,作为一种接引的方便,同时也是

主持"二〇〇二年第六期预备檀讲师研习会",讲题"人间佛教的思想与实践",希望个个成为人间佛教的实践与弘扬者(二〇〇二年十二月七日)

在实践佛法。例如佛光山连续举办两年的国际水果节,表面上看起来只是在帮农民卖水果,但实际上这是佛教慈悲、智慧、利他、服务的精神体现,是佛教全然无我、无所求的奉献,也是佛光山"非佛不做,唯法所依,集体创作,制度领导"的宗门思想之实践,透过这个活动,让农民乃至社会大众深受感动,继而对佛教生起信仰,这就是佛法。

所谓"慈悲为本、方便为门,般若为用",只要契合佛法,只要善于运用,八万四千法门都是上弘下化的好道具,因此我认为人间佛教的修行,不是个人的了生脱死,而是全方位的弘法利生。

人间佛教就是把"世俗谛"与"第一义谛"融摄起来,有次第地引导人循序走入佛法堂奥,帮助人运用佛法智慧来解决人间的种种问题,并且渐次开发佛性,让人获得解脱自在,让生命得到最终圆满,所以人间佛教是"真俗圆融"的佛教。

甚至《华严经》的"理事无碍",就是人间佛教。我觉得世间的各种思想、学说,不管再怎么精辟、先进,如果不能对人类的幸福有所增进,都将成为空谈。佛法也是一样,尽管佛教的真理如何甚深微妙,如果不能落实到生活里,让人受用,给人利益,也是形同虚设;反之,能让人受用,才有价值。

在我自己的一生当中,自认为一直都很用心地在推广"人间佛教",当我在讲述佛法时,要让大众听得懂;书写文章时,要让大众能体会;兴建道场时,要让大众用得上;举办活动时,要让大家能参与;开办法会时,要让大家能法喜;海外弘法时,也总是会提供语文翻译,我随时随地顾及大众的需要,因为实用的佛教,才是人们所需要的佛教。

甚至为了顺应时代的需要与众生的根机,早在一九五四年,我率先发起倡印精装本的佛书,我提倡街头布教;慢慢地,我又将之发展为监狱学校的弘法以及电台、电视的讲演。我组织了全台湾第一个佛教的歌咏队,从事环岛布教,宣扬佛法教义。五十多年来,我努力将寺庙演进为讲堂,将课诵本演变成佛教的读物,将个人的修行扩展至集体的共修,将诵经转化成讲经;甚至为了扩大在家信众参与弘法的空间,我创办了国际佛光会,设立了檀讲师的制度,希望让人间佛教的蓝图,逐步在佛光普照的理念下一一实现。

因此,我自觉我一生不是只有研究佛学,我是研究佛教;佛教太庞杂,不光只是研究佛法,所以我不敢自承是佛教的义理通家。不过我虽然没有时间一门深入,但我自觉自己称得上是广博多闻。因为我提倡"人间佛教",我研究的是佛教,佛教是佛陀的教育法,既是教育,就必须透过各种方法、管道来弘扬佛法,而不能只是安居一处,深入研究佛学。

因此,我一生创办很多的佛教事业,包括文化、教育、慈善等,

公益信托"星云大师教育基金"设立了真善美新闻传播奖、三好实践校园奖、华文文学星云奖、星云教育奖等奖项

而且经常举办各种活动,诸如学术的、社教的、公益的,以及各种法会、共修等,尤其佛光会每年所办的活动,更是不知凡几。诸如"七诫"、"三好"、"慈悲爱心人"、"把心找回来"等活动,都是为了净化人心、和谐社会的教化活动。

甚至为了让佛教走上现代化、年轻化、知识化、国际化,我不断在改革各种不合时宜的制度、行事、观念,以及对佛法义理作出新的诠释等。

我在十二岁出家之后,就一直想要革新佛教,因为我觉得既然有机会出家,就应该好好弘扬佛法,因此凡是有碍佛教发展的一些陋习、弊端,都应该一一改革。为此,多年来我从制度、教育、文化、弘法、观念、仪轨、事业等方面,作了诸多的革新,包括:

在制度改革方面:以民主选举方式产生住持、制定僧众序级考核、成立"佛光亲属会"与"功德主会"、制定"檀讲师"制度、倡导寺院功能多元化、不由"中国佛教会"发戒牒而径行传授三坛大戒,以及改变"中国佛教会""不团结、收红包、赶经忏"等陋习。

在教育改革方面:创办了第一所连续五十年招生不间断的佛学院,并且遍及五大洲均有分部。另外,创办西来、佛光、南华、南

屏东地区大学院校第一届干部研习暨观摩会

天等多所社会大学,以及成立都市佛学院、胜鬘书院、社区大学等。

在文化改革方面:成立多所美术馆,编辑佛教文学书籍,重编大藏经等。

在弘法改革方面:以歌舞传教、透过电视弘法、发行《人间福报》、成立云水书车,乃至首创妇女法座会,采用远距教学、网络视讯等。

在仪轨改革方面:举办短期出家、佛化婚礼、菩提眷属、青少年成年礼,以及两天一夜传授在家五戒、菩萨戒。

在福利改革方面:为僧众订定休假、医疗、进修等福利办法,以及成立公益信托基金,从事各种社会公益等。

值得一提的是,我对佛教的改革,并非一味地打倒旧有,我觉得改革不是打倒别人来树立自己,而是应该相互融和,因此虽然我主张佛教要革新,但也不排斥传统。例如,过去的信徒只在初一、十五才到庙里拜拜,但我提倡"周六念佛共修";直到今天,举凡台湾全省的别分院,甚至全世界的佛光山道场,每周六晚间都会同时举行念佛共修。

过去一般信徒的往生佛事,都要拜忏诵经,甚至放焰口,我则以"随堂超荐"来代替。我觉得不一定要由个人独力出钱,如此负担太重,可以改在共修时,让有缘人一起来共同为父母、祖先随堂超荐。

我自己一生不赶经忏,我重视文化弘法,但在来台之初就提倡"药师法会"及"光明灯法会"等,因为我觉得佛教的信仰仪式也很重要。何况众生根机不同,各有得度的因缘,因此我自己不做的,也不一定就要排斥他人。

由于我的革新不是打倒别人,不是否定传统,而是尊重他人,是融和传统与现代,因此今天人间佛教能被大家肯定、认同。尤其我对佛法的义理思想,也提出一些观念的改革,我主张以"行佛"代替"拜佛",我提倡"身做好事、口说好话、意存好念"等三好运动来净化三业;我制定"给人信心,给人欢喜,给人希望,给人方便"作为佛光人的工作信条,我提出"你大我小、你对我错、你有我无、你乐我苦"作为大众的处世准则,我以"忙就是营养"、"为信徒添油香"、"储财于信徒"、"当义工的义工"、"学佛不是个人清修,而是要为大众服务",以及"光荣归于佛陀,成就归于大众,利益归于常住,功德归于檀那"等理念,作为僧众的修行准则。

尤其我提出"五戒就是不侵犯"、"我是佛"、"建立心中的本尊"、"业是生命的密码"、"行善不造恶就是基因改良"、"做自己的贵人"等佛法新诠,也都能让大家普遍接受并广为流传,这也让我颇感欣慰。因为我觉得让人听了能懂、能实践、能受用的佛法,才是人间佛教。

过去的佛教所以不能普遍,就是因为生活中没有实践佛法,例

为大众行堂,以"忙就是营养"、"当义工的义工"为修行准则

如,佛教叫人要慈悲、忍耐、结缘,但是一般人不容易做到。尤其自古以来,佛教受到社会最大的扭曲与误解,就是把佛教当成是度死的宗教,一般人总在丧葬的时候才想到要采用佛教的仪礼,平时结婚、生子、祝寿、乔迁等喜庆时很少以佛教的仪式进行;因为平时不知道佛教有何用,总要等到人"死"才想到需要佛教诵经超度,致使佛教难以融入"生"活里。

为了引导社会人士重新估定佛教对人生的价值,不要总是等到往生时才想到佛教,"生"时更需要佛教。因此我为佛教设立一套"人生礼仪",希望佛教家庭在婴儿一出生时,就要到寺院取名,寄养给佛祖;求学时则要行入学礼;乃至成年有弱冠礼,结婚有佛化婚礼、生日有祝寿礼,甚至往生佛事也能依佛教仪礼举行,让佛教徒在生活中,举凡生老病死、婚丧喜庆,都能有佛法为依循,都能心存感恩,都能欢喜安详。

记得一九六〇年我为名画家李奇茂、张光正夫妇主持佛化婚礼,这是佛教的第一次佛化婚礼。我觉得青年男女经过合法的程序结为夫妻,之后成家立业;"家"是生命的延续,是个人身心调和、价值观念养成的基础。

著名画家李奇茂与张光正小姐于宜兰念佛会举行佛化婚礼,受邀为其福证。我左边为女方主婚人铁路局运务段长张文炳居士(一九六〇年)

佛教一向很重视家庭关系,在《善生经》、《大宝积经》、《优婆塞戒经》等诸经典中,都有佛陀教导信众如何实践家庭伦理的记载。现在日本佛教,他们的信众也都是以檀家(一个家庭)为单位来计算,而不是个人,因为唯有如此,才容易把佛法带进家庭,融入生活。

佛光山在度化信众上,也是积极朝这方面在努力,所以佛光山所办的活动、法会,都是邀请夫妇、全家一起出席参加,这是佛光山的一大特色,不但为佛化家庭做了一个很好的示范,也希望让社会大众明白,佛教不是只强调"苦空无常",人间佛教重视的是家庭的幸福、美满与安乐,这才是人生最大的追求。

人间佛教虽然希望为人间带来幸福安乐,希望把欢喜布满人

佛化家庭游胜文、战淑芬贤伉俪及其家属,来山拜会大师,捐赠佛手琉璃(慧延法师摄,二〇〇七年八月三十日)

间,但是人生有生必然有死,生死是很自然的事。过去的佛教,当一个人往生之后,从入殓、头七到七七,甚至百日、周年,一直都在不断地忙着诵经,只要有一个信徒家中有人往生,整个寺院大家就要忙着为他诵经。

现在我们提倡人间佛教,我们为信徒举行往生佛事时,不但"诵经",更要"说法"。记得一九九三年当时担任国民党中央海工会的主任程建人先生,其高堂往生,程主任特别亲自上山,希望我能在告别式当天到场为祭悼的宾客说法,开示人生的真谛。

当时我感于过去一般人对佛教的认识,都是人死了才请法师诵经,如今程主任请我不是诵经,而是说法,我觉得这种观念很了不起,有助于提升佛教的形象,可以改变一般人对佛教的看法。因此,当时我的弘法行程虽然早已排定,我还是予以允诺,然后在告

于天津举行的"夏季达沃斯世界经济论坛"主讲"信仰的价值"。英文翻译妙光法师(右)(心泊摄,二〇一二年九月十一日)

别式前一天提前从新西兰赶回来,如期参加程母的告别式说法。

我觉得佛教讲"法会",就是要"以法聚会",所以佛光山多年来举办的任何活动,都不能缺少佛法开示。也正因为佛光山所推动的人间佛教,一直都是重视文教,重视说法,而且是佛法与生活融和不二的人间佛教,不但注重个人身心的净化,而且主张夫妻要相亲相爱,生活要过得幸福美满,人际关系要尊重包容、欢喜融和,所以能与社会人士相应。

现在佛光山的信徒,不但都以组织佛化家庭为荣,尤其重视信仰传灯,把佛法信仰当成传家之宝,代代传承。

说到信仰,二〇一二年九月,一项名为"夏季达沃斯世界经济论坛"的活动在大陆天津举行,他们特别要我去做了一场主题演说,主讲"信仰的价值"。

这个经济论坛已经行之有年,在国际间具有相当的影响力,参加的都是一些专家学者,甚至是各国领袖,大家齐聚一堂,专门为讨论国际间的经济问题而办。

这种国际级的经济论坛,他们竟然要我去讲"信仰的价值",可见他们重视"信仰",肯定信仰的重要。当天我一开场,就开宗明义地说:值此全球经济遭逢重重困境之际,此刻我们最急需建立的,就是一份提振信心与力量的信仰,因为信仰具有普世的价值,有信仰就有信心,有信仰就有力量;久远以来人类就是因为对一些善美的价值有信心,因此可以改善生活,可以发展未来,可以增加福祉。

谈到信仰,一般人大都以为信仰就是要信仰宗教,其实人生必须建立的信仰很多,例如我们对国家的前途,对人类的未来,对社会的正义,都要生起信心;我们对造福人类的思想、学说、真理等,也要服膺、信赖。甚至对于能成为人间模范的圣贤好事,我们不但要信仰他,而且要心存恭敬。

当然,人尤其要有宗教信仰,毕竟人是宗教的动物,人只要有生死问题,就一定要信仰宗教。宗教如光明,人不能缺少光明;宗教如水,人不能离开水而生活;宗教如艺术,人在生活中离不开美感,所以人生不能没有宗教信仰。

宗教是每一个人的心,我们的心要升华、要扩大,生活才会更丰富。信仰宗教的重要,在于能领导生命的大方向,能将生命之流的过去、现在、未来衔接,所以佛教徒学佛的第一步为什么要皈依三宝?就是为了确定自己的信仰,有信仰,内心才会充实,生命才能圆满。

说到皈依三宝,有一天我在佛光山法堂接到一通来自香港的电话,电话那头是一个叫高岭梅的先生,他因为生病住院,其公子高伯真希望我能到香港为他主持皈依三宝。但是因为我的行程已经排满,实在抽不出空到香港去,后来我就权宜方便地用电话帮他皈依。

事情过了一年之后,我到香港佛香讲堂主持"师徒接心座谈",会中高岭梅先生的儿子高伯真,跟大家讲述了当时他们父子在医院里一段有趣的对话:

高老先生在病床上问儿子:"人死后会到哪里去?"

"一般人会到地狱、饿鬼、畜生道去,爸爸您就任选一个地方吧!"高伯真回答:

"我三个都不想选,那该怎么办?"

"既然如此,必须皈依三宝才能做人,升天堂。"

"皈依三宝要有师父才行,我要找哪一位师父呢?"

"师父有很多,随您选择。"

"我常常阅读星云大师的著作和聆听他的录音带,我想皈投星云大师的门下。可是大师在台湾,我又重病在床不能去,真不知如何是好。"

"没关系,您可以用电话皈依呀!"

就是这番话成就了电话皈依的因缘,我记得在皈依后,高伯真先生就以他父亲所收藏的一幅张大千的画作为供养送给我,那幅画在台湾书画义卖中曾创下八百万的高价,也因此成就了一件"捐画兴学"的美事。

人生不能没有信仰,宗教信仰是发乎自然,出乎本性的精神力,宗教信仰能使生活美化,一个有信仰的人,他的内心是充实的,眼中所看到的世界充满祥和;反之,没有信仰的人,他的心灵找不到皈依处,他的人生是空虚的,他感到的世界是贫乏的,所以有信仰的人生才是美满。

但是信仰要合乎正信,有的人一开始就信错了邪教,走岔了路,人生陷入万劫不复的境地,因此信仰有信仰的层次,能够信仰正信的宗教最好,所谓"邪信不如不信,不信不如迷信,迷信不如正信"。信仰一定要用理智去判断,要信仰"有实、有德、有能"的宗教,这才是正信的宗教。

人间佛教的信仰,不是迷信地膜拜,不是盲目地奉献,而是从浩瀚的三藏十二部不朽经典中,觉悟出缘起缘灭等生命的真理。

佛教讲的缘起中道、因果业报,乃至三法印、四圣谛、十二因缘等,都是解答宇宙人生之秘的智慧,不但能帮助我们解决人生的烦恼、困境,尤其能让我们认识生命的本质,了解生命的真谛,引导我们活出有意义、有价值的人生,让我们活得欢喜,活得自在。

只不过佛教虽然有甚深微妙的义理,但是佛法有许多专有的名相,不但艰涩、繁琐,尤其有些思想如果完全从出世的角度去诠释,往往让人误解,甚至心生反感。

因此,我在弘扬人间佛教的过程中,用心最多的,除了要把佛法说得深入浅出、通俗易懂,尤其更重要的是,要能做积极而正面的诠释,要合乎人性化。例如过去佛教讲"无常",一般人听到无常都很害怕,但是我告诉大家,无常其实不是消极的,无常说明好的会变坏,相对的,坏的也会变好。譬如贫穷的人,只要认真工作、奋发有为,有一天也会变为富人;愚笨的人只要肯用功读书、努力学习,也会有变聪明的一天。所以无常才能进步,无常才能更新,无常才有希望,无常才有未来。

过去佛教讲"忍",一般人认为忍就是打不还手、骂不还口,觉得学佛都是叫人要忍耐,所以很吃亏。

其实佛教讲"忍",有三种层次,第一是"生忍",也就是为了生存,我们必须忍受生活中的各种酸甜苦辣、饥渴苦乐;不能忍耐,就不具备生活的条件。第二是"法忍",这是对心理上所产生的贪嗔

至重庆华岩寺,为四川佛学院及信众讲说"以忍为力"(二〇〇七年四月十一日)

痴成见,我能自制,能够自我疏通、自我调适,也就是明白因缘,通达事理。第三是"无生法忍",这是忍而不忍的最高境界,一切法本来不生不灭,是个平等美好的世界,我能随处随缘地觉悟到无生之理,就无所谓忍或不忍,这就是"无生法忍"。

忍,就是能认清世、出世间的真相,而施以因应之道,所以忍就是认识、接受、担当、处理、化解;忍不但是内心的智慧,是道德的勇气,是宽容的慈悲,是见性的菩提,更是一种无上的力量。

佛教把我们居住的世界称作"娑婆",就是"堪忍"、"能忍"的意思;因为人活着,不但要忍苦、忍难、忍穷、忍饥、忍冷、忍热、忍气、忍怨，也要忍富、忍乐、忍利、忍誉，所以人生必须懂得"以忍处世"。

另外，佛教讲"四大皆空"，一般人听到"空"，总认为"空"就是什么都没有的意思，因此觉得"空"很可怕。但其实"空"才能建设"有"，"空"有空的内容，在空的里面才能拥有宇宙的一切，不空的话就什么都没有了。例如房子不空，就不能住人，杯子不空，就不能装水，皮包不空，就不能装东西。甚至我们的鼻孔不空，就无法呼吸，耳朵不空，就不能听闻，乃至全身的细胞、毛孔、五脏六腑如果不空，人就无法生存；有了"空"，生命才能延续，所以空就是有，有就是空，这就是《般若心经》所说的"色即是空，空即是色"。

"空"与"有"既是一体的两面，所以我认为不如把过去的"四大皆空"，说成"四大皆有"；因为先有"妙有"，才能进入"真空"，先建设现实"有"的世界，从"有"的真实中，才能体验"空"的智慧。因此我觉得人间佛教应该顺应众生的根机与需要，从积极面去引导人认识佛教，了解佛法，让人既能"空"，也能"有"。

过去很多人不愿意信仰佛教，因为学佛都要受戒，他们觉得持戒很不自由，因此不要学佛。其实持戒才能自由，我们看现在监狱里的犯人，不都是犯了五戒才锒铛入狱的吗？所以持戒不但可以让人我都自由，尤其一般人都希望能健康长寿，希望可以发财富贵，希望拥有和乐的家庭，乃至获得善名美誉、聪明有智慧等等；但是这些不是想要就有，而是要有方法，没有方法，光是妄想，或靠祈求，如何能发财，如何能长寿？就像一个人没有播种，如何有收成？

因此，我在主持三皈五戒时，都是告诉大家，只要受持五戒，这一切自然不求而有，因为不杀生而护生，就能长命百岁；不偷盗而布施，自能享有富贵生活；不邪淫而尊重他人的身体、名节，自然家庭美满；不妄语而赞叹他人，自然获得善名美誉；不喝酒而远离毒品,自然身体健康,智慧清明。

长久以来,佛教的戒律都是对生活的否定,都是消极的制止,缺乏大乘佛教积极向上的精神与作为,致使佛法不能应时兴化,而成为佛教与时俱进的绊脚石。

其实,我觉得佛教应该重视根本大戒的行持,对于小小戒,如佛陀所说,要随时代的精神、随社会风俗的不同而"随开随遮",实在不必故步自封。佛陀当初制戒,其实是充满人情味,是很人性化的,只是现在一般人都只研究戒条,而没有研究佛陀的心。

我自觉自己是能够懂得佛陀的心,所以我提倡的人间佛教,也是很重视人性化,很有人情味。记得有一次我带一些青年到澎湖吉贝岛去弘法,有个人见到我们,就问我:"你们到我们这里来做什么,你们佛教讲不杀生,我们都是捕鱼的,如果我们都跟你们佛教接触,我们就都没有饭吃了。"

这番话给了我很深的感触,我觉得佛教是不舍任何一个众生的,这些人以捕鱼维生,佛教到底要不要放弃这些人?这个问题触动了我的心,当时我就感觉到,佛教对杀生的问题,应该要有创新的解释。因此又有一次,我到小琉球去主持佛光会的活动,带领的校长告诉我,佛光会在当地发展困难,因为这里的人民都是捕鱼为业,都是从事杀生的工作,与佛教的教义不符。所以这里的人觉得他们信神可以,但不能信佛教。他问我,这个问题怎么解决。

当时我就回答他:"你即使杀生,但不要有杀心。"也就是说,有杀生的行为,不要有杀生的心;杀生是为了生存,但不要有杀心,甚至还能心存忏悔,那就更好。

其实佛教的戒,要如何持得好,持得圆满?端看你能做到怎么样的程度。当前佛教最难说明的,就是戒的问题。每次传授五戒、八关斋戒我都讲得比较宽松,因为如果讲得很困难,把人都给吓跑

佛教的戒律是基于对一切生命的爱护尊敬。图为佛陀纪念馆落成时,施放和平鸽(陈碧云摄,二〇一一年十一月二十五日)

了。所以我告诉大家,戒的定义就是自由,戒的定义就是不侵犯,佛教讲戒律有轻有重,一般人不容易真的违犯佛教的五戒,平时所犯的顶多是恶作,因此大家可以放心受戒。

事实也是如此,佛教讲五戒,戒不是不犯,是犯了戒能知道忏悔;破戒而忏悔还可以得救,但如果觉得不受戒就可以为非作歹,这就是破戒,那就无法可救了。

除了戒律的障碍之外,过去佛教所以不能走入民间的另一个原因,就是佛教都是讲"布施",都是要把东西给人,这与一般人总把信仰建立在"有所求、有所得"之上刚好相违背,所以佛教无法普及。

对此我告诉大家,布施看似给人,其实是给自己,布施如播种,布施就是结缘,懂得布施结缘的人,遇到困难时,自然会有贵人相助,这些贵人就是自己曾经结过缘的人,所以其实说来,自己才是自己的贵人,所以大家要做自己的贵人。

我觉得人间佛教就是要用佛法来引导大家建立正确的人生观,甚至要开发每个人的真如佛性,所以我经常勉励大家,要提升信仰的层次,要从信佛、求佛、学佛,而到行佛。

每次我在主持皈依三宝典礼时,总是鼓励信徒,要直下承认"我是佛"。因为当初佛陀在成道时,就曾发出"大地众生皆有如来智慧德相"的宣言,说明众生皆有佛性。

佛性就是成佛的性能,佛性是人人本具,个个不无,只是因为被无明烦恼遮掩,所以佛教的信仰,不只是要大家信佛,更是要人人能肯定自己,认识自己,进而对自己有信心,也就是要发掘自己本有的真如佛性。我觉得只要人人敢于承当"我是佛",世界自然和谐无净。

因此,"从出世的悲苦到入世的喜悦,从僧伽的专责到信众的共有,从自了的空谈到生活的修持,从阶级的差别到平等的圆融",这是人间佛教最大的成就,也是佛光山多年来努力、辛苦弘扬人间佛教的目的。我们希望透过推动人间佛教,能维护社会秩序、净化社会人心、改善社会风气、端正人生行为,以期共建一个"自心和悦、家庭和顺、人我和敬、社会和谐、世界和平"的五和人间,这是佛教应负的社会责任,也是佛教对国家所能作出的贡献。

总之,人间佛教必然是未来人类的一道光明,这是不容置疑的事实。因此有一次在与信徒座谈时,有人提出一个问题,他说当前全世界有南传佛教、北传佛教、藏传佛教,乃至现在日本的佛教也有自己的形态。他问我佛教未来应该走哪一条路线来统一世界的

自心和悦　　　　家庭和顺　　　　人我和敬

佛教比较好?

对此,我把各地的佛教做了一番分析,我说南传的佛教以供养为主,信徒供养僧侣已经成为他们的风俗习惯,但是这种供养制度如果到中国来,行得通吗?事实上是不能!如果你走到信仰基督教的人家门口,他不但不给你供养,可能还会把你打了出来。因为中国的宗教很复杂,所以不能走泰国南传的路线。

你说走藏传的路线吧!藏传的佛教因为地处荒凉偏远的西藏,人民生活在冰天雪地里,养成坚忍的精神。他们外在的物质很缺乏,只有往内心世界去追寻,所以他们的精神世界很丰富,信心也很强。但是如果你到了西藏去,三餐生活都觉得困难了,还谈什么信仰宗教呢?因此并不容易。

社会和谐

世界和平

那么,走日本佛教的路线吧!现在日本的佛教,基本上寺庙已经不成为寺庙,而是成了祖师的宗庙;他们不再是信仰佛教,而是信仰祖师。日本佛教从佛祖的佛教变成了祖师的佛教,基本上已经走了样,尤其他们的出家人可以娶妻生子,因此如果现在要中国的佛教走日本的路线,事实上也不行,因为基本上中国的佛教是靠戒律在维持形象。比丘、比丘尼不可以结婚,这一条日本人都认同,一般在家信徒之所以向出家人礼拜,就是觉得你们跟我们不一样,你们没有结婚,我们是有家庭的,不如你们。

所以,今后的中国佛教要走什么路线?应该走"人间佛教"的路线!人间佛教就是:在家众有在家众的护教空间,出家众有出家众弘法的崇高地位,僧与信、出家和在家,如人之双臂、如鸟之双翼、如车之两轮。所以我们提倡人间佛教,我创建的僧团以佛光山为主,教团以佛光会为主。

但是,未来的历史不是某一个人说的,也不是某一个人做得了的,这要看后来的信徒有没有这种理念,有没有这种大菩萨、大发心的人,才能有所建树,把这种宗风、规模建立起来。

这不是用强迫或用政治力量可以达成,这是信仰,是要经过时间和历史慢慢形成的。我祝愿佛光山的僧团与教团,未来在人间佛教的发展上,能真正带给人间和平与福祉,带给人类幸福和安乐,这一切还有待我们继续努力!